New Start
스페인어 첫걸음

New Start
스페인어 첫걸음

발 행   2013년 2월 10일
저 자   황순양
발행처   삼지사
발행인   이재명

등록번호   제406-2011-000021호
주 소   경기도 파주시 산남동 316번지
Tel   031)948-4502, 070-4273-4562 Fax 031)948-4508
홈페이지   www.samjisa.com

책값은 뒤표지에 있습니다.

이 교재의 내용을 사전 허가없이 전재하거나 복제할 경우 법적인 제재를
받게 됨을 알려드립니다.
잘못된 책은 구입하신 서점에서 교환해 드립니다.

머리말

영어 다음으로 국어로 많이 쓰이는 스페인어

1492년 콜럼버스가 신대륙을 발견한 이래로 스페인어는 전 세계에서 영어 다음으로 많은 국가에서 국어로 사용하는 언어입니다. 라틴아메리카와 아프리카를 비롯한 21개국에서 국어로 사용하고 있으며 유엔과 그 산하 기관, 유럽연합과 기타 국제기구의 공용어이기도합니다.

최근에는 스페인어를 '끝가지 살아남을 언어', '세계경제에서 가장 중요한 제2외국어'라는 전망을 제시하고 있습니다.

미국에서는 한국어, 스페인어, 영어 3개 국어만 하면 사방에서 모셔간다.

미국의 공·사립학교에서는 모두 제2외국어를 꼭 한 개 이상 하도록 권장하고 있는데, 많은 학생들이 스페인어를 중학교 시절부터 제2외국어로 선택해서 공부하고 있습니다. 따라서 미국에서는 4천만이 일상어로, 외국어 학습 고교생의 60%와 대학생 61만 명이 제2외국어로 스페인어를 선택하고 있으며, 앞으로 50년 이내에 미국인의 50%가 스페인어를 제1언어로 사용할 것이라고 예상하고 있습니다. 사실, 미국의 남부 지역에서는 스페인어를 하는 사람이라면 영어를 전혀 하지 못해도 웬만한 일상생활이 가능한 것이 사실이기도 합니다.

라틴아메리카와 같은 제3국 시장을 개척할 필요성이 더욱 커지고 있다.

최근 자원개발, 신흥시장 개척 분야에서 대부분 스페인어를 국어로 쓰고 있는 라틴아메리카 시장이 중요해지면서 스페인어의 필요성이 부각되자 여러 대기업에서는 자체 연수원이나 대학에서의 위탁교육을 통해 사원들에게 스페인어 강습을 실시하고 있습니다.

세계적으로 에너지와 식량 자원 확보 경쟁이 치열해지고 있으며, 근래의 글로벌 경제위기로 선진국 시장이 크게 타격을 받으면서 라틴아메리카와 같은 제3국 시장을 개척할 필요성이 더욱 커졌기 때문입니다.
　이러한 시대적 요구에 부응하여 채용단계부터 제2외국어 가산점을 크게 높여 인재들을 채용하거나, 제2외국어를 필수로 해야 승진할 수 있도록 승격 규정을 바꾸고 있는 대기업도 있습니다. 이처럼 우리는 특수 외국어 구사자들이 각광 받는 시대에 살고 있는 것입니다.

　여러분들께서 스페인어를 구사할 수 있다면 국제무대로 나갔을 때 매우 유용한 무기가 될 것이라고 필자는 확신합니다. 세계화의 물결이 우리나라에서는 '영어화'로 되어가는 현실 속에서 진정한 세계화에 참여할 여러분들의 미래를 위해 필자는 수년간의 대학 및 기업체 강의를 통해 터득한 경험을 바탕으로 초보자들이 독학으로도 쉽게 이해할 수 있도록 설명하듯이 책을 썼습니다.
　아무쪼록 여러분들의 스페인어 학습에 많은 도움이 되기를 바랍니다. 끝으로 출판을 위해 힘써주신 삼지사와 예쁜 편집을 위해 노력해주신 배이직에 감사드립니다.

2009년 겨울
황순양

이 책의 좋은 점!

1 우리말 발음을 달아 놓았기 때문에 초보자이지만 어느 페이지를 펴도 학습이 가능하도록 하였습니다.

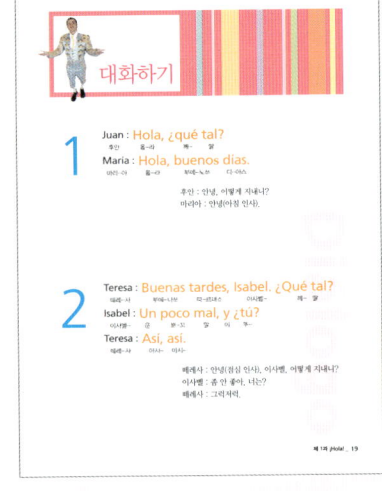

2 각 과의 대화하기는 그 과에서 설명할 문법 내용을 다루고 있습니다.

3 강조색을 통해 한눈에 중요한 내용을 숙지할 수 있도록 하였습니다.

4 기억하세요!에서는 앞에서 배운 내용을 다시 한 번 반복 설명하거나 중요한 내용의 학습을 돕고자 하였습니다.

5 연습문제를 통해 문법내용을 다시 복습할 수 있도록 하였으며, 정답편에서 자세한 설명을 하고자 하였습니다.

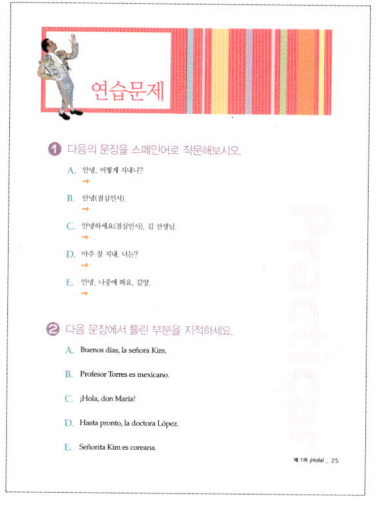

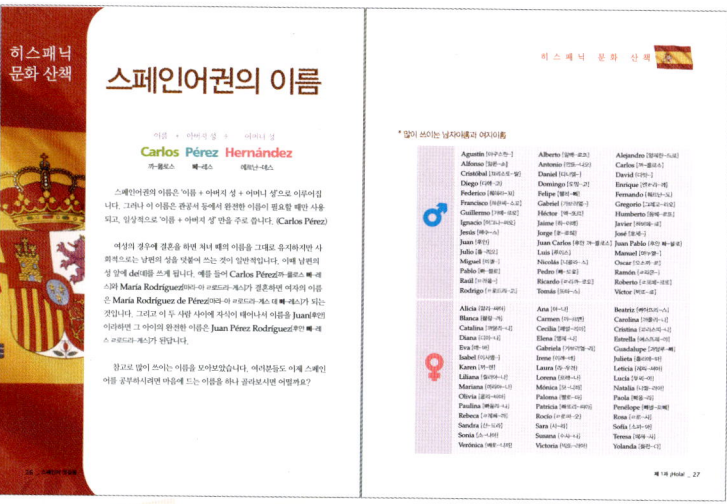

6 문화산책을 통해 라틴 아메리카를 느낄 수 있도록 하였습니다.

7 상상스페인어에서는 일상생활에서 필요한 단어와 문장 들을 그림으로 쉽게 이해하고 느낄 수 있도록 만들어 보았습니다.

목차

PARTE 1 스페인어에 대해 알아봅시다

스페인어 알파벳 p.12   스페인어 모음과 자음 p.13

PARTE 2 스페인어에 대해 배워봅시다

01 ¡Hola! p.28
안녕! 인사 / 헤어질 때의 인사 / 성과 이름 앞에 붙이는 호칭 / 의문부호 (¿?)와 감탄부호(¡!)

02 Yo soy estudiante. p.40
나는 학생입니다. 인칭대명사의 주격 / 동사 ser (~이다) / 의문문 / 부정문 / 명사 (자연적인 성을 지닌 명사)

03 ¿De dónde es Ud.? p.56
당신은 어느 나라 사람입니까? Ser de: (~출신, 소유, 재료)이다 / 국명과 국적형용사 / 의문사

04 ¿Qué es esto? p.70
이것은 무엇입니까? 부정관사 / 정관사 / 명사 (문법적인 성을 지닌 명사) / 지시대명사의 중성형: esto, eso, aquello

CAPÍTULO 1

CAPÍTULO 2

01 ¿Cómo estás? p.90
어떻게 지내니 형용사 / 동사 estar (~있다) / 의문사 ¿Cómo? (어떻게)

02 Ella es muy guapa. p.103
그녀는 매우 예쁘다. 소유형용사 (전치형) / 소유형용사 (후치형) / 소유대명사 / 지시형용사

03 ¿Trabajas o estudias? p.118
일하니 아니면 공부하니? 직설법 현재 동사

04 ¿Hay algún restaurante por aquí? p.136
이 근처에 식당이 있습니까? 위치를 나타내는 표현들 / Hay (~이 있다) / Hay que + 동사원형 (~해야만 한다) / 서수 / 의문사 ¿Cuál?

CAPÍTULO 3

01 Hoy hace buen tiempo. p.153
오늘은 날씨가 좋아요. 날씨의 표현 / 직설법현재 불규칙 동사 (1): 어간모음변화 동사

02 ¿Qué vas a hacer mañana? p.172
너 내일 뭐할거니? 동사 ir (가다) / ir a + 동사원형 : ~할 것이다, ~할 예정이다 / 동사 tener(가지다) / tener que + 동사원형: ~해야만 한다 / poder + 동사원형: ~할 수 있다 / 부사 / 숫자 (1) / 시간의 표현

03 Tengo mucha hambre. p.192
배가 몹시 고파요. 동사 tener의 관용적 표현 / 요일 / 날짜 / 직설법 현재 불규칙 동사 (2) / 동사 saber와 conocer

04 Te invito a cenar. p.210
저녁식사에 너를 초대한다. 인칭대명사의 직접목적격과 간접목적격 / 사물의 목적격 / 목적격의 용법

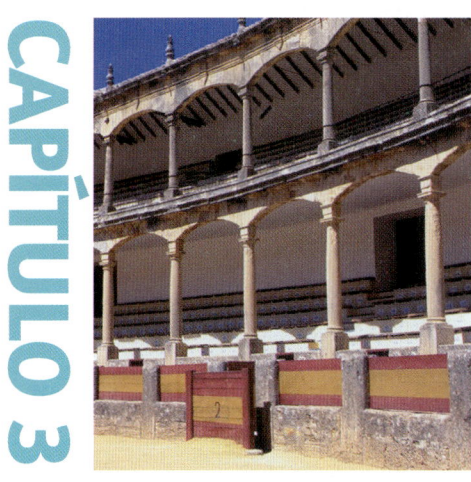

CAPÍTULO 4

01 Me llamo Isabel. p.226
내 이름은 이사벨이야. 재귀동사 / 상호의 se / 무인칭의 se / 수동의 se

02 Me gusta viajar. p.242
나는 여행하는 것을 좋아해. 동사 Gustar의 용법 / 인칭대명사의 전치격 / 재귀대명사의 전치격 / 현재분사와 현재 진행형

03 Me gusta el abrigo más caro. p.260
나는 가장 비싼 코트가 좋아요. 형용사의 비교급 / 형용사의 최상급 / 불규칙 비교급과 최상급 / 형용사의 절대최상급 / 숫자 (2)

04 ¿Todavía no ha partido el tren? p.276
아직 기차가 떠나지 않았니? 과거분사 / 현재완료

 p.289

New Start
스페인어 첫걸음

Parte 1

스페인어에 대해 알아봅시다

스페인어 알파벳

a	아	**j**	호-따	**r**	에-레
b	베	**k**	까	**s**	에-세
c	쎄	**l**	엘-레	**t**	떼
ch	체	**ll**	에-이예(엘-례)	**u**	우
d	데	**m**	에-메	**v**	우-베
e	에	**n**	에-네	**w**	우-베 도-블레
f	에-훼	**ñ**	에-녜	**x**	엑-끼스
g	헤	**o**	오	**y**	이 그리에-가
h	아-체	**p**	뻬	**z**	쎄-따
i	이	**q**	꾸		

스페인어의 알파벳은 총 29개, 즉 모음 5개, 자음 24개로 이루어져 있습니다. 영어와 비교한다면 ch, ll, ñ가 더 있는 셈이지요.

스페인어의 모음과 자음

❶ 모음

1. 스페인어의 모음은 모두 다섯 개입니다.

a 아 **e** 에 **i** 이 **o** 오 **u** 우

이들 중에서 a, e, o는 강모음이고, i, u는 약모음입니다.
음절분해와 악센트에서 필요하므로 알아두는 것이 좋습니다.

a 아	casa 까-사	집	gato 가-또	고양이
e 에	mesa 메-사	탁자	tener 떼네-르	가지다
i 이	pino 삐-노	소나무	bonito 보니-또	예쁜
o 오	oso 오-소	곰	todo 또-도	모든
u 우	luna 루-나	달	mucho 무-초	많은

스페인어 단어 밑에 표기된 우리말 표기에 하이픈이 들어간 곳(casa[까-사])은 악센트가 있는 곳이니, 익숙해질 때까지 참고하여 그 곳을 조금 길고 강하게 발음해주시기 바랍니다. 악센트가 잘못 길들여지면 촌스러운 말투가 되니 악센트를 신경 써서 읽는 습관을 갖도록 하셔야 합니다.

2. 2중모음

2중모음은 강모음과 약모음, 약모음과 강모음, 약모음과 약모음이 연결되어 있는 두 개의 모음이지만 한 개의 모음으로 간주합니다. 2중모음은 모두 14개이나, 발음이 생략되거나 다른 발음으로 변하는 것이 아니고 문자를 그대로 발음하는 것입니다. 단 2개의 모음을 하나의 모음처럼 빨리 연결해서 발음하시면 됩니다.

강모음 + 약모음 : ai, au, ei, eu, oi, ou
아이   아우   에이   에우   오이   오우

aire 아-이레	공기	autor 아우또-르	저자
reina ㄹ레- 이나	여왕	deuda 데-우다	빚

약모음 + 강모음 : ia, ua, ie, ue, io, uo
이아   우아   이에   우에   이오   우오

piano 삐아노	피아노	agua 아-구아	물
cielo 씨엘-로	하늘	puerta 뿌에-르따	문
idioma 이디오-마	언어	cuota 꾸오-따	회비

약모음 + 약모음 : iu, ui
이우   우이

ciudad 씨우닷-	도시	cuidado 꾸이다-도	조심

❷ 자음

1. 발음

b
아래, 위 입술을 붙였다가 떼면서 발음합니다. 우리말의 ㅂ과 같습니다.

bandera 반데−라	기(旗)	**bebé** 베베−	아기
bambú 밤부−	대나무	**botana** 보따−나	술안주

c
모음 a, o, u와 올 때는 ㄲ[k]발음이며, 모음 e, i와 올 때는 스페인에서는 윗니와 아랫니로 혀를 살짝 깨무는 듯이 ㅆ[θ] 발음이 됩니다. 그러나 중남미에서는 그냥 ㅆ 발음을 합니다.

casa 까−사	집	**coreano** 꼬레아−노	한국인
cuchara 꾸차−라	숟가락	**cenicero** 쎄니쎄−로	재떨이
cine 씨−네	영화관	**cerveza** 쎄르베−사	맥주

ch
ㅊ 발음을 내는 것이 일반적입니다. 그러나 때에 따라서 ㅉ 발음이 될 때도 있습니다.

muchacho 무차−초	소년	**mucho** 무−초	많은
chocolate 쪼꼴라−떼	초콜릿	**chino** 차−노	중국인

d
ㄷ 발음이 됩니다.

documento 도꾸멘−또	서류	**ciudad** 씨우닷−	도시

f

우리말로는 표기하기 어렵지만 ㅍ과 ㅎ 사이의 발음입니다. 영어의 f와 발음이 같습니다. 이 책에서는 편의상 'ㅎ'으로 표기할 것입니다.

café	커피	foto	사진
까풰-		훠-또	

g

모음 a, o, u와 올 때는 ㄱ의 발음이 되고 e, i 와 올 때는 ㅎ의 발음이 됩니다. gue인 경우는 '게'로 gui인 경우는 '기'로 발음되나 u 위에 diéresis (ü)가 올 경우는 각각 '구에(güe)', '구이(güi)'로 발음합니다.

gato	고양이	tango	탱고
가-또		땅-고	
agua	물	gasto	비용, 경비
아-구아		가스또	
general	장군	gigante	거인
헤네랄-		히간-떼	
guerra	전쟁	guitarra	기타
게-ㄹ라		기따-ㄹ라	
vergüenza	부끄러움	lingüística	언어학
베르구엔-사		링구이-스띠까	

h

어느 경우에도 발음되지 않은 무성음입니다.

hombre	남자	ahora	지금
옴-브레		아오-라	

j

우리말로는 표기하거나 발음하기 어려운 발음이나 대개 ㅎ 보다 강하게 발음합니다.

caja	상자	joven	젊은이
까-하		호-벤	

우리말의 ㄹ 발음과 같습니다.

libro	책	**lámpara**	램프
리-브로		람-빠라	

스페인 특히 까스띠야(Castilla) 지방에서는 calle인 경우 '깔-레'로 발음합니다. 그러나 멕시코를 비롯한 중남미의 여러 나라에서는 '까-이예'로 발음합니다. 혹은 '까-제'라고 발음하는 경우도 있습니다.

caballo	말	**llorar**	울다
까발-료(까바-이요)		요라-르	

m

우리말의 ㅁ과 같은 발음입니다.

mano	손	**mucho**	많은, 많이
마-노		무-초	

우리말의 ㄴ과 같은 발음이다. c, g, j, q 앞에 올 때는 'ㅇ'과 같은 발음이 나오며, m, p, v의 앞에 올 때는 m 발음 즉 ㅁ 발음이 됩니다.

noche	밤	**antes**	전에
노-체		안-떼스	
blanco	흰	**sangre**	피
블랑-꼬		상-그레	
granja	농장	**tanque**	탱크
그랑-하		땅-께	
conmigo	나와 함께	**convoy**	캄보이
꼼미-고		꼼보-이	

우리말의 '냐'(ña), '뇨'(ño) 와 같은 발음입니다.

mañana	내일	**niño**	어린아이
마냐-나		니-뇨	

p

우리말의 ㅃ 발음이 됩니다.

papel 종이 **pulmón** 폐
빠뻴- 뿔몬-

q

반드시 que '께', qui '끼'로만 발음됩니다.

queso 치즈 **máquina** 기계
께소 마-끼나

r

우리말의 ㄹ과 같은 발음이나 단어의 첫머리에 올 때는 더욱 강하게 진동음 'ㄹㄹ'으로 발음해야 합니다. 혀를 윗니 뒤쪽 입천장에 살짝 대고 여러 번 진동하여 소리를 냅니다. 우리에게는 이 진동음이 조금 어렵긴 하지만 노력하면 잘 될 수 있습니다.

cara 얼굴 **caro** 비싼
까라 까로

rosa 장미 **roca** 바위
ㄹ로-사 ㄹ로-까

단어 중간에 나오는 경우에는 rr로 표기됩니다.

perro 개 **ferrocarril** 철로
뻬-ㄹ로 훼ㄹ로까ㄹ릴-

n, l, s 다음에 오는 r는 rr로 발음합니다.

Enrique 엔리께 **alrededor** 주위 **Israel** 이스라엘
엔ㄹ리-께 알ㄹ레데도-르 이스ㄹ라엘-

기억하세요!

우리말로 표기하기 곤란하여 이 책에서는 편의상 'ㄹㄹ'로 표기하였음을 양해하시기 바랍니다.

s 우리말의 ㅅ과 같으나 ㅆ으로 발음될 때도 있습니다.

| sábado | 토요일 | casi | 거의 |
| 사-바도 | | 까시 | |

t 우리말의 ㄸ 발음이 됩니다.

| todo | 모든 | techo | 지붕, 천정 |
| 또-도 | | 떼-초 | |

v 우리말의 ㅂ에 해당됩니다.

| verano | 여름 | viento | 바람 |
| 베라노 | | 비엔-또 | |

x 일반적으로 [ks]로 발음되나 경우에 따라 [s]로 발음되기도 합니다. 멕시코의 원주민토착어를 표기할 때 '하'로 발음되는 것은 'xa'로, '히'로 발음되는 것은 'xi'로 표기하는 경우도 있습니다.

examen	시험	conexión	연결
엑사-멘		꼬넥씨온-	
extranjero	외국인	anexo	부가의
에스뜨랑헤-로		아넥-쏘	
México	멕시코	Texas	텍사스
메-히꼬		떼-하스	

y 우리말의 '야'(ya), '요'(yo) 등과 비슷하나 그 보다는 좀 강하게 발음 됩니다. '자', '조'라고 발음하는 경우도 있습니다.

| yo | 나 | ayuda | 도움, 원조 |
| 요- | | 아유-다 | |

z 중남미에서는 대개[s]로 발음하나 스페인에서는 혀를 아래·윗니 사이로 약간 내놓고 [θ]음으로 발음합니다.

| zapato | 구두 | luz | 빛 |
| 싸빠-또 | | 루-쓰 | |

2. 2중자음

bl, cl, - fl, gl, pl, -
br, cr, dr, fr, gr, pr, tr

2중자음도 2중모음과 마찬가지로 하나의 자음으로 간주하므로 하나의 자음처럼 연결해서 읽어줘야 하며 음절분해를 할 때 절대로 분리되지 않으니 외워두시기 바랍니다.

hablar 아블라-르	말하다	**abrir** 아브리-르	열다
clima 끌리-마	기후	**creo** 끄레-오	나는 믿는다
dragón 드라곤-	용	**flor** 훌로-르	꽃
fruta 후루-따	과일	**gloria** 글로-리아	영광
negro 네-그로	검은	**pluma** 쁠루-마	펜
programa 쁘로그라-마	프로그램	**tres** 뜨레스	3 (셋)

❸ 음절분해

음절이란 한 번에 발음할 수 있는 음(音)을 말하는 것입니다. 하나의 낱말은 한 개의 음절 및 수 개의 음절로 구성되어 있습니다. 따라서 한 개의 단어를 음절로 분해하는 것은 발음의 정확성을 기하고 악센트의 소재를 밝히기 위해서 중요한 것입니다.

음절의 중심은 모음이고 자음은 독립된 음절을 이룰 수 없습니다. 음절분해를 할 때 이미 살펴본 2중모음과 2중자음도 각각 한 개의 모음과 자음으로 간주되어 분리되지 않습니다. ch, ll, rr도 물론 하나의 알파벳이므로 분리되지 않습니다.

1. 모음과 모음 사이에 있는 한 개의 자음은 뒤의 음절에 붙여줍니다.

cabeza : ca-be-za 머리
까베-사

manera : ma-ne-ra 방법
마네-라

otro : o-tro 다른
오-뜨로

ocho : o-cho 여덟
오-초

기억하세요!

otro의 -tr-나 ocho의 -ch-는 한 개의 자음으로 간주해야합니다.

2. 모음과 모음 사이에 있는 두 개의 자음은 각각 앞뒤의 음절에 붙여줍니다. 단 2중자음과 ch, ll, rr는 앞서 설명한대로 분리되지 않습니다.

arma : ar-ma 무기
아르마

excelente : ex-ce-len-te 우수한
엑셀렌-떼

siempre : siem-pre 항상
씨엠-쁘레

complicado : com-pli-ca-do 난해한
꼼쁠리까도

기억하세요!

siempre 의 -mpr-와 complicado 의 -mpl-은 두 개의 자음으로 간주해야 합니다. -pr-와 -pl-는 2중자음으로 한 개의 자음화한 것이기 때문입니다.

3. s직후에 자음이 오면 그 s는 앞의 음절에 붙여줍니다.

constante : cons-tan-te 빈번한
꼰스딴-떼

instituto : ins-ti-tu-to 연수원
인스띠뚜-또

4. 연속된 강모음은 분리됩니다. 또한 강모음과 약모음이 연결되어 있더라도 그 약모음 위에 악센트 부호가 찍혀 있으면 강모음화한 것이므로 분리시켜야 합니다.

tío : tí-o 띠오	삼촌	coreano : co-re-a-no 꼬레아노	한국사람
río : rí-o ㄹ라오	강	leer : le-er 레에-르	읽다

❹ 악센트

스페인어의 악센트 위치는 거의 규칙적입니다. 불규칙한 악센트를 가진 단어들은 악센트 부호(´)가 찍혀 있으니 따로 기억해야 합니다. 음절의 중심이 모음에 있는 것과 마찬가지로 악센트의 위치도 모음에 있으며 2중모음인 경우는 강모음에, 약모음끼리 연결되어 있으면 뒤의 약모음에 악센트가 있습니다.

1. **n, s**를 제외한 모든 자음으로 끝난 단어는 맨 마지막 음절의 모음에 악센트가 있습니다.

hablar 아블라-르	→	ha-bl**a**r	말하다
pared 빠렛-	→	pa-r**e**d	벽
profesor 쁘로훼소-르	→	pro-fe-s**o**r	교수
doctor 독또-르	→	doc-t**o**r	박사
reloj ㄹ렐로-흐	→	re-l**o**j	시계
mujer 무헤-르	→	mu-j**e**r	여자

2. 모음 (a, e, i, o, u) 과 자음 n, s로 끝나는 단어는 끝에서부터 두 번째 음절의 모음에 악센트가 있습니다.

casa 까-사	→	ca-sa	집
libro 리브로	→	li-bro	책
orden 오-르덴	→	or-den	명령
jueves 후에-베스	→	jue-ves	목요일
ruido 르루이-도	→	rui-do	잡음
examen 엑사-멘	→	e-xa-men	시험

3. 불규칙한 악센트를 가진 단어들이 약간 있습니다.

árbol 아-르볼	나무	televisión 뗄레비시온-	텔레비젼
periódico 뻬리오-디꼬	신문	teléfono 뗄레-풔노	전화
habitación 아비따씨온-	방	canción 깐씨온-	노래
Tomás 또마-쓰	토마스	María 마리-아	마리아

New Start
스페인어 첫걸음

Parte 2

스페인어를 배워봅시다!

CAPÍTULO 1

01 ¡Hola!
안녕!

02 Yo soy estudiante.
나는 학생입니다.

03 ¿De dónde es Ud.?
당신은 어느 나라 사람입니까?

04 ¿Qué es esto?
이것은 무엇입니까?

Unidad 01

¡Hola!

1. 인사
2. 헤어질 때의 인사
3. 성과 이름 앞에 붙이는 호칭
4. 의문부호(¿?)와 감탄부호(¡!)
- 연습문제
- 히스패닉 문화산책_스페인어권의 이름
- 연습문제 정답

제 1과
안녕하세요!
¡Hola! [올라]

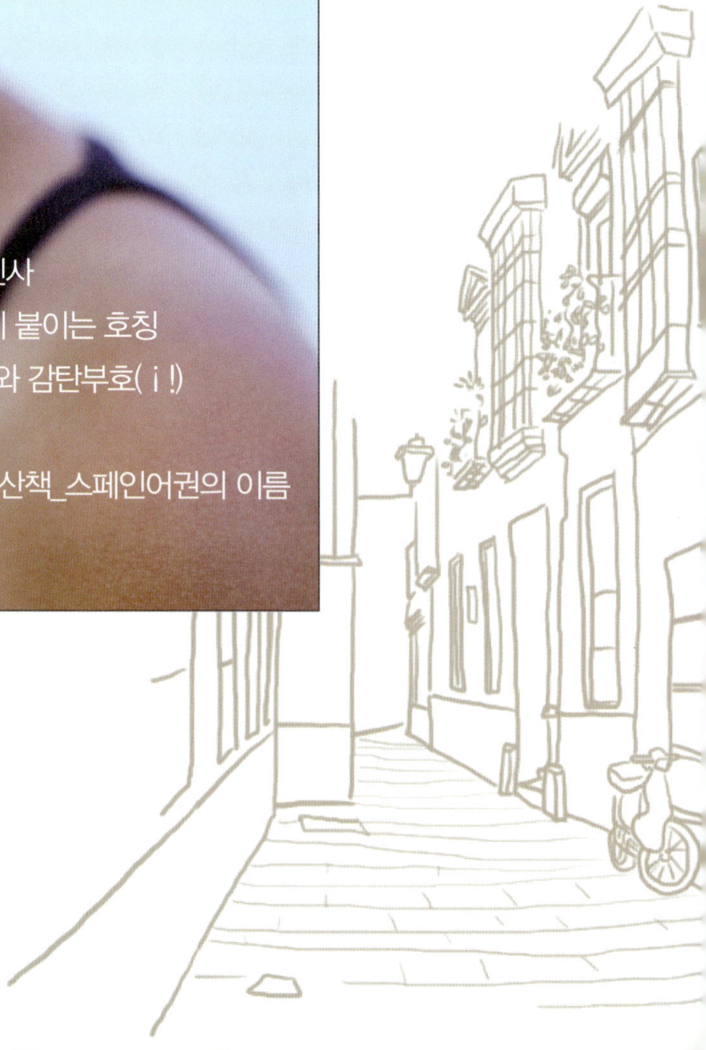

대화하기

1

Juan : Hola, ¿qué tal?
후안   올─라   께─ 딸
María : Hola, buenos días.
마리─아 올─라 부에─노쓰 디─아스

후안 : 안녕, 어떻게 지내니?
마리아 : 안녕(아침 인사).

2

Teresa : Buenas tardes, Isabel. ¿Qué tal?
떼레─사   부에─나쓰 따─르데스   이사벨─   께─ 딸
Isabel : Un poco mal, y ¿tú?
이사벨─   운   뽀─꼬   말   이 뚜─
Teresa : Así, así.
떼레─사   아시─ 아시─

떼레사 : 안녕(점심 인사), 이사벨, 어떻게 지내니?
이사벨 : 좀 안 좋아, 너는?
떼레사 : 그럭저럭.

3

Alfonso : Buenas noches, Sumi. ¿Qué tal?
알폰-소   부에-나쓰   노-체스   수미   께 딸

Sumi : Bien, gracias, y ¿tú?
수-미   비엔   그라-씨아스   이   뚜

Alfonso : Muy bien.
알폰-소   무이   비엔

알폰소 : 안녕(저녁 인사), 수미. 어떻게 지내니?
수미 : 잘 지내, 너는?
알폰소 : 아주 잘 지내.

기억하세요!

Hola [올-라]와 Qué tal [께 딸]은 어느 순간에나 말할 수 있는 친숙한 사람끼리 나누는 간편한 형식의 인사입니다.

처음 보는 나이가 지긋한 분이나 어려운 상사에게는 잘못 말하면 버릇없는 경솔한 사람이 될 수도 있답니다.

단어 확인

hola [올-라] 안녕!
bueno [부에-노] 좋은
la tarde [따-르데] 오후
mal [말] 나쁘게
tú [뚜-] 너(는)
la noche [노-체] 밤
gracias [그라-씨아스] 고맙습니다(= Thank you.)

¿qué tal? [께- 딸] 어떻게 지내니?
el día [디-아] 날, 일(日)
un poco [운 뽀-꼬] 약간, 조금(= a little)
y [이] 그리고(= and)
así [아시-] 이렇게, 그렇게
bien [비엔] 잘
muy [무이] 매우

문법알기

❶ 인사

Buenos días. 부에-노쓰 디-아쓰	안녕하세요. (아침 인사)
Buenas tardes. 부에-나쓰 따-르데스	안녕하세요. (점심 인사)
Buenas noches. 부에-나쓰 노-체스	안녕하세요. (저녁 인사)

Buenos días.[부에-노쓰 디-아쓰]는 아침인사로 영어의 Good morning입니다. 점심 먹기 전까지 하는 인사입니다. Buenas tardes.[부에-나쓰 따-르데스](Good afternoon)는 날이 어두워질 때까지의 인사이고, Buenas noches.[부에-나쓰 노-체스](Good evening)는 잠자리에 들기 전이나 밤에 헤어질 때 할 수 있는 인사입니다.

❷ 헤어질 때의 인사

Adiós. 아디오-스	안녕.
Adiós, hasta luego. 아디오-스 아-스따 루에-고	안녕. 나중에 보자.
Hasta pronto. 아-스따 쁘론-또	곧 만납시다.
Hasta mañana. 아-스따 마냐-나	내일 만나자.

다른 표현들도 있지만 자주 쓰이는 간단한 표현만 익히도록 합시다. Hasta[아-스따]는 '~까지'

라는 뜻입니다. Hasta 다음에 때를 나타내는 표현을 쓰면 되는 거지요. 예를 들어 '곧 만납시다'는 Hasta pronto.[아스따 쁘론-또], '월요일에 봅시다.'는 Hasta el lunes.[아스따 엘 루-네스]라고 하면 됩니다.

❸ 성과 이름 앞에 붙는 호칭

(el) señor ~군, ~씨 (성 앞에)
엘 세뇨-르

el señor Kim 김 선생님   **el señor González** 곤살레스 씨
엘 세뇨-르 김   엘 세뇨-르 곤살-레스

(la) señora ~여사 (성 앞에)
라 세뇨-라

la señora Kim 김 여사   **la señora Díaz** 디아스 여사
라 세뇨-라 김   라 세뇨-라 디-아스

(la) señorita ~양 (성 앞에)
라 세뇨리-따

la señorita Kim 김양   **la señorita Torres** 또레스 양
라 세뇨-리따 김   라 세뇨-리따 또-르레스

don ~씨 (남자이름 앞에)
돈

don Quijote 끼호떼 씨   **don Juan** 후안 씨
돈 끼호-떼   돈 후안

doña ~씨 (여자이름 앞에)
도-냐

doña Isabel 이사벨 씨   **doña Carmen** 까르멘 씨
도-냐 이사벨-   도-냐 까르멘

(el) doctor 박사 (성 앞에)
엘 독또-르

el doctor Kim 김 박사님   **el doctor López** 로뻬스 박사님
엘 독또-르 김   엘 독또-르 로-뻬스

(la) doctora 여 박사 (성 앞에)
라 독또−라

la doctora Kim 김 박사님   **la doctora López** 로뻬스 박사님
라 독또−라 김   라 독또−라 로−뻬스

주의해야 할 사항이 있습니다. 위의 직함들은 대화중에 그 사람을 부르는 경우에는 관사를 써서는 안 됩니다.

Buenos días, señor López. 로뻬스 씨, 안녕하세요.
부에−노스 디−아스 세뇨−르 로−뻬스

Hasta mañana, señorita Kim. 김양, 내일 봐요.
아−스따 마냐−나 세뇨리−따 김

Mucho gusto, señora Choi. 만나서 반갑습니다. 최여사님
무−초 구−스또 세뇨−라 초이

그러나 아래의 문장과 같이 주어로 쓰이는 경우에는 꼭 관사를 써야합니다.

El señor López es mexicano. 로뻬스 씨는 멕시코사람입니다.
엘 세뇨−르 로−뻬스 에스 메히까−노

기억하세요!

위에서 **don** [돈]과 **doña** [도−냐] 다음에는 이름이 와야 합니다. 나이가 어느 정도 든 분들에게 주로 붙이는 호칭입니다. 그러나 김(양), 김(군), 김(여사)와 같은 호칭이나 '박사님'과 같은 직함 다음에는 성이 오는 것이 일반적입니다.

señor [세뇨르], **señora** [세뇨−라], **señorita** [세뇨라−따]의 약자는 각각 Sr., Sra., Srita.입니다.

④ 의문부호(¿ ?)와 감탄부호(¡ !)

스페인어의 의문부호와 감탄부호는 문장의 처음에 거꾸로 찍고 문장이 끝나면 바로 찍습니다. 의문문과 감탄문의 시작과 끝을 확실히 알려준다고 할 수 있겠죠.

¿Qué tal? 께 딸	어떻게 지내니?
Bien, ¿y tú? 비엔 이 뚜-	잘 지내, 너는?
¿Es verdad? 에스 베르닷-	사실인가요?
¡Hola! 올-라	안녕
¡Qué frío! 께 후리-오	추워라!
¡Qué calor! 께 깔로-르	더워라!
¡Qué novela tan interesante! 께 노벨-라 딴 인떼레산-떼	정말 재미있는 소설이야!

단어 확인

- **hasta** [아-스따] ~까지
- **mañana** [마냐-나] 내일
- **el lunes** [루-네스] 월요일
- **mexicano** [메히까-노] 멕시코 사람
- **el calor** [깔로-르] 더위
- **la novela** [노벨-라] 소설
- **la verdad** [베르닷-] 사실, 진실
- **luego** [루에-고] 후에, 나중에
- **pronto** [쁘론-또] 곧
- **es** [에스] ~이다(스페인어의 be동사로 3인칭 단수형)
- **el frío** [후리-오] 추위
- **coreana** [꼬레아-나] 한국인(여자)
- **tan** [딴] 그토록, 그렇게

연습문제

❶ 다음의 문장을 스페인어로 작문해보시오.

A. 안녕, 어떻게 지내니?
→

B. 안녕(점심인사).
→

C. 안녕하세요(점심인사), 김 선생님.
→

D. 아주 잘 지내. 너는?
→

E. 안녕, 나중에 봐요, 김양.
→

❷ 다음 문장에서 틀린 부분을 지적하세요.

A. Buenos días, la señora Kim.

B. Profesor Torres es mexicano.

C. ¡Hola, don María!

D. Hasta pronto, la doctora López.

E. Señorita Kim es coreana.

히스패닉 문화 산책

스페인어권의 이름

이름 + 아버지 성 + 어머니 성
Carlos Pérez Hernández
까-를로스 　　 뻬-레스 　　 에르난-데스

　스페인어권의 이름은 '이름 + 아버지 성 + 어머니 성'으로 이루어집니다. 그러나 이 이름은 관공서 등에서 완전한 이름이 필요할 때만 사용되고, 일상적으로 '이름 + 아버지 성' 만을 주로 씁니다. (Carlos Pérez)

　여성의 경우에 결혼을 하면 처녀 때의 이름을 그대로 유지하지만 사회적으로는 남편의 성을 덧붙여 쓰는 것이 일반적입니다. 이때 남편의 성 앞에 de[데]를 쓰게 됩니다. 예를 들어 Carlos Pérez [까-를로스 뻬-레스]와 María Rodríguez [마리-아 로드리-게스]가 결혼하면 여자의 이름은 María Rodríguez de Pérez [마리-아 로드리-게스 데 뻬-레스]가 되는 것입니다. 그리고 이 두 사람 사이에 자식이 태어나서 이름을 Juan [후안]이라하면 그 아이의 완전한 이름은 Juan Pérez Rodríguez [후안 뻬-레스 로드리-게스]가 된답니다.

　참고로 많이 쓰이는 이름을 모아보았습니다. 여러분들도 이제 스페인어를 공부하시려면 마음에 드는 이름을 하나 골라보시면 어떨까요?

히스패닉 문화 산책

* 많이 쓰이는 남자이름과 여자이름

♂
Agustín [아구스띤-]	Alberto [알베-르또]	Alejandro [알레한-드로]
Alfonso [알폰-소]	Antonio [안또-니오]	Carlos [까-를로스]
Cristóbal [끄리스또-발]	Daniel [다니엘-]	David [다빗-]
Diego [디에-고]	Domingo [도밍-고]	Enrique [엔리-께]
Federico [훼데리-꼬]	Felipe [휄리-뻬]	Fernando [훼르난-도]
Francisco [프란씨-스꼬]	Gabriel [가브리엘-]	Gregorio [그레고-리오]
Guillermo [기예-르모]	Héctor [엑-또르]	Humberto [움베-르또]
Ignacio [이그나-씨오]	Jaime [하-이메]	Javier [하비에-르]
Jesús [헤수-스]	Jorge [호-르헤]	José [호세-]
Juan [후안]	Juan Carlos [후안 까-를로스]	Juan Pablo [후안 빠-블로]
Julio [훌-리오]	Luis [루이-스]	Manuel [마누엘-]
Miguel [미겔-]	Nicolás [니꼴라-스]	Oscar [오스까-르]
Pablo [빠-블로]	Pedro [뻬-드로]	Ramón [ㄹ라몬-]
Raúl [ㄹ라울-]	Ricardo [ㄹ리까-르도]	Roberto [ㄹ로베-르또]
Rodrigo [ㄹ로드리-고]	Tomás [또마-스]	Víctor [빅또-르]

♀
Alicia [알리-씨아]	Ana [아-나]	Beatriz [베아뜨리-스]
Blanca [블랑-까]	Carmen [까-르멘]	Carolina [까롤리-나]
Catalina [까딸리-나]	Cecilia [쎄씰-리아]	Cristina [끄리스띠-나]
Diana [디아-나]	Elena [엘레-나]	Estrella [에스뜨레-야]
Eva [에-바]	Gabriela [가브리엘-라]	Guadalupe [과달루-뻬]
Isabel [이사벨-]	Irene [이레-네]	Julieta [훌리에-따]
Karen [까-렌]	Laura [라-우라]	Leticia [레띠-씨아]
Liliana [릴리아-나]	Lorena [로레-나]	Lucía [루씨-아]
Mariana [마리아-나]	Mónica [모-니까]	Natalia [나딸-리아]
Olivia [올리-비아]	Paloma [빨로-마]	Paola [빠올-라]
Paulina [빠울리-나]	Patricia [빠뜨리-씨아]	Penélope [뻬넬-로뻬]
Rebeca [ㄹ레베-까]	Rocío [ㄹ로씨-오]	Rosa [ㄹ로-사]
Sandra [산-드라]	Sara [사-라]	Sofía [소피-아]
Sonia [소-니아]	Susana [수사-나]	Teresa [떼레-사]
Verónica [베로-니까]	Victoria [빅또-리아]	Yolanda [욜란-다]

연습문제 정답

1 A. Hola, ¿qué tal?
올—라 께— 딸

B. Hola, buenas tardes.
올—라 부에—나쓰 따—르데스

C. Buenas tardes, señor Kim.
부에—나쓰 따—르데스 세뇨—르 김

D. Muy bien, y ¿tú?
무이 비엔 이 뚜—

E. Adiós, hasta luego, señorita Kim.
아디오—스 아—스따 루에—고 세뇨리—따 김

2 A. Buenos días, señora Kim.
부에—노스 디—아쓰 세뇨—라 김

대화중에 상대를 부르는 경우에는 호칭에 관사(la)를 생략합니다.

B. El profesor Torres es mexicano.
엘 쁘로훼소—르 또—르레스에스 메히까—노

존칭이 주어로 쓰이는 경우에는 관사(El)를 써야합니다.

C. ¡Hola, doña María!
올—라 도—냐 마리—아

마리아는 여자 이름이므로 don이 아니고 doña를 써야합니다.

D. Hasta pronto, doctora López.
아—스따 쁘론—또 독또—라 로—뻬스

A와 마찬가지로 대화중에 상대를 부르는 경우에는 호칭에 관사(la)를 생략합니다.

E. La señorita Kim es coreana.
라 세뇨리—따 김 에스 꼬레아—나

B와 마찬가지로 존칭이 주어로 쓰이는 경우에는 관사(La)를 써야합니다.

스페인어 속담

A caballo regalado no le mires el dentado.
아 까바-요 르레갈라-도 노 레 미-레스 엘 덴따-도
선물 받은 말의 이를 보지마라.

Agua que no has de beber, déjala correr.
아-구아 께 노 아스 데 베베-르 데-할라 꼬르레-르
마셔서는 안 될 물은 흘러가게 내버려둬라.

Barriga llena no cree en hambre ajena.
바르리-가 예-나 노 끄레-에 엔 암-브레 아헤-나
배가 부르면 다른 사람의 배고픔을 믿지 않는다.

Cuando el gato está ausente, los ratones se divierten.
꾸안-도 엘 가-또 에스따- 아우센-떼 로스 르라또-네스 세 디비에-르뗀
고양이가 없을 때 쥐가 즐긴다.

Cuanto más tienes más quieres.
꾸안-또 마스 띠에-네스 마스 끼에-레스
가지면 가질수록 더 원한다.

Unidad 02

Yo soy estudiante.

1. 인칭대명사의 주격
2. 동사 ser (~이다)
3. 의문문
4. 부정문
5. 명사 (자연적인 성을 지닌 명사)
- 연습문제
- 히스패닉 문화산책_우리가 너무 잘 아는 노래 Eres tú
- 연습문제 정답

제 2과
나는 학생입니다.
Yo soy estudiante. [요 소이 에스뚜디안-떼]

대화하기

1

Juan : ¿Eres tú estudiante?
후안   에-레스   뚜   에스뚜디안-떼

Isabel : Sí, soy estudiante.
이사벨-   씨   소이   에스뚜디안-떼

후안 : 너는 학생이니?
이사벨 : 응, 나는 학생이야.

2

Teresa : ¿Es ella profesora?
떼레-사   에스 에-이야   쁘로훼소-라

Juan : No, ella no es profesora, es secretaria.
후안   노, 에-이야 노 에스   쁘로훼소-라,   에스   세끄레따-리아

떼레사 : 그녀는 교수입니까?
후안 : 아니요, 그녀는 교수가 아닙니다, 비서입니다.

제 2과 Yo soy estudiante. _ 41

3

Alfonso : ¿Es él turista?
알폰-소 　　 에스 엘　뚜리-스따

Sumi : Sí, es turista.
수-미　 씨　에스　뚜리-스따

알폰소 : 그는 관광객입니까?
수미 : 네, 관광객입니다.

4

María : ¿Son ellos estudiantes?
마리-아　　손　에-요스　　에스뚜디안-떼스

Ana : Sí, son estudiantes.
아-나　 씨　손　에스뚜디안-떼스

마리아 : 그들은 학생입니까?
아나 : 네, 학생입니다.

단어 확인

yo [요] 나는
soy [소이] (나는) ~이다
la profesora [쁘로풰소-라] 여교수
es [에스] (그는, 그녀는, 당신은) ~이다
no [노] 아니요(부정문)
él [엘] 그는
son [손] (그들은, 그녀들은, 당신들은) ~이다

sí [씨] 네(긍정문)
el(la) estudiante [에스뚜디안-떼] 학생
eres [에-레스] (너는) ~이다
ella [에-이야] 그녀
la secretaria [세끄레따-리아] 여비서
el(la) turista [뚜리-스따] 관광객

문법알기

1 인칭대명사의 주격

이제 스페인어의 주격인칭대명사를 배워보도록 합시다. 주격인칭대명사란 주어로 쓰이는 인칭대명사를 말합니다. 1인칭, 2인칭, 3인칭이 있는데 모두 단수와 복수가 있으니 여섯 개의 인칭이 있겠네요. 물론 '~은, ~는, ~이, ~가'가 붙는 주어라고 생각하시면 편하겠죠? 예를 들어 Yo[요]는 '나는, 내가'가 될 수 있고, Nosotros[노소-뜨로스]는 '우리가, 우리는, 우리들은' 등이 될 수 있겠지요. 자, 그럼 스페인어의 세계로 들어가기 위해서 주격인칭대명사를 빨리 외우도록 합시다. 큰소리로 읽으세요.

	단수		복수	
1인칭	**yo** 요	나	**nosotros(as)** 노소-뜨로스(라스)	우리들
2인칭	**tú** 뚜	너	**vosotros(as)** 보소-뜨로스(라스)	너희들
3인칭	**él** 엘	그	**ellos** 에-요스	그들
	ella 에-이야	그녀	**ellas** 에-야스	그녀들
	usted (Ud.) 우스뗏-	당신	**ustedes (Uds.)** 우스떼-데스	당신들

이상한 점을 혹시 발견하셨나요? 영어는 나보다 나이가 많은 사람이든 적은 사람이든 어린아이든지 모두에게 you라고 하면 되지요? 물론 말을 나누는 대상이니 2인칭이겠지요. 그러나 스페인어는 나보다 나이가 많은 사람이나 처음 보는 사람, 혹은 격식을 차려야하는 대상일 경우에는 usted[우스뗏-](당신)이라고 합니다. 그리고 친한 친구사이이거나 격이 없는 사이, 혹은 나보다 나이가 어린 사람에게는 tú[뚜](너) 라고 말합니다. 이런 점은 우리 동방예의지국의 정

서와 같지 않나요? 그러나 모두가 말을 나누는 대상이므로 2인칭 이지만 tú[뚜-]와 usted[우스뗏-]을 구별하기 위해서 usted[우스뗏-]은 3인칭으로 취급하고 있습니다. 이는 단지 동사를 쓸 때 서로 구분하기 위해서라고 생각하시면 됩니다. 그럼 영어의 be동사에 해당하는 동사 ser[세르](~이다)를 통해서 다시 자세히 설명해드리겠습니다.

1인칭복수인 nosotros[노소-뜨로스]의 경우 남자들만 칭하거나, 남자와 여자들을 함께 칭할 경우에는 nosotros[노소-뜨로스]를, 여자들만을 칭할 때는 nosotras[노소-뜨라스]라고 말해야 합니다. 물론 2인칭복수인 vosotros[보소-뜨로스]도 마찬가지입니다.

2인칭 복수인 vosotros[보소-뜨로스]는 중남미에서는 사용하지 않고 스페인에서만 사용합니다. 그래서 중남미에서는 '너희들'은 ustedes[우스떼-데스]를 쓴답니다. 따라서 ustedes[우스떼-데스]는 중남미에서는 상황에 따라서 '너희들' 혹은 '당신들'이 된답니다.

usted[우스뗏-]의 약자는 Ud.이고, ustedes[우스떼-데스]의 약자는 Uds.입니다.

❷ 동사 ser (~이다)

(yo) soy 요 소이	(nosotros/nosotras) somos 노소-뜨로스 노소-뜨라스 소-모스
(tú) eres 뚜 에-레스	(vosotros/vosotras) sois 보소-뜨로스 보소-뜨라스 소이스
(él, ella, usted) es 엘 에-이야 우스뗏- 에스	(ellos, ellas, ustedes) son 에-요스 에-야스 우스떼-데스 손

위의 도표에서 보시는 바와 같이 '나, 너, 우리들, 너희들'의 경우에는 동사변화형으로 그 주어를 알 수 있기 때문에 일반적으로 주어를 생략하는 경우가 더 많습니다. 오히려 주어를 쓰면 강조하는 느낌이 있답니다. 그러나 3인칭 단수와 복수의 경우는 주어를 표기해줘서 혼돈을 피하는 것이 좋습니다.

Soy estudiante. 나는 학생입니다.
소이 에스뚜디안-떼

Yo soy estudiante. 나는 학생입니다.(강조의 느낌)
요 소이 에스뚜디안-떼

Él es estudiante.
엘 에스 에스뚜디안−떼

그는 학생입니다.

Ella es estudiante.
에−이야 에스 에스뚜디안−떼

그녀는 학생입니다.

Ellos son estudiantes.
에−요스 손 에스뚜디안−떼스

그들은 학생입니다.

Uds. son estudiantes.
우스떼−데스 손 에스뚜디안−떼스

당신들은 학생입니다.

그럼, 이해하기 쉽게 인칭대명사의 주격과 동사 ser[세르](~이다)를 이용해서 문장을 만들어 봅시다.

yo 요	**soy** 소이	
tú 뚜	**eres** 에−레스	**estudiante** 에스뚜디안−떼
él, ella, usted 엘 에−이야 우스뗏−	**es** 에스	
nosotros / nosotras 노소−뜨로스 노소−뜨라스	**somos** 소−모스	
vosotros / vosotras 보소−뜨로스 보소−뜨라스	**sois** 소−이스	**estudiantes** 에스뚜디안−떼스
ellos, ellas, ustedes 에−요스 에−이야스 우스떼−데스	**son** 손	

동사 ser[세르]와 함께 쓰여 보어의 기능을 하는 명사는 주어에 따라 성이나 수 변화를 해야 합니다. 따라서 주어가 단수인 경우에는 단수인 estudiante[에스뚜디안−떼]를, 주어가 복수인 경우에는 estudiantes[에스뚜디안−떼스]를 써야합니다.

Yo soy estudiante.
요 소이 에스뚜디안−떼

나는 학생입니다.

Nosotros somos estudiantes.
노소−뜨로스 소−모스 에스뚜디안−떼스

우리는 학생입니다.

③ 의문문

평서문이 '주어 + 동사 + …'의 어순을 지닌다면, 의문문은 '¿ 동사 +주어 + …?'를 쓰시면 됩니다. 그리고 앞뒤로 의문부호를 꼭 찍어주세요. 그리고 의문사로 시작되는 의문문은 '¿ 의문사 + 동사 + 주어 + …?'의 문장 형식을 쓰면 됩니다. 그러나 의문사로 시작되지 않는 간단한 문장인 경우 평서문을 그대로 쓰고 끝을 올려주어도 됩니다.

(평서문) 주어 + 동사 + 보어
Usted es profesor. 당신은 교수입니다.
우스뗏- 에스 쁘로훼소-르

(의문문) ¿ 동사 + 주어 + 보어?
¿Es usted profesor? 당신은 교수입니까?
에스 우스뗏- 쁘로훼소-르

(의문문) ¿ 의문사 + 동사 + 주어?
¿Quién es usted? 당신은 누구십니까?
끼엔 에스 우스뗏-

④ 부정문

부정문은 동사 앞에 부정어 no[노]만 붙이면 됩니다.

Él no es presidente. 그는 사장님이 아닙니다.
엘 노 에스 쁘레시덴-떼

Yo no soy secretaria. 나는 비서가 아닙니다.
요 노 소이 세끄레따-리아

Nosotros no somos chinos. 우리는 중국인이 아닙니다.
노소-뜨로스 노 소-모스 치-노스

⑤ 명사 (자연적인 성을 지닌 명사)

스페인어의 명사에는 크게 2가지의 명사가 있다고 할 수 있습니다. 사람이나 동물과 같이 자연적으로 성을 알 수 있는 명사와 사물을 지칭하는 문법적인 성을 갖는 명사, 이렇게 두 가지

익히는 것이 약간 까다로울 뿐입니다. 그러나 약간의 예외는 있지만 대부분의 모든 명사는 -o로 끝나면 남성이고, -a로 끝나면 여성이라는 사실입니다. 그럼, 이번 과에서는 자연적인 성을 지닌 명사에 대해서 집중적으로 공부해 보기로 하겠습니다.

1. 명사의 성

남성 Él es... 엘 에스		여성 Ella es... 에-이야 에스	
profesor 쁘로훼소-르	교수	**profesora** 쁘로훼소-라	여교수
abogado 아보가-도	변호사	**abogada** 아보가-다	여자변호사
camarero 까마레-로	웨이터	**camarera** 까마레-라	웨이트리스
estudiante 에스뚜디안-떼	학생	**estudiante** 에스뚜디안-떼	여학생
cliente 끌리엔-떼	고객, 손님	**cliente** 끌리엔-떼	(여자)고객, 손님
dentista 덴띠-스따	치과의사	**dentista** 덴띠-스따	여자 치과의사
turista 뚜리-스따	관광객	**turista** 뚜리-스따	(여자) 관광객
padre 빠-드레	아버지	**madre** 마-드레	어머니
actor 악또-르	배우	**actriz** 악뜨리-쓰	여자배우
rey ㄹ레이	왕	**reina** ㄹ레-이나	여왕

위에서 말한 바와 같이 기본적으로 스페인어에서 명사는 자음이나 -o로 끝나면 남성명사이고 -a로 끝나면 대부분 여성명사라고 생각할 수 있습니다. 그러나 세상에는 언제나 예외가 있는 법, 당연히 불규칙형을 지닌 명사들이 있겠지요. 우선 사람을 지칭하는 명사들, 즉 자연적인 성을 지닌 명사만 먼저 공부해보도록 합시다.

자연적인 성을 지닌 명사는:

자음으로 끝난 명사의 여성형은 모음 -a를 첨가해줍니다. (profesor → profesora)

Él es profesor.
엘 에스 쁘로훼소-르

그는 교수입니다.

Ella es profesora.
에-이야 에스 쁘로훼소-라

그녀는 교수입니다.

-o로 끝난 명사의 여성형은 -o를 -a로 바꾸어줍니다. (camarero → camarera)

Luis es camarero.
루이스 에스 까마레-로

루이스는 웨이터입니다.

Teresa es camarera.
떼레-사 에스 까마레-라

떼레사는 웨이트리스입니다.

estudiante와 같이 남성형과 여성형이 같은 명사들이 있습니다. 특히 -ista로 끝나는 명사는 모두 남성형과 여성형이 동일합니다. (dentista → dentista)

Miguel es dentista.
미겔- 에스 덴띠-스따

미겔은 치과의사입니다.

María es dentista.
마리-아 에스 덴띠-스따

마리아는 치과의사입니다.

남성형과 여성형의 형태가 다른 명사들이 몇 개 있습니다. (actor → actriz)

Él es actor.
엘 에스 악또-르

그는 배우입니다.

Ella es actriz.
에-이야 에스 악뜨리-쓰

그녀는 여배우입니다.

El hombre es doctor.
엘 옴-브레 에스 독또-르

그 남자는 박사입니다.

La mujer es doctora.
라 무헤-르 에스 독또-라

그 여자는 박사입니다.

2. 명사의 수

단수명사를 복수로 만들기 위해서는 영어와 마찬가지로 모음으로 끝나면 -s, 자음으로 끝나면 -es를 붙이면 복수형이 됩니다.

abogado 아보가-도	→	**abogados** 아보가-도스
estudiante 에스뚜디안-떼	→	**estudiantes** 에스뚜디안-떼스
pintor 삔또-르	→	**pintores** 삔또-레스
profesor 쁘로훼소-르	→	**profesores** 쁘로훼소-레스

Él es abogado. 그는 변호사입니다.
엘 에스 아보가-도

Ellos son abogados. 그들은 변호사입니다.
에-요스 손 아보가-도스

Ella es abogada. 그녀는 변호사입니다.
에-이야 에스 아보가-다

Ellas son abogadas 그녀들은 변호사입니다.
에-야스 손 아보가-다스

Él es pintor. 그는 화가입니다.
엘 에스 삔또-르

Ellos son pintores. 그들은 화가입니다.
에-요스 손 삔또-레스

Ella es pintora. 그녀는 화가입니다.
에-이야 에스 삔또-라

Ellas son pintoras. 그녀들은 화가입니다.
에-야스 손 삔또-라스

남성과 여성이 섞여서 복수가 될 때에는 남성 복수형을 써야 합니다.

Juan y María son pintores. 후안과 마리아는 화가입니다.
후안 이 마리-아 손 삔또-레스

Isabel y José son abogados. 이사벨과 호세는 변호사입니다.
이사벨- 이 호세- 손 아보가-도스

연습문제

❶ 다음 남성명사의 여성형을 쓰시오.

A. niño [니-뇨] 남자어린이 →
B. abuelo [아부엘-로] 할아버지 →
C. muchacho [무차-초] 소년 →
D. ingeniero [잉헤니에-로] 기술자 →
E. arquitecto [아르끼떽-또] 건축가 →
F. optimista [옵띠미-스따] 낙관주의자 →
G. pianista [삐아니-스따] 피아니스트 →
H. hombre [옴-브레] 남자 →
I. padre [빠-드레] 아버지 →
J. rey [ㄹ레이] 왕 →

❷ 다음 명사의 복수형을 쓰시오.

A. muchacha [무차-채] 소녀 →
B. señor [세뇨-르] 씨, 군, 선생님 →
C. abuelo [아부엘-로] 할아버지 →
D. hombre [옴-브레] 남자 →
E. mujer [무헤-르] 여자 →
F. artista [아르띠-스따] 예술가 →
G. hijo [이-호] 아들 →
H. médico [메-디꼬] 의사 →
I. tío [띠-오] 삼촌, 아저씨 →
J. vecina [베씨-나] 이웃여자 →

❸ 다음의 주어에 일치하는 동사 ser와 명사를 변화시켜 문장을 완성하시오.

   A. 나(여자)는 배우입니다.
      → Yo soy actriz

   B. 우리는 관광객입니다.
      →

   C. 그녀는 화가입니다.
      →

   D. 그는 변호사입니다.
      →

   E. 그들은 교수입니다.
      →

❹ 다음의 문장을 의문문으로 만들어보시오.

   A. Ella es secretaria.
      에-이야 에스 세끄레따-리아
      → ¿ella es secretaria?

   B. Clara es estudiante.
      끌라-라 에스 에스뚜디안-떼
      → ¿clara es studiante?

   C. Juan es dentista.
      후안 에스 덴띠-스따
      →

   D. Ud. es médico.
      우스뗏-에스 메-디꼬
      →

   E. Manuel es ingeniero.
      마누엘- 에스 잉헤니에-로
      →

제 2과 Yo soy estudiante. _ 51

히스패닉 문화 산책

우리가 너무나 잘 아는 노래 Eres tú
에-레스 뚜

1973년 후안 까를로스 깔데론(Juan Carlos Calderón)이 작사 작곡한 곡으로 스페인 밴드 모세다데스(Mocedades)가 Eurovision Song Contest에서 불러 2등을 차지하면서 유명해진 스페인어 노래이다. 영어로는 "Touch the Wind"라는 제목으로 리메이크 되었으며 세계 각국의 언어로 번안된 우리도 너무 잘 아는 노래이다. 또한 1974년 미국 빌보드 차트의 9위를 기록하면서 미국에서 top10 안에 들어간 스페인어 노래로도 유명하다.

인터넷에서 검색해서 모세다데스 그룹이 부르는 Eres tú를 동영상으로 감상해보고 이번 기회에 이 노래를 배워보도록 합시다.

Eres tú
에-레스 뚜

Mocedades
모쎄다-데스

Como una promesa, eres tú, eres tú
꼬-모 우-나 쁘로메-사 에-레스 뚜 에-레스 뚜

바로 넌 나의 희망과 같고,

Como una mañana de verano
꼬-모 우-나 마냐-나 데 베라-노

여름날의 아침과 같고,

Como una sonrisa, eres tú, eres tú
꼬-모 우ㅏ 손르리-사 에-레스 뚜 에-레스 뚜

미소와 같아.

Así, así, eres tú
아씨-아씨- 에-레스뚜

넌 바로 그래.

Toda mi esperanza, eres tú, eres tú
또-다 미 에스뻬란-사 에-레스 뚜 에-레스 뚜

너는 나의 모든 희망과 같고,

바로 너

히스패닉 문화 산책

Como lluvia fresca en mis manos 꼬-모 유-비아 후레스까 엔 미스 마-노스	내 손에 고인 신선한 빗물과 같고,
Como fuerte brisa, eres tú, eres tú 꼬-모 후에-르떼 브리-사 에-레스뚜 에-레스뚜	상쾌한 바람과 같아.
Así, así, eres tú 아싸-아싸-에-레스 뚜	넌 바로 그래.
Eres tú como el agua de mi fuente. 에-레스 뚜 꼬-모 엘 아-구아 데 미 후엔-떼	너는 나의 분수에 샘솟는 물과 같고,
Eres tú el fuego de mi hogar 에-레스 뚜 엘 후에-고 데 미 오가-르	너는 나의 집의 불과 같고,
(Algo así eres tú, algo así como el fuego de mi hoguera) 알-고 아싸-에-레스뚜 알-고 아싸- 꼬-모 엘 후에-고 데 미 오게-라	(너는 그래 타오르는 모닥불과 같고)
Eres tú como el fuego de mi hoguera 에-레스뚜 꼬-모 엘 후에-고 데 미 오게-라	너는 그래 타오르는 모닥불과 같고
(Algo así eres tú, en mi vida algo así eres tú) 알-고 아씨에-레스뚜 엔 미 비-다 알-고 아씨에-레스뚜	(너는 그래, 너는 내 인생에 있어서 그래.)
Eres tú el trigo de mi pan 에-레스뚜 엘 뜨리-고 데 미 빤	너는 내 빵에 없어서는 안 될 밀가루와 같은 그런 존재야.
Como mi poema eres tú, eres tú 꼬-모 미 뽀에-마 에-레스뚜 에-레스뚜	너는 내 마음의 시와 같고,
Como una guitarra en la noche 꼬-모 우나 기따-라 엔 라 노-체	밤에 듣는 기타 소리와 같고,
Todo mi horizonte eres tú, eres tú 또-도 미 오리손-떼 에-레스뚜 에-레스뚜	나의 모든 지평선과 같고,
Así, así, eres tú… 아씨 아씨 에-레스뚜	너는 바로 그래.

연습문제 정답

1
- A. niña [니-냐] 어린 여자아이
- B. abuela [아부엘-라] 할머니
- C. muchacha [무차-채] 소녀
- D. ingeniera [잉헤니에-라] 기술자(여자)
- E. arquitecta [아르끼떽-따] 건축가
- F. optimista [옵띠미-스따] 낙관주의자(여자)
- G. pianista [삐아니-스따] 피아니스트(여자)
- H. mujer [무헤-르] 여자
- I. madre [마-드레] 어머니
- J. reina [르레-이나] 여왕

2
- A. muchachas [무차-차스]
- B. señores [세뇨-레스]
- C. abuelos [아부엘-로스]
- D. hombres [옴-브레스]
- E. mujeres [무헤-레스]
- F. artistas [아르띠-스따스]
- G. hijos [이-호스]
- H. médicos [메-디꼬스]
- I. tíos [띠-오스]
- J. vecinas [베씨-나스]

3
- A. Yo soy actriz.
  요 소이 악뜨리-스
- B. Nosotros somos turistas.
  노소-뜨로스 소-모스 뚜리-스따스
- C. Ella es pintora.
  에-야에스 삔또-라
- D. Él es abogado.
  엘 에스 아보가-도
- E. Ellos son profesores.
  에-요스 손 쁘로훼소-레스

4
- A. ¿Es ella secretaria? 그녀는 비서입니까?
  에스에-야세끄레따-리아
- B. ¿Es Clara estudiante? 끌라라는 학생입니까?
  에스 끌라-라 에스뚜디안-떼
- C. ¿Es Juan dentista? 후안은 치과의사입니까?
  에스 후안 덴띠-스따
- D. ¿Es Ud. médico? 당신은 의사입니까?
  에스 우스뗏- 메-디꼬
- E. ¿Es Manuel ingeniero? 마누엘은 기술자입니까?
  에스 마누엘- 잉헤니에-로

스페인어 속담

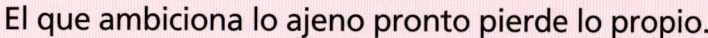

El que ambiciona lo ajeno pronto pierde lo propio.
엘 께 암비씨오-나 로 아헤-노 쁘론-또 삐에-르데 로 쁘로-삐오
다른 사람의 것을 탐하는 자는 곧 자신의 것을 잃는다.

El que busca encuentra.
엘 께 부-스까 엔꾸엔-뜨라
찾고자하는 자는 발견한다.

El que mucho duerme poco aprende.
엘 께 무-초 두에-르메 뽀-꼬 아쁘렌-데
잠을 많이 자는 배우는 것이 적다.

El que ríe el último ríe dos veces.
엘 께 ㄹ라-에엘 울-띠모 ㄹ라-에 도스 베-쎄스
마지막에 웃는 자가 두 번 웃는다.

El que parte y reparte se queda con la mejor parte.
엘 께 빠-르떼 이 ㄹ레빠-르떼 세 께-다 꼰 라 메호-르 빠-르떼
나누고 분배하는 사람이 가장 좋은 부분을 차기하게 된다.

Unidad 03

¿De dónde es Ud.?

1. Ser de: (~출신, 소유, 재료)이다
2. 국명과 국적형용사
3. 의문사
- 연습문제
- 히스패닉 문화산책_스페인어를 국어로 쓰는 나라들
- 연습문제 정답

제 3과
당신은 어느 나라 사람입니까?
¿De dónde es Ud.? [데 돈-데 에스 우스뗏]

대화하기

1

Juan : **¿De dónde es Ud.?**
후안   데   돈-데   에스 우스뗏-

Sumi : **Soy de Corea.**
수미   소이   데   꼬레-아

Soy coreana.
소이   꼬레아-나

후안 : 당신은 어느 나라 사람입니까?
수미: 저는 한국인(출신)입니다.
　　　저는 한국인입니다.

2

Carlos : **¿Es ella española?**
까-를로스   에스   에-이야   에스빠뇰-라

Carmen : **Sí, ella es española.**
까-르멘   씨   에-이야 에스   에스빠뇰-라

Es de Barcelona.
에스   데   바르셀로-나

까를로스 : 그녀는 스페인 사람이니?
까르멘: 응, 그녀는 스페인 사람이야.
　　　바르셀로나 사람이야.

3

Daniel : ¿Eres tú mexicana?
다-니엘　　에-레스　뚜　　메히까-나

Cecilia : No, no soy mexicana.
쎄씰-리아　　노　노　소이　　메히까-나

Soy chilena.
소이　칠레-나

다니엘 : 너는 멕시코 사람이니?
쎄씰리아 : 아니, 나는 멕시코 사람이 아니야.
칠레사람이야.

4

Diana : ¿Es Ud. japonés?
디아-나　　에스　우스뗏-　하뽀네-스

Federico : No, no soy japonés.
훼데리-꼬　　노　노　소이　　하뽀네-스

Soy coreano.
소이　꼬레아-노

디아나 : 당신은 일본 사람이십니까?
훼데리꼬 : 아니요, 일본사람이 아닙니다.
한국 사람입니다.

단어 확인

dónde [돈-데] 어디에
soy [소이] (나는) ~이다
el(la) coreano(a) [꼬레아-노(나)] 한국인
ella [에-이야] 그녀
eres [에-레스] (너는) ~이다
el(la) mexicano(a) [메히까-노(나)] 멕시코사람
el japonés [하뽀네-스(사)] 일본사람

ser de [세르 데] ~출신이다
Corea [꼬레-아] 한국
es [에스] (그는, 그녀는, 당신은) ~이다
el(la) español(a) [에스빠뇰-(라)] 스페인사람
tú [뚜-] 너
Ud. [우스뗏-] 당신
el(la) chileno(a) [칠레-노(나)] 칠레사람

문법알기

① Ser de: (~출신, 소유, 재료)이다

영어의 be동사에 해당하는 동사 ser[세르]에 전치사 de를 써서 출신, 소유, 재료를 표현합니다.

¿De dónde es usted? 데 돈-데 에스 우스뗏-	당신은 어느 나라 사람입니까? (출신)
Soy de Corea. 소이 데 꼬레-아	한국 사람입니다. (출신)
¿De quién es la casa? 데 끼엔- 에스 라 까-사	그 집은 누구의 것입니까? (소유)
La casa es de Isabel. 라 까-사 에스 데 이사벨-	그 집은 이사벨의 것입니다. (소유)
La casa es de madera. 라 까-사 에스 데 마데-라	그 집은 나무로 지은 집이다. (재료)
La tortilla es de maíz. 라 또르띠-야 에스 데 마이-쓰	그 또르띠야는 옥수수로 만든 것이다. (재료)

② 국명과 국적형용사

국적을 나타내는 형용사를 공부해봅시다. 스페인어의 국명은 첫 자를 대문자로 써야합니다. 그러나 그 형용사는 영어와는 달리 소문자로 써야합니다. 예를 들면, '한국'은 Corea[꼬레-아], '한국의, 한국사람(의)'는 coreano[꼬레아-노]라고 써야합니다. 우선 국명과 그 형용사형을 몇 개만 이번 과에서 익혀보도록 합시다. 국적형용사는 사람을 나타낼 때는 명사로도 쓰이기도 합니다. 또한 형용사의 남성형에 정관사 el을 붙이면 그 나라 언어가 됩니다. (el coreano[엘 꼬레아-노] 한국어)

Corea 한국 꼬레-아	**coreano** (남성단수) 꼬레아-노	**coreanos** (남성복수) 꼬레아-노스
	coreana (여성단수) 꼬레아-나	**coreanas** (여성복수) 꼬레아-나스
España 스페인 에스빠-냐	**español** 에스빠뇰-	**españoles** 에스빠뇰-레스
	española 에스빠뇰-라	**españolas** 에스빠뇰-라스
México 멕시코 메-히꼬	**mexicano** 메히까-노	**mexicanos** 메히까-노스
	mexicana 메히까-나	**mexicanas** 메히까-나스
China 중국 차-나	**chino** 차-노	**chinos** 차-노스
	china 차-나	**chinas** 차-나스
Japón 일본 하뽄-	**japonés** 하뽀네-스	**japoneses** 하뽀네-세스
	japonesa 하뽀네-사	**japonesas** 하뽀네-사스
Inglaterra 영국 잉글라떼-ㄹ라	**inglés** 잉글레-스	**ingleses** 잉글레-세스
	inglesa 잉글레-사	**inglesas** 잉글레-사스

위에서 살펴본 바와 같이 스페인어의 국적을 나타내는 형용사는 모두 남성 단수와 복수, 여성 단수와 복수, 이렇게 4개의 형태를 지니게 됩니다. 형용사를 설명할 때 자세히 설명하도록 할 테니 지금은 무조건 정확히 읽으면서 외워보도록 합시다.

다음의 문장은 모두 '나는(너는, 그는, 그녀는, 당신은, 우리는, 그들은...)한국인입니다.'라는 표현입니다.

Yo soy coreano. (남자) 요 소이 꼬레아-노	**Nosotros somos coreanos.** 노소-뜨로스 소-모스 꼬레아-노스
Yo soy coreana. (여자) 요 소이 꼬레아-나	**Nosotras somos coreanas.** 노소-뜨라스 소-모스 꼬레아-나스
Tú eres coreano. (남자) 뚜 에-레스 꼬레아-노	**Vosotros sois coreanos.** 보소-뜨로스 소이스 꼬레아-노스
Tú eres coreana. (여자) 뚜 에-레스 꼬레아-나	**Vosotras sois coreanas.** 보소-뜨라스 소이스 꼬레아-나스
Él es coreano. 엘 에스 꼬레아-노	**Ellos son coreanos.** 에-요스 손 꼬레아-노스
Ella es coreana. 에-이야에스 꼬레아-나	**Ellas son coreanas.** 에-야스 손 꼬레아-나스
Usted es coreano(a). 우스뗏- 에스 꼬레아-노(나)	**Ustedes son coreanos(as).** 우스떼-데스 손 꼬레아-노스(나스)

❸ 의문사

다음의 의문사를 잘 익혀두도록 하세요. 그리고 의문사에는 항상 악센트가 있다는 사실을 잊지 마세요.

¿qué? 께-	(무엇 what)	**¿cuál?** 꾸알-	(어느 것 which)
¿quién? 끼엔-	(누구 who)		
¿cuánto? 꾸안-또	(얼마만큼, 어느 정도, 몇 개 how many, how much)		
¿por qué? 뽀르 께-	(왜 why)	**¿cómo?** 꼬-모	(어떻게 how)
¿cuándo? 꾸안-도	(언제 when)	**¿dónde?** 돈-데	(어디에 where)

제 3과 ¿De dónde es Ud.?

기억하세요!

- ¿qué?는 어떤 경우에도 변화하지 않습니다. 즉 성·수변화하지 않습니다.

- ¿cuál?[꾸알-]과 ¿quién?[끼엔-]은 수변화를 하기 때문에 복수형은 각각 ¿cuáles?[꾸알-레스]와 ¿quiénes?[끼에-네스]가 됩니다.

- ¿cuánto?[꾸안-또]는 성수변화를 합니다. 남성복수는 ¿cuántos?[꾸안-또스], 여성단수는 ¿cuánta?[꾸안-따], 여성복수는 ¿cuántas?[꾸안-따스]가 됩니다.

아직 동사를 많이 배우지 않았기 때문에 여기서는 간단한 문장을 통해서 의문사의 종류 및 뜻에 대해서만 익혀두세요. 차차 공부하도록 합시다.

¿Qué es ella? 께- 에스 에-이야	그녀의 직업은 뭔가요?
¿Qué es esto? 께- 에스 에-스또	이것은 무엇입니까?
¿De qué es la silla? 데 께- 에스 라 시-야	의자는 무엇으로 만들어졌나요?
¿Cuál es tu libro? 꾸알- 에스 뚜 리-브로	어느 것이 너의 책이니?
¿Cuál es tu nombre? 꾸알- 에스 뚜 놈-브레	너의 이름은 뭐니?
¿Cuál es tu profesión? 꾸알- 에스 뚜 쁘로훼시온-	너의 직업은 뭐니?
¿Cuáles son tus libros? 꾸알-레스 손 뚜스 리-브로스	어느 것이 너의 책들이니?
¿Quién es él? 끼엔- 에스 엘	그는 누구인가요?

¿Quiénes son ellos?
끼에-네스 손 에-요스

그들은 누구인가요?

¿De quién es la casa?
데 끼엔- 에스 라 까사

그 집은 누구의 것인가요?

¿De quién es el libro?
데 끼엔- 에스 엘 리-브로

그 책은 누구의 것인가요?

¿Cuánto es?
꾸안-또 에스

얼마입니까?

¿Cuántos son ustedes?
꾸안-또스 손 우스떼-데스

당신들은 몇 분이십니까?

¿Por qué no está ella?
뽀르 께- 노 에스따-에-이야

왜 그녀는 없나요?

¿Cómo es ella?
꼬-모 에스 에-야

그녀는 어떤 사람인가요? (성격, 외모)

¿Cómo está Ud.?
꼬-모 에스따- 우스뗏-

어떻게 지내세요?

¿Cuándo es tu cumpleaños?
꾸안-도 에스 뚜 꿈쁠레아-뇨스

언제가 너의 생일이니?

¿Dónde está usted?
돈-데 에스따- 우스뗏-

당신은 어디에 계신가요?

¿De dónde es Ud.?
데 돈-데 에스 우스뗏-

어디 출신이세요?

단어 확인

esto [에-스또] 이것(중성지시대명사)
tu [뚜] 너의
el nombre [놈-브레] 이름
estar [에스따-르] 있다

la silla [사-야] 의자
el libro [리-브로] 책
la profesión [쁘로훼시온-] 직업
el cumpleaños [꿈쁠레아-뇨스] 생일

연습문제

① 앞에서 배운 내용을 이용해서 다음의 문장을 보기와 같이 완성시켜보세요.

보기 Yo _soy_ (ser) _española_ . (스페인여자)

A. Él _____ _____ . (프랑스인 francés)
B. Ellos _____ _____ . (중국인)
C. Nosotras _____ _____ . (한국여자)
D. Uds. _es_ _Mexicano_ . (멕시코인)
E. Ellas _es_ _chilena_ . (칠레여자 chilena)

② 다음 괄호 안의 한국어에 해당하는 스페인어를 문장에 알맞게 써넣으세요. (성·수에 유의하여)

A. La profesora es _Mexicana_ . (멕시코인)
B. El periodista es _____ . (일본인)
C. Los turistas son _____ . (영국인)
D. La actriz es _____ . (스페인인)
E. La abogada es _____ . (프랑스인)

❸ 우리말에 맞는 의문사를 써넣으세요.

A. ¿_____ es Isabel? (누가 이사벨인가요?)
B. ¿_____ son ustedes? (당신들은 몇 명입니까?)
C. ¿_____ es la profesora? (그 여교수님은 어떤 분인가요?)
D. ¿_____ es tu libro? (어느 것이 너의 책이니?)
E. ¿_____ no está María? (왜 마리아가 없습니까?)
F. ¿_____ es la fiesta? (파티는 언제니?)
G. ¿_____ es tu madre? (누가 너의 어머니시니?)
H. ¿_____ está tu padre? (너의 아버지는 어떻게 지내시니?)
I. ¿_____ es tu nombre? (너의 이름은 뭐니?)
J. ¿De _____ es la mesa? (테이블은 무엇으로 만들어졌니?)

❹ 다음 우리말을 스페인어로 작문해보세요.

A. 그녀는 사장입니다. (presidente [쁘레시덴-떼] 사장)
   →

B. 당신들은 어느 나라 사람이십니까?
   →

C. 우리는 한국 출신입니다.
   →

D. 그 책은 누구의 것입니까?
   →

E. 그녀들은 중국인입니다.
   →

히스패닉 문화 산책

스페인어를 국어로 쓰는 나라들

스페인어를 국어로 쓰는 국가들은 모두 과거에 스페인의 식민지였던 국가들이다. 아메리카 대륙에서는 멕시코를 비롯한 중미국가들, 포르투갈의 식민지였기 때문에 포르투갈어를 쓰는 브라질을 제외한 남미국가들, 쿠바, 도미니카공화국, 그리고 미국의 자치주인 푸에르토리코 등의 카리브국가들이 있다.

적도기니는 아프리카 중부의 카메룬과 가봉과 접해 있는 작은 나라중의 하나이다. 1968년 10월 12일 스페인으로부터 독립한 국가이다. 필리핀은 16세기에서 1898년까지 스페인의 식민지였다가 미국의 식민지가 되어 1946년 완전 독립을 달성한 국가이다. 국어는 타갈로그어이고 공용어는 영어이지만 중국어, 아랍어, 스페인어 등을 사용한다. 스페인어를 사용하는 인구가 증가하고 있어 2008년 1월부터 스페인어가 다시 공용어로 지정되어 학교에서도 필수과목으로 가르치게 되었다.

스페인을 포함한 다음의 22개국의 국명과 그 형용사형을 익히고 지도에서 위치를 알아보도록 합시다.

히스패닉 문화 산책

국가명		형용사 (남성형)	형용사 (여성형)
아르헨티나	Argentina [아르헨띠-나]	argentino [아르헨띠-노]	argentina [아르헨띠-나]
볼리비아	Bolivia [볼리-비아]	boliviano [볼리비아-노]	boliviana [볼리비아-나]
콜롬비아	Colombia [꼴롬-비아]	colombiano [꼴롬비아-노]	colombiana [꼴롬비아-나]
코스타리카	Costa Rica [꼬-스따 리-까]	costarricense [꼬스따ㄹ리쎈-세]	costarricense [꼬스따ㄹ리쎈-세]
칠레	Chile [칠-레]	chileno [칠레-노]	chilena [칠레-나]
쿠바	Cuba [꾸-바]	cubano [꾸바-노]	cubana [꾸바-나]
에콰도르	Ecuador [에꾸아도-르]	ecuatoriano [에꾸아또리아-노]	ecuatoriana [에꾸아또리아-나]
스페인	España [에스빠-냐]	español [에스빠뇰-]	española [에스빠뇰-라]
필리핀	Filipinas [휠리삐-나스]	filipino [휠리삐-노]	filipina [휠리삐-나]
과테말라	Guatemala [구아떼말-라]	guatemalteco [구아떼말떼-꼬]	guatemalteca [구아떼말떼-까]
적도 기니	Guinea Ecuatorial [기네-아 에꾸아또리알-]	ecuatoguineano [에꾸아또기네아-노]	ecuatoguineana [에꾸아또기네아-나]
온두라스	Honduras [온두-라스]	hondureño [온두레-뇨]	hondureña [온두레-냐]
멕시코	México [메-히꼬]	mexicano [메히까-노]	mexicana [메히까-나]
니카라과	Nicaragua [니까라-구아]	nicaragüense [니까라구엔-세]	nicaragüense [니까라구엔-세]
파나마	Panamá [빠나마-]	panameño [빠나메-뇨]	panameña [빠나메-냐]
파라과이	Paraguay [빠라구아-이]	paraguayo [빠라구아-요]	paraguaya [빠라구아-야]
페루	Perú [뻬루-]	peruano [뻬루아-노]	peruana [뻬루아-나]
푸에르토리코	Puerto Rico [뿌에-르또 리-꼬]	puertorriqueño [뿌에르또ㄹ리께-뇨]	puertorriqueña [뿌에르또ㄹ리께-냐]
도미니카공화국	República Dominicana [ㄹ레뿌-블리까 도미니까-나]	dominicano [도미니까-노]	dominicana [도미니까-나]
엘살바도르	El Salvador [엘 살바도-르]	salvadoreño [살바도레-뇨]	salvadoreña [살바도레-냐]
우루과이	Uruguay [우루구아-이]	uruguayo [우루구아-요]	uruguaya [우루구아-야]
베네수엘라	Venezuela [베네수엘-라]	venezolano [베네솔라-노]	venezolana [베네솔라-나]

제 3과 ¿De dónde es Ud.?

연습문제 정답

① A. Él es francés. 그는 프랑스인이다.
   엘 에스 후란쎄-스

B. Ellos son chinos. 그들은 중국인이다.
   에-요스 손 치-노스

C. Nosotras somos coreanas. 우리는 한국인이다.
   노소-뜨로스 소-모스 꼬레아-나스

D. Ustedes son mexicanos. 당신들은 멕시코인이다.(당신들이 남자들, 혹은 남녀일 때)
   우스떼-데스 손 메히까-노스

   Ustedes son mexicanas. 당신들은 멕시코인이다.(당신들이 여자들만 일 때)
   우스떼-데스 손 메히까-나스

E. Ellas son chilenas. 그녀들은 칠레사람들이다.
   에-야스 손 칠레-나스

② A. La profesora es mexicana. 그 여교수는 멕시코인이다.
   라 쁘로훼소-라 에스 메히까-나

B. El periodista es japonés. 그 신문기자는 일본인이다.
   엘 뻬리오디-스따 에스 하뽀네-스

C. Los turistas son ingleses. 그 관광객들은 영국인이다.
   로스 뚜리-스따스 손 잉글레-세스

D. La actriz es española. 그 영화배우는 스페인여자이다.
   라 악뜨리-스 에스 에스빠뇰-라

E. La abogada es francesa. 그 변호사는 프랑스여자이다.
   라 아보가-다 에스 프란쎄-사

③ A. Quién **B.** Cuántos **C.** Cómo **D.** Cuál
E. Por qué **F.** Cuándo **G.** Quién **H.** Cómo
I. Cuál **J.** qué

④ A. Ella es presidente.
   에-야에스 쁘레시덴-떼

B. ¿De dónde son ustedes?
   데 돈-데 손 우스떼-데스

C. (Nosotros) Somos de Corea. 혹은 Somos coreanos.
   노소-뜨로스 소-모스 데 꼬레-아   소-모스 꼬레아-노스

D. ¿De quién es el libro?
   데 끼엔- 에스엘 라-브로

E. Ellas son chinas.
   에-야스 손 치-나스

스페인어 속담

En el país de los ciegos el tuerto es el rey.
엔 엘 빠이-스 델 로스 씨에-고스 엘 뚜에-르또 에스 엘 ㄹ레이

장님들의 나라에서 애꾸눈이 왕이다.

El que tiene boca se equivoca.
엘 께 띠에-네 보-까 세 에끼보-까

입이 있는 사람은 실수를 하기 마련이다.

La ociosidad es la madre de todos los vicios.
라 오씨오시닷- 에스 라 마-드레 데 또-도스 로스 비-씨오스

나태함은 모든 악의 근원이다.

Más vale pájaro en mano ciento volando.
마스 발-레 빠-하로 엔 마-노 씨엔-또 볼란-도

날아다니는 백 마리의 새보다 손에 있는 한 마리의 새가 더 가치가 있다.

Más vale ser cabeza de ratón que cola de león.
마스 발-레 세르 까베-사 데 ㄹ라똔- 께 꼴-라 데 레온-

사자의 꼬리보다 쥐의 머리가 더 가치가 있다.

제 3과 ¿De dónde es Ud.? _ 69

Unidad 04

¿Qué es esto?

1. 부정관사
2. 정관사
3. 명사 (문법적인 성을 지닌 명사)
4. 지시대명사의 중성형: esto, eso, aquello
- 연습문제
- 히스패닉 문화산책_투우
- 연습문제 정답

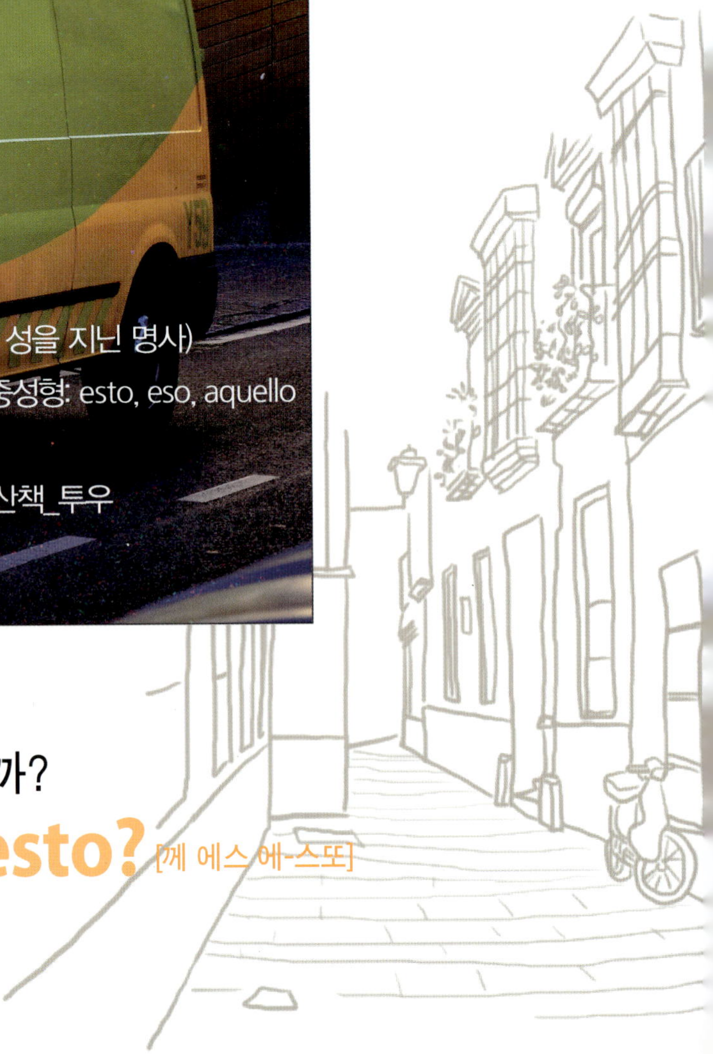

제 4과
이것은 무엇입니까?
¿Qué es esto? [께 에스 에-스또]

대화하기

1

José : ¿Qué es esto?
호세- 께 에스 에-스또

Paola : Es un libro.
빠올-라 에스 운 리-브로

Es el libro de Juan.
에스 엘 리-브로 데 후안

호세 : 이것은 무엇입니까?
빠올라 : 책입니다.
후안의 책입니다.

2

Olivia : ¿Qué es eso?
올리-비아 께 에스 에-소

Miguel : Es una pluma.
미겔- 에스 우-나 쁠루-마

Es la pluma de Isabel.
에스 라 쁠루-마 데 이사벨-

올리비아 : 그것은 무엇입니까?
미겔 : 펜입니다.
이사벨의 펜입니다.

3

Ramón : ¿Qué es aquello?
ㄹ라몬― 께 에스 아께―요

Sara : Es un edificio.
사―라 에스 운 에디휘―씨오

Es el edificio de la escuela.
에스 엘 에디휘―씨오 델 라 에스꾸엘―라

라몬 : 저것은 무엇입니까?
사라 : 건물입니다.
　　　학교 건물입니다.

4

Ramón : ¿Qué es eso?
ㄹ라몬― 께 에스 에―소

Sara : Es un lapicero.
사―라 에스 운 라삐쎄―로

Es el lapicero de mi hermana.
에스 엘 라삐쎄―로 데 미 에르마―나

라몬 : 그것은 무엇입니까?
사라 : 필통입니다.
　　　제 여동생의 필통입니다.

단어 확인

qué [께―] 무엇(의문대명사)
un [운] 하나의, 어떤(부정관사 남성단수형)
de [데] ~의 (소유를 나타내는 전치사)
una [우―나] 하나의, 어떤(부정관사 여성단수형)
aquello [아께―요] 저것(지시대명사의 중성형)
la escuela [에스꾸엘―라] 학교
mi hermana [미 에르마―나] 나의 언니 (여동생, 누나)

esto [에―스또] 이것(지시대명사의 중성형)
el libro [라―브로] 책
eso [에―소] 그것(지시대명사의 중성형)
la pluma [쁠루―마] 펜
el edificio [에디휘―씨오] 빌딩
el lapicero [라삐쎄―로] 필통

문법알기

❶ 부정관사

영어의 a, an에 해당하는 스페인어의 부정관사는 다음과 같습니다. 역시 남성 단수와 복수, 여성 단수와 복수, 즉 4개의 형태로 나누어진답니다. 단수인 un[운], una[우-나]는 '어떤' 혹은 '하나의'로, 그리고 복수인 unos[우-노스]와 unas[우-나스]는 '어떤, 몇 개의, 약간의'라고 해석할 수 있습니다.

	단수	복수
남성	un 운	unos 우-노스
여성	una 우-나	unas 우-나스

부정관사는 아래와 같이 명사의 성과 수에 일치해야합니다.

un libro 한 권의 책, 어떤 책 운 리-브로	**unos libros** 몇 권의 책 우-노스 리-브로스
una casa 한 채의 집, 어떤 집 우-나 까사	**unas casas** 몇 채의 집 우-나스 까사스

❷ 정관사

영어의 **the**에 해당하는 스페인어의 정관사는 다음과 같습니다. 역시 남성 단수와 복수, 여성 단수와 복수, 즉 4개의 형태로 나누어진답니다.

	단수	복수
남성	**el** 엘	**los** 로스
여성	**la** 라	**las** 라스

정관사는 아래와 같이 명사의 성과 수에 일치합니다.

el libro 그 책 엘 리-브로	**los libros** 그 책들 로스 리-브로스
la casa 그 집 라 까사	**las casas** 그 집들 라스 까사스

악센트가 있는 a-나 ha-로 시작되는 여성단수 명사는 정관사 la 대신 el을 씁니다. 그러나 명사의 성이 여성에서 남성으로 바뀌는 것은 아닙니다. 단지 발음을 편하게 하기 위해서 잠시 남성정관사를 빌려 쓰는 것 입니다. 복수가 되면 여성복수 정관사 **las**를 그대로 쓰게 됩니다.

el agua 엘 아-구아	물	**las aguas** 라스 아-구아스
el arma 엘 아-르마	무기	**las armas** 라스 아-르마스
el águila 엘 아-길라	독수리	**las águilas** 라스 아-길라스
el hacha 엘 아-차	도끼	**las hachas** 라스 아-차스

부정관사의 경우도 마찬가지입니다.

un arma 운 아-르마	무기	**unas armas** 우-나스 아-르마스
un águila 운 아-길라	독수리	**unas águilas** 우-나스 아-길라스

남성정관사 el이 전치사 a[아]나 de[데] 다음에 오면 각각 al[알], del[델]이 됩니다.

a + el = al

al señor Kim
알 세뇨-르 김

김 선생님에게(을)

al doctor González
알 독또-르 곤살-레스

곤살레스 박사님에게(을)

de + el = del

la casa del señor Kim
라 까사 델 세뇨-르 김

김 선생님의 집

los libros del profesor Torres.
로스 리-브로스 델 쁘로훼소-르 또-레스

또레스 교수님의 책들

❸ 명사 (문법적인 성을 지닌 명사)

2과에서 사람을 지칭하는 명사, 즉 자연적인 성을 지닌 명사의 성과 수에 대해서 공부했습니다. 이번에는 사물을 지칭하는 명사에 대해 알아봅시다. 마찬가지로 사물을 지칭하는 명사도 -o로 끝나면 남성명사, -a로 끝나면 대부분 여성명사가 됩니다.

1. 명사의 성

대부분 -o와 자음으로 끝나면 남성명사입니다.

el libro 책
엘 리-브로

el vestido 원피스
엘 베스띠-도

el chaleco 조끼
엘 찰레-꼬

el edificio 건물
엘 에디휘-씨오

예외) 다음의 단어들은 -o로 끝나지만 여성명사이니 잘 외워두도록 합시다.

la mano 손
라 마-노

la foto 사진 **(fotografía)**
라 훠-또   훠또그라휘-아

la radio 라디오(방송)
라 ㄹ라-디오

la moto 오토바이 **(motocicleta)**
라 모-또   모또씨끌레-따

-a, -d, -z로 끝나는 명사는 대부분 여성명사입니다. 특히 -ción(-sión, -tión, -xión)으로 끝나는 명사는 예외 없이 모두 여성명사입니다.

la puerta 라 뿌에-르따	문	**la compañía** 라 꼼빠니-아	회사
la universidad 라 우니베르시닷-	대학교	**la libertad** 라 리베르땃-	자유
la cruz 라 끄루쓰	십자가	**la paz** 라 빠쓰	평화
la conversación 라 꼼베르사씨온-	회화	**la estación** 라 에스따씨온-	역, 계절

예외) 다음의 명사들은 -a로 끝나지만 남성명사입니다. 많이 쓰는 단어이니 잘 외워두도록 합시다.

el día 엘 디-아	날, 일	**el mapa** 엘 마-빠	지도
el tema 엘 떼-마	테마, 주제	**el programa** 엘 쁘로그라-마	프로그램
el problema 엘 쁘로블레-마	문제	**el sistema** 엘 시스떼-마	시스템
el clima 엘 끌리-마	기후	**el idioma** 엘 이디오-마	언어

남성명사와 여성명사로 쓰이면서 의미가 달라지는 명사들이 있습니다.

el capital 엘 까삐딸-	자본	**la capital** 라 까삐딸-	수도
el orden 엘 오-르덴	차례, 질서	**la orden** 라 오-르덴	명령, 주문

2. 명사의 수

모음으로 끝나는 모든 명사는 -s를 첨가합니다.

el libro 엘 리-브로	**los libros** 로스 리-브로스	책(들)

la escuela 라 에스꾸엘-라	**las escuelas** 라스 에스꾸엘-라스	학교(들)
la clase 라 끌라-세	**las clases** 라스 끌라-세스	교실(들), 수업(들)

자음으로 끝나는 경우에는 -es를 첨가합니다.

el papel 엘 빠뻴-	**los papeles** 로스 빠뻴-레스	종이(들)
el celular 엘 쎌룰라-르	**los celulares** 로스 쎌룰라-레스	핸드폰(들)
la ciudad 라 씨우닷-	**las ciudades** 라스 씨우다-데스	도시(들)

-z로 끝나는 단어는 -c로 고치고 -es를 붙여야 합니다.

el lápiz 엘 라-삐스	**los lápices** 로스 라-삐쎄스	연필(들)
la cruz 라 끄루-쓰	**las cruces** 라스 끄루-쎄스	십자가(들)

단수와 복수의 형태가 같은 명사가 있습니다. 이때는 관사를 통해 단수와 복수를 구별할 수 있습니다. 특히, 요일 중에서 월요일부터 금요일까지가 이 그룹에 속하니 빨리 외우도록 합시다.

el lunes 엘 루-네스	**los lunes** 로스 루-네스	월요일에(마다)
el cortauñas 엘 꼬르따우-냐스	**los cortauñas** 로스 꼬르따우-냐스	손톱깎이(들)
el paraguas 엘 빠라-구아스	**los paraguas** 로스 빠라-구아스	우산(들)
el sacapuntas 엘 사까뿐-따스	**los sacapuntas** 로스 사까뿐-따스	연필 깎는 기계(들)

제 4과 ¿Qué es esto? _ 77

요일)

el lunes - los lunes 월요일 엘 루-네스	**el martes - los martes** 화요일 엘 마르떼스
el miércoles - los miércoles 수요일 엘 미에-르꼴레스	**el jueves - los jueves** 목요일 엘 후에-베스
el viernes - los viernes 금요일 엘 비에-르네스	**el sábado - los sábados** 토요일 엘 사-바도
el domingo - los domingos 일요일 엘 도밍-고	

항상 복수로 쓰이는 명사가 있습니다.

las tijeras	가위	**las gafas**	안경
라스 띠헤-라스		라스 가-화스	
los guantes	장갑	**las vacaciones**	휴가
로스 구안-떼스		라스 바까씨오-네스	

복수가 될 때 악센트 부호가 첨가되거나 삭제되는 경우가 있습니다. 그 이유는 단수 때의 악센트 위치를 유지하기 위해서입니다. 즉, 단수 때에는 불규칙한 악센트가 있었는데 복수가 되면서 자연히 그 자리에 악센트가 오게 되면 필요 없어서 삭제되거나, 복수가 되면서 단수 때의 악센트의 위치가 유지되지 않아서 악센트 부호를 찍어줘야 하는 경우가 있기 때문입니다.

la estación	**las estaciones**	역, 계절
라 에스따씨온-	라스 에스따씨오-네스	
el limón	**los limones**	레몬
엘 리몬-	로스 리모-네스	
el melón	**los melones**	메론
엘 멜론-	로스 멜로-네스	
el examen	**los exámenes**	시험
엘 엑사-멘	로스 엑사-메네스	
el joven	**los jóvenes**	젊은이
엘 호-벤	로스 호-베네스	

❹ 지시대명사의 중성형: esto, eso, aquello

이것	**esto** 에—스또
그것	**eso** 에—소
저것	**aquello** 아께—요

스페인어에는 사실 중성형이 거의 없습니다. 위에서 명사를 공부하셔서 알겠지만 명사에는 남성명사와 여성명사 밖에 없습니다. 그러나 지시대명사에는 중성형이 있답니다. 지시대명사에 대해서는 나중에 자세히 공부하도록 합시다. (110쪽을 참고하세요.)

지시대명사 중성형은 알지 못하는 사물을 지칭할 때, 혹은 어떤 사실 전체를 받아서 이야기할 때 쓸 수 있습니다

¿Qué es esto?   이것은 무엇입니까?
께 에스 에—스또

Es un mapa.   지도입니다.
에스 운 마—빠

¿Qué es eso?   그것은 무엇입니까?
께 에스 에—소

Es un bolígrafo.   볼펜입니다.
에스 운 볼리—그라풔

¿Qué es aquello?   저것은 무엇입니까?
께 에스 아께—요

Es un restaurante.   레스토랑입니다.
에스 운 ㄹ레스따우란—떼

Esto es increíble.   이건 믿을 수 없습니다. (이러한 사실은)
에—스또 에스 인끄레이—블레

Eso es imposible.   그건 불가능합니다. (그러한 사실은)
에—소 에스 임뽀시—블레

연습문제

1 다음의 명사 앞에 알맞은 정관사를 써넣으시오.

A. Uno agua   B. Uno cruz
C. Uno voz   D. Uno estación
E. Uno arma   F. Uno lápiz
G. Un águilas   H. Un clase
I. Uno pared   J. Uno información
K. Un limón   L. Un gafas
M. ____ ciudad   N. Uno programa
O. ____ foto   P. Uno clima
Q. ____ mano   R. Un mapa
S. Uno tema   T. Uno paz

2 다음 명사들의 복수형을 쓰시오. (정관사와 함께)

A. libro →   B. canción →
C. arma →   D. lunes →
E. cortauñas →   F. examen →
G. día →   H. problema →
I. melón →   J. estación →
K. silla →   L. cuestión →
M. sábado →   N. reloj →

O. sacapuntas ➡
Q. tarde ➡
S. león ➡
P. joven ➡
R. sistema ➡
T. clase ➡

❸ 다음의 우리말을 스페인어로 작문하시오.

A. 저것은 무엇입니까?
➡

B. 연필입니다.
➡

C. 이것은 무엇입니까?
➡

D. 지도입니다.
➡

E. 그것은 무엇입니까?
➡

F. 사진입니다.
➡

G. 그것은 사실이 아닙니다. (la verdad [베르닷-] 사실)
➡

H. 이것은 가능하지 않습니다. (posible [뽀시-블레] 가능한)
➡

I. 너의 이름은 뭐니?
➡

J. 한국의 수도는 서울이다. (Seúl [세울-] 서울)
➡

히스패닉 문화 산책

투우 (La corrida de toros)
꼬ㄹ리-다   데   또-로스

　아마 스페인하면 제일 먼저 떠오르는 것이 투우일 것이다. 눈부신 태양과 지치지 않는 정열의 나라 스페인의 정서를 대표하는 투우는 플라멩코와 함께 스페인 사람들의 인생철학이 녹아있는 그들만의 독특한 문화이다. 사실 스페인에서 투우는 단순한 스포츠가 아니다. 실제로 스페인의 신문에서도 투우는 스포츠면에 기사가 나는 것이 아니라 문화면에 실릴 만큼 스페인인들에게는 단순한 놀이가 아니라 인생의 철학이 담긴 하나의 의식이다. 투우는 본래 목축과 농업의 번성을 기원하면서 신에게 황소를 제물로 바치는 의식에서 유래하였다. '알타미라 동굴벽화'에서도 볼 수 있는 것과 같이 소는 인간의 삶에 있어 힘과 다산성 그리고 지혜와 풍요를 상징하는 동물이었다. 17C말까지 궁중 귀족들의 스포츠로 발달하다가 18C이후 대중화되기 시작하였고 1701년 휄리페(Felipe) 5세의 왕위 즉위를 기념하여 행하여졌던 투우가 현대와 같은 투우의 기원이 되었다. 남성상의 극치로 상징되는 마타도르(Matador) 즉 투우사는 축구선수다음으로 스페인 사람들의 선망의 대상이 되어왔다. 최근 동물애호가들은 끔찍한 동물학대와 학살이라며 당장 금지시켜야 한다고 주장하지만 여전히 스페인을 비롯한 라틴아메리카 여러 국가에서 행해지는 소중한 문화의 일부임에는 틀림이 없다.

　스페인에서 투우는 3월 발렌시아의 불의 축제를 시작으로 10월 사라고사의 삐랄 축제까지 매주 일요일 오후에 치러지고, 원형 경기장에 저녁 석양빛이 강하게 비쳐 장내가 빛(Sol)과 그림자(Sombra)로 양분되는 정해진 시간(여름은 7시, 봄. 가을은 5~6시)에 시작된다. 좌석은 투우장과의 거리에 따라서 그리고 태양 빛에 따라 구분되며, 각각 가격이 다르다.

　매 경기에는 6마리의 소와 3명의 투우사(마타도르)가 등장한다. 한명의 마타도르가 순번대로 각각 2마리의 소를 상대하는 것이다. 각 라운드별로 15분에서 20분이며 총 2시간 정도가 소요된다. 한명의 투우사는 3명의 단창잡이(반데리예로), 2명의 창잡이(피카도르)와 한 팀을 이룬다. 소의 정면에 선 마타도르가 심장 바로 위를 칼로 찌르는 '의식'을 치르면 1마리 소의 운명이 마감된다. 멋진 투우를 보여준 마타도르에게 관중들은 환호를 보내며 명예를 주도록 하는데 명예란 다름 아닌 넘어진 소의 귀를 잘라 마타도르에게 주는 것이다. 하지만 이러한 명예는 자신의 목숨을 담보로 하는 것이기 때문에 상당한 위험이 따르며 상대적으로 고수익이 보장된다.

히스패닉 문화 산책

투우의 순서를 정리하면 다음과 같다.

1. **투우사를 소개하는 장내 행진**
2. **황소의 등장**: 24시간 동안 완전히 빛이 차단된 어두운 방에 가두어 둔다. 투우에 쓰이는 소는 푸른 초원에서 방목된 몸무게가 4백50~6백50kg인 3~4년생의 거친 소이다.
3. **삐까도르(picador 찌르는 기사) 등장**: 갑옷으로 무장한 말을 타고 등장한 삐까도르(picador)는 긴 창을 들고 10cm 길이의 창끝으로 소의 등골을 찌른다. 이것은 이 공격으로 상처를 입은 소가 머리를 숙이게 하여 최후의 일격 목표인 등의 숨골을 잘 보이도록 하기 위한 것이다. 삐까도르가 너무 많이 소를 찌르면 관중들이 야유를 보낸다. 너무 많이 찌르면 소가 기운이 없어 본 경기에서 힘을 못 쓰기 때문이다.
4. **반데리예로(Banderillero) 등장**: 2,3명의 반데리예로들이 차례로 나와 총 6개의 반데리야스(오색으로 수놓인 깃발 달린 창)를 소의 숨골 급소에 순간적으로 찔러 넣는다.
5. **투우사(matador 마따도르) 등장**: 장내 분위기가 한껏 고조되면 이날의 주역인 마타도르가 칼과 막대기에 감싼 붉은 색 천 '물레타(muleta)'를 들고 악대의 빠소 도블레 연주를 신호로 등장한다. 나무막대기를 넣은 물레따를 들고 나와 소와 예술의 한마당을 펼치는 이 순간이 투우의 백미이다. 두발을 땅에서 떼지 않고, 가능한 한 소와 가까이서 물레타로 소를 유인한다. 위협적인 뿔을 들이대는 소를 물레타로 통과시키는 이 아슬아슬한 연기는 투우사의 인기도를 결정짓는 요소이고, 관중은 명연기가 연출될 때마다 '올레(¡Ole!)'라는 함성을 질러댄다. 좌장의 신호와 함께 날카로운 트럼펫 소리가 울려 퍼지며 최후의 순간을 알린다. 날카로운 장검으로 바꿔든 투우사는 한 복판으로 가 소와 1대 1로 맞선다. 이리저리 쫓아다니느라 소진된 체력과 엄청나게 흘린 피로 인해 지친 소는 꿈쩍도 않고 마타도르 앞에 가만히 서있게 되는데 이 짧은 순간을 '진실의 시간'이라 한다. 마지막 순간 마타도르가 물레타를 흔들며 소가 돌진하도록 하는데(이를 빠세pase라고 함) 몸이 소와 얼마나 아슬아슬하게 비켜가느냐에 따라 마타도르의 기량의 우열을 점친다. 투우사는 우표크기만한 소등의 급소를 정확히 조준, 단숨에 찔러 넣어야 한다. 정확히 명중하면 1미터 길이의 장검이 칼자루까지 찔려 들어가 심장을 관통, 잠시 후 소는 무릎을 푹 꿇으며 쓰러져 숨을 거둔다. 만약 쓰러진 채 숨이 붙어 있을 경우 명치에 단도를 찔러 넣어 고통을 덜어준다. 만약 투우사의 연기가 훌륭하면 관중들은 하얀 손수건을 꺼내들어 흔들고 투우사는 소의 귀를 전리품으로 받는다. 드문 일이지만 연기가 더욱 훌륭했을 경우 소의 양 귀, 그리고 꼬리까지 받는 경우도 있다. 이러한 명예는 자신의 목숨을 담보로 하는 것이기 때문에 상당한 위험이 따르며 상대적으로 고수익이 보장된다.

이렇게 소와 인간의 격전이 한차례 끝나면 죽은 소는 당나귀에 끌려 나가고 모노사비오들(monosabios)이 재빨리 투우장을 정리한다. 곧이어 다음 라운드로 넘어가는데 이런 과정이 여섯 번 반복된다.

연습문제 정답

①
- A. el agua [아구아] 물
- B. la cruz [끄루-쓰] 십자가
- C. la voz [보쓰] 목소리
- D. la estación [에스따씨온-] 역, 계절
- E. el arma [아르마] 무기
- F. el lápiz [라-삐쓰] 연필
- G. las águilas [아길라스] 독수리들
- H. la clase [끌라-세] 교실, 수업
- I. la pared [빠렛-] 벽
- J. la información [임포르마씨온-] 안내, 정보
- K. el limón [리몬-] 레몬
- L. las gafas [가-화스] 안경
- M. la ciudad [씨우닷-] 도시
- N. el programa [쁘로그라-마] 프로그램
- O. la foto [화-또] 사진
- P. el clima [끌리-마] 기후
- Q. la mano [마-노] 손
- R. el mapa [마-빠] 지도
- S. el tema [떼-마] 주제, 테마
- T. la paz [빠쓰] 평화

②
- A. los libros [리-브로스] 책(들)
- B. las canciones [깐씨오-네스] 노래(들)
- C. las armas [아-르마스] 무기(들)
- D. los lunes [루-네스] 월요일마다
- E. los cortaúñas [꼬르따우-냐스] 손톱깎기(들)
- F. los exámenes [엑사-메네스] 시험(들)
- G. los días [디-아스] 날(들)
- H. los problemas [쁘로블레-마스] 문제(들)
- I. los melones [멜로-네스] 메론(들)
- J. las estaciones [에스따씨오-네스] 역(들), 계절(들)
- K. las sillas [시-야스] 의자들
- L. las cuestiones [꾸에스띠오-네스] 문제들
- M. los sábados [사-바도스] 일요일마다
- N. los relojes [르레로-헤스] 시계들
- O. los sacapuntas [사까뿐-따스] 연필깎는기계들
- P. los(las) jóvenes [호-베네스] 젊은이들
- Q. las tardes [따-르데스] 오후마다
- R. los sistemas [시스떼-마스] 시스템(들)
- S. los leones [레오-네스] 사자들
- T. las clases [끌라-세스] 수업들

③
- A. ¿Qué es aquello?
  께 에스 아께-요
- B. Es un lápiz.
  에스 운 라-삐쓰
- C. ¿Qué es esto?
  께 에스 에스또
- D. Es un mapa.
  에스 운 마-빠
- E. ¿Qué es eso?
  께 에스 에-소
- F. Es una foto.
  에스 우-나 화-또
- G. Eso no es verdad.
  에-소 노 에스 베르닷-
- H. Esto no es posible.
  에-스또 노 에스 뽀시-블레
- I. ¿Cuál es tu nombre?
  꾸알 에스 뚜 놈-브레
- J. La capital de Corea es Seúl.
  라 까삐딸- 데 꼬레-아 에스 세울-

스페인어 속담

Nadie sabe lo que tiene hasta que lo pierde.

나-디에 사-베 로 께 띠에-네 아-스따 께 로 뻬에-르데

아무도 자기가 가지고 있는 것을 그것을 잃어버릴 때까지는 알지 못한다.

No hay bien ni mal que cien años dure.

노 아이 비엔 니 말 께 씨엔 아-뇨스 두-레

백년 가는 선도 악도 없다.

No vendas la piel antes de cazar al oso.

노 벤-다스 라 삐엘- 안-떼스 데 까사-르 알 오소

곰을 잡기도 전에 가죽을 팔지 마라.

Suegra y nuera, perro y gato, no comen en el mismo plato.

수에-그라 이 누에-라 뻬-르로 이 가-또 노 꼬-멘 엔 엘 마-스모 쁠라-또

시어머니와 며느리, 개와 고양이는 같은 접시에 먹지 않는다.

El que no cae no se levanta.

엘 께 노 까-에 노 세 레반-따

넘어지지 않은 자는 일어나지 못한다.

CAPÍTULO 2

01 ¿Cómo estás?
어떻게 지내니?

02 Ella es muy guapa.
그녀는 매우 예쁘다.

03 ¿Trabajas o estudias?
일하니 아니면 공부하니?

04 ¿Hay algún restaurante por aquí?
이 근처에 식당이 있습니까?

Unidad 01

¿Cómo estás?

1. 형용사
2. 동사 estar (~있다)
3. 의문사 ¿Cómo? (어떻게)
- 연습문제
- 히스패닉 문화산책_마리아치
- 연습문제 정답

제 1과
어떻게 지내니?
¿Cómo estás? [꼬-모 에스따-스]

대화하기

1

Juan : ¡Hola!, María.
후안　　올—라　　마리—아

María : ¡Hola!, Juan. ¿Cómo estás?
마리—아　올—라　　후안　　꼬—모　　에스따—스

Juan : Muy bien, y ¿tú?
후안　무이　비엔　이　뚜

María : Bien, gracias.
마리—아　비엔　그라—씨아스

　　　　Oye, ¿dónde está la clase de
　　　　오—예　돈—데　에스따—　라　끌라—세　데

　　　　español?
　　　　에스빠뇰—

Juan : Está en el segundo piso.
후안　에스따—　에 넬　세군—도　삐—소

　　　후안 : 안녕, 마리아.
　　　마리아 : 안녕, 후안. 어떻게 지내니?
　　　후안 : 잘 지내, 너는?
　　　마리아 : 잘 지내. 고마워.
　　　　　　애야, 스페인어 교실이 어디에 있니?
　　　후안 : 2층에 있어.

2

Juan : **¿Es muy interesante el español?**
후안　에스　무이　인떼레산–떼　엘　에스빠뇰–

María : **Sí, es muy interesante.**
마리–아　씨　에스　무이　인떼레산–떼

También la pronunciación es muy fácil.
땀비엔–　라　쁘로눈씨아씨온–　에스　무이　화–씰

Juan : **¿Es verdad?**
후안　에스　베르닷–

María : **Sí, es verdad.**
마리–아　씨　에스　베르닷–

Bueno, gracias, hasta luego.
부에–노　그라–시아스　아–스따　루에–고

후안 : 스페인어 재미있니?
마리아 : 응, 매우 재미있어.
　　　　 발음도 매우 쉽단다.
후안 : 정말이니?
마리아 : 응, 정말이야. 그럼, 고마워, 나중에 보자.

단어 확인

hola [올–라] 안녕
oye [오–예] "있잖아" 혹은 "야, 얘야"('듣다(oír)'라는 동사의 tú에 대한 명령형)
estás [에스따–스] (너는) 있다
está [에스따–] 있다 (3인칭 단수)
segundo [세군–도] 두 번째의
interesante [인떼레산–떼] 재미있는, 흥미로운
muy [무이] 매우
la pronunciación [쁘로눈씨아씨온–] 발음
la verdad [베르닷–] 진실, 사실
gracias [그라–씨아스] 고맙습니다

¿Cómo estás? [꼬–모 에스따스–] 어떻게 지내니?
¿dónde? [돈–데] 어디에
la clase [끌라–세] 수업, 교실
el piso [빠–소] 층, 아파트
el español [에스빠뇰–] 스페인어
también [땀비엔–] (긍정문에서) 역시, 또한
fácil [화–씰] 쉬운
bueno [부에–노] (감탄사) 좋아, 됐어, 자, 그러면
hasta luego [아–스따 루에–고] 나중에 만나자!

문법알기

① 형용사

1. 형용사의 성·수 변화

스페인어의 형용사는 형태상 -o로 끝나는 형용사, -o 이외의 어미로 끝나는 형용사로 크게 분류할 수 있습니다.

-o로 끝나는 형용사는 수식하는 명사의 성·수에 따라서 변화합니다. 따라서 -o, -os, -a, -as로 변화합니다.

남성	el niño bonito 예쁜 남자아이 엘 니-뇨 보니-또	los niños bonitos 예쁜 남자아이들 로스 니-뇨스 보니-또스
여성	la niña bonita 예쁜 여자아이 라 니-냐 보니-따	las niñas bonitas 예쁜 여자아이들 라스 니-냐스 보니-따스

-o 이외의 어미로 끝나는 형용사는 수식하는 명사의 수에 따라 변화합니다. 이때 모음으로 끝나면 -s를, 자음으로 끝나면 -es를 붙여 복수형을 만들어야 합니다.

남성	el(la) niño(a) fuerte 힘쎈 아이 엘(라) 니-뇨(냐) 후에-르떼	los(las) niños(as) fuertes 힘쎈 아이들 로스(라스) 니-뇨스(냐스) 후에-르떼스
여성	el(la) niño(a) débil 약한 아이 엘(라) 니-뇨(냐) 데-빌	los(las) niños(as) débiles 약한 아이들 로스(라스) 니-뇨스(냐스) 데-빌레스

그러나 국적형용사는 -o로 끝나지 않아도 무조건 성·수 변화시켜주어야 합니다.

남성	un doctor español 스페인인 박사 운 독또-르 에스빠뇰-	unos doctores españoles 스페인인 박사들 우-노스 독또-레스 에스빠뇰-레스
여성	una doctora española 스페인인 여박사 우나 독또-라 에스빠뇰-라	unas doctoras españolas 스페인인 여박사들 우-니스 독또-라스 에스빠뇰-라스

2. 형용사의 위치

형용사는 명사의 성질과 상태를 수식하는 품질형용사와 명사를 한정시켜주는 한정형용사(지시형용사, 소유형용사, 수형용사 등)로 나눌 수 있습니다. 한정형용사는 몇 개 되지 않기 때문에 대부분의 형용사는 품질형용사에 속한다고 생각하면 됩니다.

품질형용사는 대체적으로 명사의 뒤에서 수식합니다. 따라서 스페인어의 형용사는 우리말과 반대로 명사의 뒤에 간다고 이해하시면 됩니다. 우리말의 '예쁜 여자'는 스페인어로는 '여자 예쁜'이 된다고 생각하세요.

el libro nuevo 엘 리-브로 누에-보	**los libros nuevos** 로스 리-브로스 누에-보스	새 책(들)
la mujer bonita 라 무헤-르 보니-따	**las mujeres bonitas** 라스 무헤-레스 보니-따스	예쁜 여자(들)

숫자(한권의 책, 두 권의 책), 소유(나의 책, 당신의 책), 지시(이 책, 그 책) 등을 표현하는 한정형용사는 명사의 앞에서 수식합니다.

un libro 운 리-브로	한 권의 책	**dos libros** 도스 리-브로스	두 권의 책
mi libro 미 리-브로	나의 책	**este libro** 에-스떼 리-브로	이 책

명사의 앞에 올 때와 뒤에 올 때 의미가 달라지는 형용사가 있습니다. 몇 개 되지 않으니 우선 다음의 형용사들만 알아두시면 됩니다.

una mujer pobre 우-나 무헤-르 뽀-브레	가난한 여인	**una pobre mujer** 우-나 뽀-브레 무헤-르	불쌍한 여인
una amiga vieja 우-나 아미-가 비에-하	늙은 여자친구	**una vieja amiga** 우-나 비에-하 아미-가	오랜 여자친구

3. 형용사의 어미탈락

남성 단수 명사 앞에서 -o, -to, -de가 탈락하는 형용사들이 있습니다.

> **남성단수명사 앞에 쓰일 때 -o가 탈락하는 형용사**
> **uno** [우-노] 하나의, **bueno** [부에-노] 좋은, **malo** [말-로] 나쁜, **primero** [쁘리메-로] 첫 번째의, **tercero** [떼르쎄-로] 세 번째의, **alguno** [알구-노] 어떤, **ninguno** [닝구-노] 어떤~도 (~않다)

un buen artista 운 부엔 아르띠-스따	훌륭한 예술가	**un mal estudiante** 우 말 에스뚜디안-떼	나쁜 학생
el primer piso 엘 쁘리메-르 삐-소	1층(혹은 2층)	**el tercer piso** 엘 떼르쎄-르 삐-소	3층(혹은 4층)
algún hombre 알군 옴-브레	어떤 사람	**ningún hombre** 닝군 옴-브레	어떤 사람도 (~않다)

santo[산-또](성스러운)는 남성 단수명사 혹은 남자 성인의 이름 앞에서 -to가 탈락합니다.

San Diego 산 디에-고	디에고 성인	**San Francisco** 산 프란씨-스꼬	프란시스코 성인
Santa María 산-따 마리-아	성녀 마리아	**Santa Teresa** 산-따 떼레-사	성녀 테레사

> **예외)** 그러나 다음의 경우에는 -to가 탈락하지 않습니다. 따로 암기하시기 바랍니다.
>
> | | | | |
> |---|---|---|---|
> | **Santo Domingo** 산-또 도밍-고 | 도밍고 성인 | **Santo Tomás** 산-또 또마-스 | 토마스 성인 |

grande[그란-데](위대한)는 남성 단수명사 뿐만 아니라 여성 단수 명사 앞에서도 -de가 탈락합니다. grande는 명사의 뒤에 오면 '큰, 나이가 많은'의 뜻을 지니지만 명사의 앞에 오면 '위대한'의 의미가 됩니다.

un gran hombre 운 그란 옴-브레	위대한 남자	**una gran mujer** 우-나 그란 무헤-르	위대한 여자

❷ 동사 estar (~있다)

(yo) 요	**estoy** 에스또-이	**(nosotros)** 노소-뜨로스	**estamos** 에스따-모스
(tú) 뚜	**estás** 에스따-스	**(vosotros)** 보소-뜨로스	**estáis** 에스따-이스
(él, ella, usted) 엘 에-이야 우스뗏-	**está** 에스따-	**(ellos, ellas, ustedes)** 에-요스 에-야스 우스떼-데스	**están** 에스딴-

1. 주어의 일시적 상태를 표현

동사 **estar**[에스따-르]의 보어로 쓰인 형용사는 주어의 성·수에 일치해야 합니다.

Yo estoy cansado ahora. 요 에스또-이 깐사-도 아오-라	나는 지금 피곤합니다. (남자인 경우)
Yo estoy cansada ahora. 요 에스또-이 깐사-다 아오-라	나는 지금 피곤합니다. (여자인 경우)
Ellas están cansadas. 에-야스 에스딴 깐사-다스	그녀들은 피곤해있다.
El hombre está feliz. 엘 옴-브레 에스따- 휄리-쓰	그 남자는 행복해한다.
La mujer está feliz. 라 무헤-르 에스따- 휄리-쓰	그 여자는 행복해한다.
Ellos están felices. 에-요스 에스딴 휄리-쎄스	그들은 행복해한다.

2. 주어의 위치를 표현

위치를 표현할 때는 장소 앞에 전치사 **en**을 써서 '~에'를 표현해야 합니다.

¿Dónde están ustedes? 돈-데 에스딴- 우스떼-데스	당신들은 어디에 있습니까?
Estamos en la clase de español. 에스따-모스 엘 라 끌라-세 데 에스빠뇰-	우리는 스페인어 수업에 있습니다.
Ella está en el cine. 에-이야 에스따- 엔 엘 씨-네	그녀는 영화관에 있다.
Yo estoy en casa. 요 에스또-이 엔 까-사	나는 집에 있다.

단어 확인

cansado [깐사-도] 피곤한, 지친
feliz [휄리-쓰] 행복한
la clase de español [끌라-세 데 에스빠뇰-] 스페인어 수업, 스페인어 교실
el cine [씨-네] 영화관
ahora [아오-라] 지금
¿dónde? [돈-데] 어디에?
en casa [엔 까-사] 집에

Corea está en Asia.
꼬레-아 에스따- 엔 아-시아

한국은 아시아에 있다.

❸ 의문사 ¿Cómo? (어떻게)

상태나 방법을 묻는 의문부사입니다. 부사이므로 성·수 변화는 하지 않습니다. 본질을 나타내는 동사 ser[세르]와 상태를 나타내는 동사 estar[에스따-르]와 함께 쓰인 예문을 통해 잘 비교해 보도록 합시다.

¿Cómo está la profesora? (여)교수님은 어떠십니까? (상태)
꼬-모 에스따- 라 쁘로훼소-라

La profesora está ocupada. 교수님은 바쁘십니다.
라 쁘로훼소-라 에스따 오꾸빠-다

¿Cómo es la profesora? (여)교수님은 어떤 분인가요? (외모, 성격)
꼬-모 에스 라 쁘로훼소-라

La profesora es muy guapa y simpática. 교수님은 매우 예쁘시고 상냥하십니다.
라 쁘로훼소-라 에스 무이 구아-빠 이 심빠-띠까

¿Cómo está la mesa? 테이블은 어떤가요? (상태)
꼬-모 에스따- 라 메-사

La mesa está limpia. 테이블은 깨끗합니다.
라 메-사 에스따 림-삐아

¿Cómo es la mesa? 테이블은 어떤가요? (본질)
꼬-모 에스 라 메-사

La mesa es grande y larga. 테이블은 크고 깁니다.
라 메-사 에스 그란-데 이 라르가

단어 확인

ocupado [오꾸빠-도] 바쁜
guapo [구아-뽀] 잘생긴, 예쁜
simpático [심빠-띠꼬] 상냥한
limpio [림-삐오] 깨끗한
largo [라-르고] 긴

muy [무이] 매우
y [이] 그리고
la mesa [메-사] 테이블
grande [그란-데] 큰

연습문제

❶ 괄호 안의 형용사나 명사를 문맥에 맞게 성·수 변화시키시오.

A. La cultura _____(japonés)
B. La cerveza _____(frío)
C. Ellos son _____(bueno) _____(amigo).
D. Los estudiantes son _____(inteligente).
E. Sus libros _____(nuevo) son de España.
F. Juana es _____(uno) chica muy _____(alto).
G. Mis amigas son muy _____(simpático).
H. Hoy es el _____(primero) día.
I. _____(Santo) Diego es una ciudad muy _____(limpio).
J. Nosotros somos _____(feliz).

❷ ser와 estar 동사 중 적당한 동사를 주어에 맞도록 변화시키시오.

A. -¿Cuánto _____? -Son diez pesos.
B. La puerta _____ cerrada.
C. María _____ simpática.
D. Juan y yo _____ de México.
E. El agua _____ limpia.
F. ¿Dónde _____ ellos ahora?

G. El café _____ caliente.

H. La mesa _____ pequeña.

I. Nosotros _____ en el teatro.

J. Este vino _____ de España.

❸ 다음 우리말을 스페인어로 작문해보세요.

A. 그녀는 집에 있다.
➞

B. 마리아는 스페인인 변호사이다.
➞

C. 마리아는 사무실에 있다. (la oficina [오휘씨-나] 사무실)
➞

D. 후안은 매우 유명한 교수이다. (famoso [화모-소] 유명한)
➞

E. 후안은 대학교에 있다.
➞

F. 스페인어의 발음은 쉽다. (la pronunciación [쁘로눈씨아씨온-] 발음)
➞

G. 떼레사는 위대한 여자이다.
➞

H. 어머니들은 위대한 여자들이다.
➞

I. 나는 3층에 있다. (tercero [떼르쎄-로] 세 번째의, el piso [삐-소] 층)
➞

J. 그들은 착한 학생들이다.
➞

히스패닉 문화 산책

마리아치 (Mariachi)

　　멕시코의 마리아치는 차로 복장을 하고, 챙이 넓은 모자(솜브레로 sombrero)를 쓴 채 여러 악기를 연주하는 음악 밴드를 말한다. 마리아치는 음악을 넘어서 멕시코와 멕시코인의 본질을 나타내는 문화의 합산이라 할 수 있다. 그것은 멕시코적인 독특한 전통, 문화 그리고 그들의 영혼을 반영한다. 마리아치는 멕시코인의 삶의 공간 어디에서나 존재하며 그들의 인생의 중요한 순간마다 함께 한다. 따라서 멕시코 사람들은 마리아치를 빼놓고선 그들의 삶을 얘기하지 못할 정도로 마리아치를 사랑한다. 마리아치는 주로 거리음악으로 돈을 주고 노래를 시킬 수 있으며 레스토랑에서 흔히 볼 수 있다. 또한 멕시코시티에서는 쁠라사 갈리발디(Plaza Garibaldi)에 저녁에 가면 이들을 쉽게 만날 수 있다.

　　마리아치는 멕시코 북서부에 위치한 할리스꼬(Jalisco)주의 꼬꿀라(Cocula)지방에서 처음으로 시작되었다. 현재는 멕시코 전 지역에서 널리 연주되며, 결혼식이나 마을의 다양한 행사, 또는 종교적 행사 등에서 연주를 한다. 마리아치 악단의 구성은 악기의 수에 따라 5-12명으로 구성되는데, 기본 악기로는 기타(Guitarra), 기타론(Guitarrón 1827년 이전 기타보다 저음을 나타내기 위해 기타를 변형한 악기), 비우엘라(Viuela 1827~1830년 사이 기타보다 고음을 나타내기 위해 제작됨), 바이올린(violín), 트럼펫(Trompeta)이 있다. 그들은 유럽악기인 바이올린, 트럼펫, 기타에다 자신들의 소리를 잘 표현하기 위해 기타를 변형시켜 기타론을 만들었고, 비우엘라도 만들었다. 트럼펫의 튀는 소리에 맞춰 부드러운 바이올린 소리, 기타론의 깊고 낮은 소리와 비우엘라의 맑고 높은 소리는 환상적인 조화를 이루어 독특한 음을 만들어내며, 이 소리는 멕시코의 영혼이 되어왔다.

히스패닉 문화 산책

마리아치가 멕시코 민중들의 대표적인 음악으로 각광받게 된 것은 19세기 초반 스페인과의 독립전쟁 당시였다. 복합적인 인종과 문화가 난립했던 멕시코 국민들에게 마리아치는 함께 공유할 수 있는 공통분모였으며 이러한 동질성은 독립전쟁의 승리를 견인한 원동력이 되었다. 그후 1910년 멕시코혁명의 파도를 타고 마리아치는 전국으로 파급되었다. 멕시코 혁명으로 아시엔다(Hacienda 대농장)에서 일자리를 잃은 마리아치들은 혁명영웅들의 노래를 부르고, 혁명의 소식을 전하면서 이 도시, 저 도시로 떠돌아다니게 되었다. 마리아치는 또한 군악대로 활동하면서 트럼펫을 주 악기로 사용하였고, 왈츠, 폴카에 이르기까지 그들의 레파토리를 확장시켰다. 이로서 마리아치 음악은 큰 변화를 맞게 된 것이다. 마리아치의 연주에는 고단한 일상에서도 낭만적인 삶을 향유하고자 했던 멕시코 민중들의 낙천적인 성격이 고스란히 배어 있으며 그들의 음악은 과거의 전통에 그치지 않고 오늘날에도 마리아치를 빌어 애인에게 세레나데를 바치는 멕시코 젊은이를 흔하게 볼 수 있을 정도로 멕시코인 모두의 사랑을 받고 있으며, 또한 장례식장에서도 볼 수 있을 정도로 그들과 희노애락을 함께 하는 멕시코의 큰 문화적 자랑거리이다.

대표적인 음악으로는 우리도 음악을 들으면 금방 알 수 있는 라꾸까라차(La Cucaracha)가 있다. 이는 혁명군을 밟아도 잘 죽지 않는 바퀴벌레의 강인한 생명력에 빗댄 것인데, 또한 힘든 투쟁 속에서 식량도 없이 마리화나에 의존하여 견뎌 내야만 했던 혁명군들의 슬픈 현실을 노래한 것이다.

연습문제 정답

1
A. la cultura japonesa
라 꿀뚜-라 하뽀네-사
일본 문화

B. la cerveza fría
라 쎄르베-사 후리-아
찬 맥주

C. Ellos son buenos amigos.
에-요스 손 부에-노스 아미-고스
그들은 좋은 친구들입니다.

D. Los estudiantes son inteligentes.
로스 에스뚜디안-떼스 손 인뗄리헨-떼스
학생들은 똑똑합니다.

E. Sus libros nuevos son de España.
수스 리-브로스 누에-보스 손 데 에스빠-냐
그의 새 책들은 스페인산입니다.

F. Juana es una chica muy alta.
후아-나 에스우-나 치-까 무이 알-따
후아나는 매우 키가 큰 여자입니다.

G. Mis amigas son muy simpáticas.
미스 아미-가스 손 무이 심빠-띠까스
내 친구들은 매우 상냥합니다.

H. Hoy es el primer día.
오이 에스 엘 쁘리메-르 디-아
오늘은 첫째 날입니다.

I. San Diego es una ciudad muy limpia.
산 디에-고 에스 우-나 씨우닷- 무이 림-삐아
샌디에고는 매우 깨끗한 도시입니다.

J. Nosotros somos felices.
노소-뜨로스 소-모스 휄리-쎄스
우리는 행복한 사람들입니다.

2
A. -¿Cuánto es? -Son diez pesos.
꾸안-또 에스 손 디에쓰 뻬-소스
-얼마입니까? -10페소입니다

B. La puerta está cerrada.
라 뿌에-르따 에스따- 쎄르라-다
문은 닫혀있습니다.

C. María es simpática.
마리-아 에스 심빠-띠까
마리아는 상냥합니다.

D. Juan y yo somos de México.
후안 이 요 소-모스 데 메-히꼬
후안과 나는 멕시코 사람입니다.

E. El agua está limpia.
엘 아-구아 에스따- 림-삐아
물은 깨끗합니다.

F. ¿Dónde están ellos ahora?
돈-데 에스딴- 에-요스 아오-라
그들은 지금 어디에 있습니까?

G. El café está caliente. 커피는 뜨겁다.
엘 까풰 에스따- 깔리엔-떼

H. La mesa es pequeña. 테이블은 작다.
라 메-사 에스 뻬께-냐

I. Nosotros estamos en el teatro. 우리는 극장에 있다.
노소-뜨로스 에스따-모스 엔 엘 떼아-뜨로

J. Este vino es de España. 이 와인은 스페인 산입니다.
에-스떼 비-노 에스 데 에스빠-냐

❸ A. Ella está en la casa.
에-아 에스따- 엔 라 까-사

B. María es una abogada española.
마리-아 에스 우-나 아보가-다 에스빠뇰-라

C. María está en la oficina.
마리-아 에스따- 엔 라 오휘-싸-나

D. Juan es un profesor muy famoso.
후안 에스 운 쁘로풰소-르 무이 화모-소

E. Juan está en la universidad.
후안 에스따- 엔 라 우니베르시닷-

F. La pronunciación de español es fácil.
라 쁘로눈씨아씨온- 데 에스빠뇰- 에스 화-씰

G. Teresa es una gran mujer.
떼레-사 에스 우-나 그란 무헤-르

H. Las madres son grandes mujeres.
라스 마-드레스 손 그란데-스 무헤-레스

I. Estoy en el tercer piso.
에스또-이 엔 엘 떼르쎄-르 삐-소

J. Ellos son buenos alumnos. (혹은 estudiantes)
에-요스 손 부에-노스 알룸-노스   에스뚜디안-떼스

Unidad 02

Ella es muy guapa.

1. 소유형용사 (전치형)
2. 소유형용사 (후치형)
3. 소유대명사
4. 지시형용사
5. 지시대명사
- 연습문제
- 히스패닉 문화산책_플라멩코
- 연습문제 정답

제 2과
그녀는 매우 예쁘다.
Ella es muy guapa. [에-이야 에스 무이 구아-빠]

대화하기

1

Rocío : Ésta es la foto de mi universidad.
로씨-오 에-스따 에스 라 훠-또 데 미 우니베르시닷-

Jorge : ¿Dónde está tu universidad?
호-르헤 돈-데 에스따- 뚜 우니베르시닷-

Rocío : Mi universidad está cerca de Seúl.
로씨-오 미 우니베르시닷- 에스따- 쎄-르까 데 세울-

Jorge : Los edificios son muy bonitos y grandes.
호-르헤 로스 에디휘-씨오스 손 무이 보니-또스 이 그란-데스

Rocío : Claro que sí.
로씨-오 끌라-로 께 씨

Jorge : ¿Qué es ese edificio?
호-르헤 께 에스 에-세 에디휘-씨오

Rocío : Es la biblioteca central.
로씨-오 에슬 라 비블리오떼-까 쎈뜨랄-

로씨오 : 이것은 내 대학교 사진이야.
호르헤 : 너의 대학은 어디에 있니?
로씨오 : 내 대학교는 서울 근처에 있어.
호르헤 : 건물들이 멋지고 크구나.
로씨오 : 물론이지.
호르헤 : 그 건물은 뭐야?
로씨오 : 중앙도서관이야.

2

Jorge : ¿Quién es esta señorita?
호-르헤　　끼엔-　에스　에-스따　세뇨-리따

Rocío : Es mi profesora de español.
ㄹ로씨-오　에스　미　쁘로훼소-라　데　에스빠뇰-

Jorge : ¡Oh! Es muy guapa.
호-르헤　오!　에스　무이　구아-빠

Rocío : También es muy simpática e
ㄹ로씨-오　땀비엔-　에스　무이　심빠-띠까　에

inteligente.
인뗄리헨-떼

호르헤 : 이 아가씨는 누구니?
로씨오 : 내 스페인어 교수님이야.
호르헤 : 와! 매우 예쁘시구나.
로씨오 : 역시 상냥하시기도 하고 똑똑하셔.

단어 확인

ésta [에-스따] 이것 (지시대명사)
la foto [훠-또] 사진
mi [미] 나의 (소유 형용사)
dónde [돈-데] 어디에
tu [뚜] 너의 (소유 형용사)
el edificio [에디휘-씨오] 건물
muy [무이] 매우
y [이] 그리고 (i-나 hi- 앞에서 e로 변합니다.)
Claro que sí. [끌라-로 께 씨] 물론이죠.
la biblioteca [비블리오떼-까] 도서관
quién [끼엔-] 누구?
la profesora de español [쁘로훼소-라 데 에스빠뇰-] 스페인어 여교수
guapo [구아-뽀] 예쁜, 잘생긴
inteligente [인뗄리헨-떼] 똑똑한, 영리한

es [에스] ~이다
de [데] ~의 (전치사)
la universidad [우니베르시닷-] 대학교
está [에스따-] ~있다
cerca de [쎄-르까 데] ~의 근처에, 가까이에
son [손] ~이다
bonito [보니-또] 예쁜
grande [그란-데] 큰
ese [에-세] 그
central [쎈뜨랄-] 중앙의, 가운데의
esta [에-스따] 이(지시형용사)
simpático [심빠-띠꼬] 상냥한

문법알기

❶ 소유형용사 (전치형)

mi 나의 미	**nuestro** 우리들의 누에-스뜨로
tu 너의 뚜	**vuestro** 너희들의 부에-스뜨로
su 그의, 그녀의, 당신의 수	**su** 그들의, 그녀들의, 당신들의 수

소유형용사에는 명사의 앞에 놓이는 전치형과 명사의 뒤에 놓이는 후치형이 있습니다. 소유형용사도 어디까지나 형용사이니 수식하는 명사에 따라서 성·수 변화를 항상 시켜야 합니다.

따라서 nuestro[누에-스뜨로]와 vuestro[부에-스뜨로]는 -o로 끝난 형용사이니 성·수 변화를 하고, 나머지는 모두 수변화만 합니다.

그리고 전치형을 쓸 때는 관사를 생략합니다. 따라서 '나의 집'이라고 할 때 **mi casa**[미 까-사]라고 해야지 **la mi casa**[라 미 까-사]라고 하지 않습니다. 다음의 예문들을 소유형용사와 뒤에 오는 명사와의 성·수일치를 생각하면서 큰소리로 읽어보도록 합시다.

mi libro 미 리-브로	나의 책	**mi casa** 미 까-사	나의 집
mis libros 미스 리-브로스	나의 책들	**mis casas** 미스 까-사스	나의 집들
nuestro libro 누에-스뜨로 리-브로	우리의 책	**nuestra casa** 누에-스뜨라 까-사	우리의 집
nuestros libros 누에-스뜨로스 리-브로스	우리의 책들	**nuestras casas** 누에-스뜨라스 까-사스	우리의 집들

제 2과 Ella es muy guapa. _ 105

su libro 수 리-브로	(그의, 그녀의, 당신의, 그들의, 그녀들의, 당신들의) 책
sus libros 수스 리-브로스	(그의, 그녀의, 당신의, 그들의, 그녀들의, 당신들의) 책들
su casa 수 까-사	(그의, 그녀의, 당신의, 그들의, 그녀들의, 당신들의) 집
sus casas 수스 까-사스	(그의, 그녀의, 당신의, 그들의, 그녀들의, 당신들의) 집들

기억하세요!

소유형용사 su[쉬]는 '그의, 그녀의, 당신의, 그들의, 그녀들의, 당신들의'라고 뜻을 지니기 때문에 인칭을 확실히 표현하기 위해서 **el libro de él**(de ella, de usted, de ellos, de ellas, de ustedes)로 쓸 수도 있습니다.

la casa de él 그의 집   **la casa de ellos** 그들의 집
라 까-사 데 엘   라 까-사 데 에-요스

❷ 소유형용사 (후치형)

mío 나의 미-오	**nuestro** 우리들의 누에-스뜨로
tuyo 너의 뚜-요	**vuestro** 너희들의 부에-스뜨로
suyo 그의, 그녀의, 당신의 수-요	**suyo** 그들의, 그녀들의, 당신들의 수-요

후치형은 명사의 뒤에 놓이는 소유형용사입니다. 전치형을 쓰거나 후치형을 쓰는 데에 있어서 별 차이는 없지만 후치형이 좀 더 강조의 의미가 있다고 할 수 있습니다.

후치형을 쓸 때는 전치형과는 달리 명사 앞에 관사를 써주어야 합니다.

또한 후치형은 모두 -o로 끝난 형용사이므로 앞에 있는 명사에 따라서 성·수변화를 시켜야 합니다.

el libro mío 나의 책
엘 리-브로 미-오

la casa mía 나의 집
라 까사 미-아

los libros míos 나의 책들
로스 리-브로스 미-오스

las casas mías 나의 집들
라스 까-사스 미-아스

el libro nuestro 우리의 책
엘 리-브로 누에-스뜨로

la casa nuestra 우리의 집
라 까사 누에-스뜨라

los libros nuestros 우리의 책들
로스 리-브로스 누에-스뜨로스

las casas nuestras 우리의 집들
라스 까-사스 누에-스뜨라스

un amigo mío 한명의 내 남자친구
운 아미-고 미-오

una amiga mía 한명의 내 여자친구
우-나 아미-가 미-아

unos amigos míos 몇 명의 내 친구들
우-노스 아미-고스 미-오스

unas amigas mías 몇 명의 내 여자친구들
우-나스 아미-가스 미-아스

❸ 소유대명사

el mío 나의 것 엘 미-오	**el nuestro** 우리들의 것 엘 누에-스뜨로
el tuyo 너의 것 엘 뚜-요	**el vuestro** 너희들의 것 엘 부에-스뜨로
el suyo 그의 것, 그녀의 것, 당신의 것 엘 수-요	**el suyo** 그들의 것, 그녀들의 것, 당신들의 것 엘 수-요

소유대명사는 소유하는 사물을 다시 반복하지 않으려고 사용하는 것입니다. 예를 들어 우리는 '나의 책과 너의 책'이라고 말하지 않고 '나의 책과 너의 것'이라고 말합니다. 이때 '너의 것'이 바로 소유 대명사입니다. 스페인어도 마찬가지입니다. 즉 'mi libro y el tuyo[미 리-브로 이 엘 뚜-요]'라고 말하는 것이지요.

mis padres y los tuyos
미스 빠—드레스 이 로스 뚜—요스

나의 부모님과 너의 부모님

mi pluma y la tuya
미 쁠루—마 이 라 뚜—야

나의 펜과 너의 것

tu mochila y la mía
뚜 모칠—라 이 라 미—아

너의 배낭과 나의 것

¿Cuál es tu libro?
꾸알 에스 뚜 리—브로?

어느 것이 너의 책이니?

Éste es el mío.
에—스떼 에스 엘 미—오

이것은 나의 것이다.

¿Dónde está su pasaporte?
돈—데 에스따— 수 빠사뽀—르떼

당신의 여권은 어디 있나요?

El mío está aquí.
엘 미—오 에스따— 아까—

내 것은 여기 있습니다.

Mi hermana es alta, pero la tuya es baja.
미 에르마—나 에스 알—따 뻬—로 라 뚜—야 에스 바—하

내 여동생은 키가 크지만 너의 여동생은 키가 작다.

기억하세요!

소유대명사는 소유형용사 후치형으로 고친 상태에서 관사만 남기고 명사를 뺀 형태라고 생각하시면 됩니다. 예를 들어, '너의 책'의 후치형은 'el libro tuyo'입니다. 여기에서 명사 'libro'를 제거하면 'el tuyo'만 남지요? 이렇게 생각하면 소유대명사를 쉽게 만들 수 있을 것입니다.

단어 확인

los padres [빠—드레스] 부모
la mochila [모칠—라] 배낭
aquí [아까—] 여기

la pluma [쁠루—마] 만년필, 펜
el pasaporte [빠사뽀—르떼] 여권
la hermana [에르마—나] 여동생, 언니,

❹ 지시형용사

이		그		저	
este 에-스떼	estos 에-스또스	ese 에-세	esos 에-소스	aquel 아껠-	aquellos 아께-요스
esta 에-스따	estas 에-스따스	esa 에-사	esas 에-사스	aquella 아께-야	aquellas 아께-야스

지시형용사는 모두 성·수 변화를 합니다. 예를 들어 '이 책, 이 집'이라고 말할 때 '이'의 기본형은 este[에-스떼] 입니다. 뒤에 오는 명사의 성과 수에 따라서 este[에-쓰떼], estos[에-스또스], esta[에-스따], estas[에-스따스]로 변화합니다. 남성단수형이 esto[에-스또]가 되지 않은 이유는 이미 여러분이 배운 중성지시대명사 esto[에-스또](이것)가 있기 때문입니다. (79쪽을 참고하세요.)

este libro 에-스떼 리-브로	이 책	estos libros 에-스또스 리-브로스	이 책들
esta casa 에-스따 까사	이 집	estas casas 에-스따스 까-사스	이 집들
ese libro 에-세 리-브로	그 책	esos libros 에-소스 리-브로스	그 책들
esa casa 에-사 까사	그 집	esas casas 에-사스 까-사스	그 집들
aquel libro 아껠- 리-브로	저 책	aquellos libros 아께-요스 리-브로스	저 책들
aquella casa 아께-야 까-사	저 집	aquellas casas 아께-야스 까-사스	저 집들

¿De quién es este celular?
데 끼엔- 에스 에-스떼 쎌룰라-르

이 핸드폰은 누구의 것이니?

Es de mi mamá.
에스 데 미 마마-

나의 엄마의 것입니다.

¿Dónde trabaja esa chica?
돈-데 뜨라바-하 에-사 치-까

그 여자는 어디서 일하니?

Trabaja en aquella compañía.
뜨라바-하 엔 아께-야 꼼빠니-아

저 회사에서 일해.

❺ 지시대명사

지시대명사는 지시형용사와 형태가 같은데 원래 악센트가 오는 위치에 악센트를 찍어서 서로 구분하고 있습니다. 이미 언급한 명사를 다시 반복할 때 지시대명사를 씁니다. 물론 사람을 지칭할 때는 '이분, 그분, 저분' 등으로 해석할 수 있겠지요?

이것		그것		저것	
éste 에-스떼	éstos 에-스또스	ése 에-세	ésos 에-소스	aquél 아껠-	aquéllos 아께-요스
ésta 에-스따	éstas 에-스따스	ésa 에-사	ésas 에-사스	aquélla 아께-야	aquéllas 아께-야스

este libro y ése
에-스떼 리-브로 이 에-세
이 책과 그것

aquella casa y ésta
아께-야 까-사 이 에-스따
저 집과 이것

esta gorra y ésa
에-스따 고-ㄹ라 이 에-사
이 모자와 그것

este edificio y aquél
에-스떼 에디휘-씨오 이   아껠-
이 건물과 저것

Esta mochila es mía y aquélla es de mi hermano.
에-스따 모칠-라 에스 미-아 이 아께-야 에스 데 미   에르마-노
이 배낭은 내 것이고 저것은 내동생의 것이다.

Esa gorra es de Juan y ésta es de Daniel.
에-사 고-ㄹ라 에스 데   후안 이 에-스따 에스 데   다니엘-
그 모자는 후안의 것이고 이것은 다니엘의 것이다.

Estas chicas son mexicanas y aquéllas son argentinas.
에-스따스 치-까스 손   메히까-나스 이 아께-야스   손   아르헨띠-나스
이 여자들은 멕시코 사람이고 저 여자들은 아르헨티나 사람이다.

Este lapicero es mío y ése es de María.
에-스떼 라삐쎄-로 에스 미-오 이 에-세 에스 데 마리-아
이 필통은 내 것이고 그것은 마리아의 것이다.

Aquellas gafas son tuyas y éstas son mías.
아께-야스   가-화스 손   뚜-야스 이 에-스따스 손   미-아스
저 안경이 너의 것이고 이것이 내 것이다.

Esta calle es ancha pero aquélla es estrecha. 이 거리는 넓은데 저것은 좁다.
에-스따 까-예 에스 안-차 뻬-로   아께-야 에스 에스뜨레-차

다음 도표의 문장을 통해서 지시대명사와 소유형용사를 같이 익혀봅시다. 성·수 변화에 신경을 쓰면서 정리해보도록 합시다.

Éste 에-스떼	es 에스	mi 미	hermano. 에르마노	이 남자는 나의 형(동생)입니다.
Ésta 에-스따	es 에스	mi 미	hermana. 에르마나	이 여자는 나의 누나(언니)입니다.
Éstos 에-스또스	son 손	mis 미스	hermanos. 에르마노스	이 남자들은 나의 형제들입니다.
Éstas 에-스따스	son 손	mis 미스	hermanas. 에르마나스	이 여자들은 나의 누이들(언니들)입니다.

기억하세요!

- 지시대명사 '저것'과 '이것'은 각각 '전자'와 '후자'로도 쓰인답니다. '전자'는 다음 문장에서 멀리 있기 때문에 '저것'을 쓰고, '후자'는 다음 문장에서 가까이 있기 때문에 '이것'을 쓴다고 이해하시면 됩니다. 이때 '전자', '후자'가 가리키는 명사의 성·수에 일치시켜야 합니다.

María y Juan son novios. Éste es colombiano y aquélla es peruana.
마리아 이 후안 손 노-비오스 에스떼 에스 꼴롬비아-노 이 아께-야 에스 뻬루-아나
마리아와 후안은 연인이다. 후자는 콜롬비아 사람이고 전자는 페루사람이다.

- 'más + 형용사 + que (~보다 더 ~하다)'는 비교급 문장입니다.
Este niño es más alto que aquél. 이 아이가 저 아이보다 더 키가 크다.
에-스떼 니-뇨 에스 마스 알-또 께 아껠-

단어 확인
la mochila [모칠-라] 배낭
el lapicero [라삐쎄-로] 필통
la calle [까-예] 거리
la gorra [고-ㄹ라] 모자
las gafas [가-화스] 안경 (항상 복수형)
la habitación [아비따시온-] 방

제 2과 Ella es muy guapa. _ 111

연습문제

❶ 다음 괄호 안에 지시형용사, 지시대명사, 소유형용사, 소유대명사를 써넣으시오.

A. _____ es la foto de _____ compañeros.
   이것은   나의

B. ¿Quiénes son _____ chicos?
                    이

C. Son _____ compañeros de clase.
        나의

D. ¿Quién es _____ chica? Es muy guapa.
              이

E. Es _____ novia.
      나의

F. ¿Dónde están _____ libros?
                 너의

G. _____ padres son altos.
   나의

H. ¿Qué es _____?
            이것

I. ¿Cuál es _____ entre estas plumas?
             너의 것

J. Este coche y _____ son de Carlos.
                 저것

❷ 제시한 우리말을 스페인어로 적절히 고치시오.

A. ¿Cuánto es _____ mochila?
    이
    ➡

B. ¿De quién son _____ pantalones?
    그
    ➡

C. _____ hombres son mexicanos.
    저
    ➡

D. Tu casa y _____ son bonitas.
    나의 것
    ➡

E. _____ flor es muy cara. _____ son baratas.
    이   저것들은
    ➡

❸ 다음의 문장을 스페인어로 작문하시오.

A. 그는 그녀의 아버지입니다.
    ➡

B. 그녀는 나의 어머니입니다.
    ➡

C. 그녀들은 나의 언니들입니다.
    ➡

D. 후안(Juan)은 그녀의 오빠입니다.
    ➡

E. 까르멘(Carmen)은 그의 어머니입니다.
    ➡

제 2과 Ella es muy guapa. _ 113

히스패닉 문화 산책

플라멩코 (Flamenco)

스페인하면 제일 먼저 떠오르는 것 중의 하나가 정열적인 집시의 춤인 플라멩코이다. 플라멩코는 음악의 한 장르이기도 한데, 15세기 초 안달루시아(Andalucía) 지방에 들어온 집시(스페인어로 '히따노gitano'라고 함)의 춤과 노래가 안달루시아의 전통적인 춤과 어우러져 형성되었다고 한다.

집시들은 그들만의 한과 슬픔, 유럽 계급 사회에 대한 저항의식 등을 매일 밤 축제를 통해 승화시켰고, 이것은 현대에 이르러 단순한 춤과 노래를 뛰어넘는 혼이 담긴 예술적 산물로 그 가치를 인정받고 있다. 팔을 흔드는 동작(브라세오, Braceo), 우아한 움직임(파세오, Paseo), 발의 움직임(사파테아도, Zapateado), 손뼉소리(팔마스, Palmas), 살아있는 혼의 끊임없는 움직임과 같은 손목과 손가락의 움직임 그리고 기타 반주 및 삶의 기쁨과 괴로움, 사랑과 미움, 그리고 애수와 정열이 담겨 있는 슬픈 노래를 통해 플라멩코 특유의 매력에 사로잡히게 된다.

특히 칸테 온도(Cante Hondo)라 부르는 노래는 집시들의 마음 속 깊은 한을 표현하는 것으로 마치 신이 내린 듯한 정열을 가지고 즉흥적 연주를 하는 경우가 많다. 어둠 속에서 불길이 갑자기 솟아오르는 것 같은 정열, 신들린 사람처럼 춤을 추는 무희의 요염한 몸놀림, 구원을 갈구하는 듯한

히스패닉 문화 산책

애절한 노랫소리, 일정한 간격을 두고 연주되는 높고 낮은 기타의 음률 등 플라멩코는 정열과 애수의 감정을 동시에 느끼게 해주는 묘한 매력을 발산한다.

겹겹이 바닥을 끌며 나풀대는 치맛자락을 발끝으로 살짝 쳐내 곡선의 미를 보여주기도 하고, 캐스터네츠로 숨 막힐 듯 격렬한 리듬을 끌어내며 플라멩코 특유의 마력으로 영혼이 폭발하는 전율의 순간인 '두엔데(Duende)'를 체험하게 한다.

플라멩코는 19세기를 거치면서 플라멩코 카페를 중심으로 스페인 전역에서 사랑을 받게 되었고 지금도 극장식 식당인 타블라오(Tablao)에서 주로 밤에 공연을 한다. 원래 집시들이 살던 동굴이 타블라오나 주점으로 이용되고 있다.

스페인이 낳은 세계적 플라멩코 무용수
호아낀 꼬르떼스(Joaquín Cortés)

스페인이 낳은 세계적 플라멩코 무용수로, 조르지오 아르마니 패션모델로, 나오미 캠벨의 연인으로, 그리고 영화배우로 세계가 주목하는 글로벌 스타이다. 21세기형 플라멩코의 창시자라고

지칭되며 우리나라에서도 공연을 한 적이 있다. 영국의 BBC 방송은 '안토니오 반데라스 이후의 스페인의 최고의 섹시 아이콘', 뉴욕타임지는 '마케팅과 매니지먼트에서 마이클 잭슨과 맞먹는 역량을 보여준다.'고 극찬한 인물이다.

연습문제 정답

1
- A. Ésta es la foto de mis compañeros. — 이것은 내 동료들의 사진이야.
- B. ¿Quiénes son estos chicos? — 이 남자아이들은 누구니?
- C. Son mis compañeros de clase. — 내 반 동료들이야.
- D. ¿Quién es esta chica? Es muy guapa. — 이 여자아이는 누구니? 매우 예쁘구나.
- E. Es mi novia. — 내 애인이야.
- F. ¿Dónde están tus libros? — 너 책들은 어디 있니?
- G. Mis padres son altos. — 나의 부모님은 키가 크십니다.
- H. ¿Qué es esto? — 이것은 무엇입니까?
- I. ¿Cuál es la tuya entre estas plumas? — 이 만년필 중에서 어느 것이 너의 것이니?
- J. Este coche y aquél son de Carlos. — 이 차와 저것은 까를로스의 것들이다.

2
- A. ¿Cuánto es esta mochila? — 이 배낭은 얼마입니까?
- B. ¿De quién son esos pantalones? — 그 바지는 누구의 것입니까?
- C. Aquellos hombres son mexicanos. — 저 남자들은 멕시코 사람이다.
- D. Tu casa y la mía son bonitas. — 네 집과 내 집은 예쁘다.
- E. Esta flor es muy cara. Aquéllas son baratas. — 이 꽃은 너무 비싸다. 저것들은 싸다.

3 A. Él es su padre.
 엘 에스 수 빠드레

B. Ella es mi madre.
 에야 에스 미 마드레

C. Ellas son mis hermanas.
 에야스 손 미스 에르마나스

D. Juan es su hermano.
 후안 에스 수 에르마노

E. Carmen es su madre.
 까르멘 에스 수 마드레

Unidad 03

¿Trabajas o estudias?

1. 직설법 현재 동사
- 연습문제
- 히스패닉 문화산책_유명한 라틴 뮤지션
- 연습문제 정답

제 3과
일하니 아니면 공부하니?
¿Trabajas o estudias?
[뜨라바-하스 오 에스뚜-디아스]

대화하기

1

Pedro : ¿Qué haces tú?, ¿trabajas o estudias?
뻬–드로　께 아–쎄스 뚜　뜨라바–하스 오　에스뚜–디아스

Carmen : Trabajo en un banco.
까–르멘　뜨라바–호 엔 운 방–꼬

Soy abogada.
소이　아보가–다

Pedro : Pues, yo soy estudiante.
뻬–드로　뿌에–스 요 소이 에스뚜디안–떼

Estudio arquitectura en la universidad.
에스뚜–디오 아르끼떽뚜–라 엔 라 우니베르시닷–

Carmen : ¿Ah, sí? ¡Qué interesante!
까–르멘　아 씨 께 인떼레산–떼

뻬드로 : 너는 뭐하니? 일하니 아니면 공부하니?
까르멘 : 은행에서 일해. 변호사야.
뻬드로 : 음, 나는 학생이야.
　　　　 대학에서 건축을 공부하고 있어.
까르멘 : 아, 그러니? 재미있겠다!

2

Pedro : **¿Dónde vives?**
뻬—드로   돈—데   비—베스

Carmen : **Vivo en Madrid.**
까—르멘   비—보   엔   마드릿—

Y tú, ¿dónde vives?
이 뚜   돈—데   비—베스

Pedro : **Vivo en Barcelona.**
뻬—드로   비—보   엔   바르쎌로—나

Carmen : **¡Qué suerte! Tú vives en una**
까—르멘   께 수에—르떼   뚜 비—베스 엔 우나

ciudad muy bonita.
씨우닷—   무이   보니—따

Pedro : **Sí, es verdad. Gracias.**
뻬—드로   씨   에스   베르닷—   그라—시아스

뻬드로 : 너는 어디 사니?
까르멘 : 마드리드에 살아. 너는 어디 사니?
뻬드로 : 바르셀로나에 살아.
까르멘 : 행운이구나!
　　　　너는 아주 예쁜 도시에 살고 있으니.
뻬드로 : 응, 사실 그래. 고마워.

단어 확인

haces [아쎄—스] (너는) ~하다
o [오] 혹은, 아니면
el banco [방—꼬] 은행
pues [뿌에스] 음, 그러니까
la arquitectura [아르끼떽뚜—라] 건축
interesante [인떼레산—떼] 흥미로운, 재미있는
vivir [비비—르] 살다
la ciudad [씨우닷—] 도시
la verdad [베르닷—] 진실, 사실

trabajar [뜨라바하—르] 일하다
estudiar [에스뚜디아—르] 공부하다
la abogada [아보가—다] 여자변호사
el(la) estudiante [에스뚜디안—떼] 학생
la universidad [우니베르시닷—] 대학교
¿dónde? [돈—데] 어디?
la suerte [수에—르떼] 행운
bonito [보니—또] 예쁜

문법알기

❶ 직설법 현재 동사

스페인어의 동사에 대해 본격적으로 배워보도록 합시다. 스페인어의 동사는 -ar형, -er형, -ir형, 이렇게 세 가지로 크게 분류할 수 있습니다. -ar형 동사를 제1변화 동사, -er형 동사를 제2변화 동사, -ir형 동사를 제3변화 동사라고 합니다. 그러나 우리는 간단하게 -ar형, -er형, -ir형 동사라고 칭하기로 하겠습니다.

1. -ar형 동사

-ar형 동사의 기본이라 할 수 있는 동사 hablar[아블라-르](말하다)를 가지고 변화시켜보겠습니다. hablar에서 habl까지는 어간, -ar를 어미라고 합니다. 우리가 지금 배우고자하는 동사의 시제는 직설법 현재라고 하며 그 변화형 어미는 -o -as -a -amos -áis -an입니다. 즉 어미를 떼어낸 어간에 이 변화형 어미를 붙이면 직설법 현재형 동사가 되는 것입니다.

hablar 말하다
아블라-르

yo 요	hablo 아-블로	-o
tú 뚜	hablas 아-블라스	-as
él, ella, usted 엘 에-이야 우스뗏-	habla 아-블라	-a
nosotros 노소-뜨로스	hablamos 아블라-모스	-amos
vosotros 보소-뜨로스	habláis 아블라-이스	-áis
ellos, ellas, ustedes 에-요스 에-야스 우스떼-데스	hablan 아-블란	-an

제 3과 ¿Trabajas o estudias? _ 121

Yo hablo español.
요 아-블로 에스빠뇰-
나는 스페인어를 말한다.

Tú hablas español.
뚜 아-블라스 에스빠뇰-
너는 스페인어를 말한다.

Él(Ella, Ud.) habla español.
엘 에-이야 우스뗏 아-블라 에스빠뇰-
그는(그녀는, 당신은) 스페인어를 말한다.

Nosotros hablamos español.
노소-뜨로스 아블라-모스 에스빠뇰-
우리는 스페인어를 말한다.

Vosotros habláis español.
보소-뜨로스 아블라-이스 에스빠뇰-
너희들은 스페인어를 말한다.

Ellos(Ellas, Uds.) hablan español.
에-요스 에-야스 우스떼-데스 아-블란 에스빠뇰-
그들은(그녀들은, 당신들은) 스페인어를 말한다.

위의 문장에서 본 바와 같이 3인칭 단수와 복수를 제외한 나머지 인칭에서는 주격인칭대명사를 쓰지 않아도 동사변화형만으로 주어를 알 수 있습니다. 따라서 주어를 쓰지 않는 것이 일반적이지만 강조하고 싶을 때는 써도 좋습니다.

2. -er형 동사

-er형의 기본 동사는 comer[꼬메-르](먹다)이고 변화형어미는 -o -es -e -emos -éis -en입니다.

comer 먹다
꼬메-르

yo 요	como 꼬-모	-o
tú 뚜	comes 꼬-메스	-es
él, ella, usted 엘 에-이야 우스뗏-	come 꼬-메	-e
nosotros 노소-뜨로스	comemos 꼬메-모스	-emos
vosotros 보소-뜨로스	coméis 꼬메-이스	-éis
ellos, ellas, ustedes 에-요스 에-야스 우스떼-데스	comen 꼬-멘	-en

Yo como taco. 나는 따꼬를 먹는다.
요 꼬-모 따-꼬

Tú comes taco. 너는 따꼬를 먹는다.
뚜 꼬-메스 따-꼬

Él(Ella, Ud.) come taco. 그는(그녀는, 당신은) 따꼬를 먹는다.
엘 에-이야 우스뗏 꼬-메 따-꼬

Nosotros comemos taco. 우리는 따꼬를 먹는다.
노소-뜨로스 꼬메-모스 따-꼬

Vosotros coméis taco. 너희들은 따꼬를 먹는다.
보소-뜨로스 꼬메-이스 따-꼬

Ellos(Ellas, Uds.) comen taco. 그들은(그녀들은, 당신들은) 따꼬를 먹는다.
에-요스 에-야스 우스뗴-데스 꼬-멘 따-꼬

기억하세요!

동사 **comer**[꼬메-르] 다음에 음식에 해당하는 명사가 목적어로 오면 특정한 의미가 있는 경우를 제외하고 일반적으로 정관사를 생략합니다. 위 문장에서 '따꼬'를 'el taco'라고 하지 않고 'taco'라고 한 것은 바로 이 이유 때문입니다.

Mi familia come carne todos los días. 내 가족은 매일 고기를 먹는다.
미 화밀-리아 꼬-메 까르네 또-도스 로스 디-아스

Mi familia sólo come la carne coreana. 내 가족은 한우고기만 먹는다.
미 화밀-리아 솔-로 꼬-메 라 까르네 꼬레아나

La niña no come arroz. 어린아이는 밥을 먹지 않는다.
라 니-냐 노 꼬-메 아ㄹ로-쓰

La niña sólo come el arroz de su madre. 어린아이는 자기 엄마의 밥만 먹는다.
라 니-냐 솔-로 꼬-메 엘 아ㄹ로-쓰 데 수 마-드레

단어 확인

la familia [화밀-리아] 가족
todos los días [또-도스 로스 디-아스] 매일
el arroz [아ㄹ로-쓰] 쌀, 밥
la carne [까르네] 고기
sólo [솔-로] 단지, 오직 (= solamente)
mi [미] 나의

3. -ir형 동사

-ir형의 기본 동사는 vivir[비비-르](살다)로 -o -es -e -imos -ís -en이 됩니다.

vivir 살다 비비-르		
yo 요	vivo 비-보	-o
tú 뚜	vives 비-베스	-es
él, ella, usted 엘 에-이야 우스뗏-	vive 비-베	-e
nosotros 노소-뜨로스	vivimos 비비-모스	-imos
vosotros 보소-뜨로스	vivís 비비-스	-ís
ellos, ellas, ustedes 에-요스 에-야스 우스떼-데스	viven 비-벤	-en

Yo vivo en Seúl.
요 비-보 엔 세울-
나는 서울에 산다.

Tú vives en San Diego.
뚜 비-베스 엔 산 디에-고
너는 샌디에고에 산다.

Él(Ella, Ud.) vive en México.
엘 에-이야 우스뗏 비-베 엔 메-히꼬
그는(그녀는, 당신은) 멕시코에 산다.

Nosotros vivimos en Corea.
노소-뜨로스 비비-모스 엔 꼬레-아
우리는 한국에 산다.

Vosotros vivís en España.
보소-뜨로스 비비-스 엔 에스빠-냐
너희들은 스페인에 산다.

Ellos(Ellas, Uds.) viven en Chile.
에-요스 에-야스 우스떼-데스 비-벤 엔 칠-레
그들은(그녀들은, 당신들은) 칠레에 산다.

기억하세요!

vivir + en +장소: (~에) 산다.

이번에는 문장을 통해서 동사의 직설법현재 변화형을 익혀보도록 합시다. 다음의 동사들은 많이 사용하는 동사이니 동사변화를 큰소리로 여러 번 읽어 외우도록 하세요. 이 동사들의 변화형을 빨리 외울수록 앞으로 배울 스페인어는 더욱 재미있어 질 것입니다. 열심히 외워봅시다!

-ar형 동사

cantar 노래하다 : canto, cantas, canta, cantamos, cantáis, cantan
깐따-르 　 깐-또 　 깐-따스 　 깐-따 　 깐따-모스 　 깐따-이스 　 깐-딴

escuchar 듣다 : escucho, escuchas, escucha,
에스꾸차-르 　 에스꾸-초 　 에스꾸-차스 　 에스꾸-차
escuchamos, escucháis, escuchan
에스꾸차-모스 　 에스꾸차-이스 　 에스꾸-찬

pintar 색칠하다 : pinto, pintas, pinta, pintamos, pintáis, pintan
삔따-르 　 삔-또 　 삔-따스 　 삔-따 　 삔따-모스 　 삔따-이스 　 삔-딴

tocar 만지다, (악기를) 치다 : toco, tocas, toca, tocamos, tocáis, tocan
또까-르 　 또-꼬 　 또-까스 　 또-까 　 또까-모스 　 또까-이스 　 또-깐

preparar 준비하다 : preparo, preparas, prepara,
쁘레빠라-르 　 쁘레빠-로 　 쁘레빠-라스 　 쁘레빠-라
preparamos, preparáis, preparan
쁘레빠라-모스 　 쁘레빠라-이스 　 쁘레빠-란

comprar 사다 : compro, compras, compra,
꼼쁘라-르 　 꼼-쁘로 　 꼼-쁘라스 　 꼼-쁘라
compramos, compráis, compran
꼼쁘라-모스 　 꼼쁘라-이스 　 꼼-쁘란

llegar 도착하다 : llego, llegas, llega, llegamos, llegáis, llegan
예가-르 　 예-고 　 예-가스 　 예-가 　 예가-모스 　 예가-이스 　 예-간

fumar 담배피우다 : fumo, fumas, fuma, fumamos, fumáis, fuman
후마-르 　 후-모 　 후-마스 　 후-마 　 후마-모스 　 후마-이스 　 후-만

Nosotros cantamos "Tell me". 　 우리는 "텔미"를 노래합니다.
노소-뜨로스 깐따-모스 텔 미

Mi padre canta muy bien. 　 나의 아버지는 노래를 잘 하십니다.
미 빠-드레 깐-따 무이 비엔

María escucha la radio. 　 마리아는 라디오를 듣습니다.
마리-아 에스꾸-차 라 ㄹ라-디오

Mi hermano escucha la música siempre. 내 동생은 항상 음악을 듣습니다.
미 에르마-노 에스꾸-차 라 무-시까 시엠-쁘레

Teresa pinta la pared. 떼레사는 벽을 칠합니다.
떼레-사 삔-따 라 빠렛-

Pedro toca la guitarra. 뻬드로는 기타를 칩니다.
뻬-드로 또-까 라 기따-ㄹ라

Mi hermana toca el piano. 내 언니는 피아노를 친다.
미 에르마-나 또-까 엘 삐아-노

Mi mamá prepara la comida. 엄마는 음식을 준비하십니다.
미 마마- 쁘레빠-라 라 꼬미-다

Preparo los exámenes esta tarde. 나는 오늘 오후에 시험을 준비한다.
쁘레빠-로 로스 엑싸-메네스 에-스따 따-르데

Ella compra una minifalda. 그녀는 미니스커트를 삽니다.
에-야 꼼-쁘라 우-나 미니활-다

Nosotros compramos los libros. 우리는 책들을 삽니다.
노소-뜨로스 꼼쁘라-모스 로스 리-브로스

¿A qué hora llegas a casa? 너는 몇 시에 집에 도착하니?
아 께- 오-라 예-가스 아 까-사

Llego a casa a las ocho. 8시에 도착해.
예-고 아 까-사 알 라스 오-초

¿Fumas mucho? 너는 담배 많이 피우니?
후-마스 무-초

No. Fumo cinco cigarrillos al día. 아니. 하루에 5개 피워.
노 후-모 씽-꼬 씨가ㄹ리-요스 알 디-아

-er형 동사

beber 마시다 : **bebo, bebes, bebe, bebemos, bebéis, beben**
베베-르 베-보 베-베스 베-베 베베-모스 베베-이스 베-벤

leer 읽다 : **leo, lees, lee, leemos, leéis, leen**
레에-르 레-오 레-에스 레-에 레에-모스 레에-이스 레-엔

correr 달리다 : **corro, corres, corre, corremos, corréis, corren**
꼬ㄹ레-르 꼬-ㄹ로 꼬-ㄹ레스 꼬-ㄹ레 꼬ㄹ레-모스 꼬ㄹ레-이스 꼬-ㄹ렌

comprender 이해하다 : **comprendo, comprendes, comprende,**
꼼쁘렌데-르 꼼쁘렌-도 꼼쁘렌-데스 꼼쁘렌-데
comprendemos, comprendéis, comprenden
꼼쁘렌데-모스 꼼쁘렌데-이스 꼼쁘렌-덴

aprender 배우다 : **aprendo, aprendes, aprende,**
아쁘렌데-르 아쁘렌-도 아쁘렌-데스 아쁘렌-데
aprendemos, aprendéis, aprenden
아쁘렌데-모스 아쁘렌데-이스 아쁘렌-덴

deber ~해야만 한다, 빚지다 : **debo, debes, debe,**
데베-르 데-보 데-베스 데-베
debemos, debéis, deben
데베-모스 데베-이스 데-벤

creer 믿다 : **creo, crees, cree, creemos, creéis, creen**
끄레에-르 끄레-오 끄레-에스 끄레-에 끄레에-모스 끄레에-이스 끄레-엔

Bebemos cerveza en el bar. 우리는 바에서 맥주를 마십니다.
베베-모스 쎄르베-사 엔 엘 바르

Es bueno beber mucha agua. 물을 많이 마시는 것은 좋다.
에스 부에-노 베베-르 무-차 아-구아

Mi padre lee el periódico. 나의 아버지는 신문을 읽으십니다.
미 빠-드레 레-에 엘 뻬리오-디꼬

Ellos corren dos kilómetros todos los días. 그들은 매일 2킬로미터를 달립니다.
에-요스 꼬-ㄹ렌 도스 낄로-메뜨로스 또-도스 로스 디-아스

Yo no comprendo bien el español. 나는 스페인어를 잘 이해하지 못합니다.
요 노 꼼쁘렌-도 비엔 엘 에스빠뇰-

단어 확인

escuchar la radio [에스꾸차-르 라 ㄹ라-디오] 라디오를 듣다
la pared [빠렛-] 벽
tocar la guitarra [또까-르 라 기따-ㄹ라] 기타를 치다
tocar el piano [또까-르 엘 삐아-노] 기타를 치다
la falda [활-다] 치마
llegar [예가-르] a [아] + 장소 ~에 도착하다
preparar la comida [쁘레빠라-르 라 꼬미-다] 식사를 준비하다
el periódico [뻬리오-디꼬] 신문
todos los días [또-도스 로스 디-아스] 매일
¿A qué hora? [아 께 오-라] 몇 시에
Es bueno [에스 부에-노] + 동사원형 ~하는 것이 좋다

제 3과 ¿Trabajas o estudias? _ 127

Mi hijo aprende inglés en la primaria. 내 아들은 초등학교에서 영어를 배운다.
미 아-호 아쁘렌-데 잉글레스 엔 라 쁘리마-리아

Los estudiantes leen la lección en voz alta.
로스 에스뚜디안-떼스 레-엔 라 렉씨온- 엠 보쓰 알-따

학생들은 그 과를 큰소리로 읽는다.

Debemos estudiar mucho. 우리는 열심히 공부해야만 한다.
데베-모스 에스뚜디아-르 무-초

기억하세요!

- **Es bueno +동사원형**은 '~하는 것이 좋다'입니다. 이러한 표현을 **무인칭 표현**이라고 합니다. 무인칭 표현은 **Es + 형용사 + 동사원형**을 쓰면 됩니다.

  Es importante estudiar español. 스페인어를 공부하는 것은 중요하다.
  에스 임뽀르딴-떼 에스뚜디아-르 에스빠뇰-

  Es necesario hablar inglés. 영어를 말하는 것은 필요하다.
  에스 네쎄사-리오 아블라-르 잉글레-스

- **deber + 동사원형**: ~해야만 한다.

  Debo llamar a mis padres. 나는 부모님에게 전화해야만 한다.
  데보 야마-르 아 미스 빠-드레스

  Debemos llegar a casa temprano. 우리는 일찍 집에 도착해야만 한다.
  데베-모스 예가-르 아 까사 뗌쁘라-노

-ir형 동사

escribir 쓰다 : **escribo, escribes, escribe, escribimos, escribís, escriben**
에스끄리비-르   에스끄리-보 에스끄리-베스 에스끄리-베 에스끄리비-모스 에스끄리비-스 에스끄리-벤

abrir 열다 : **abro, abres, abre, abrimos, abrís, abren**
아브리-르   아-브로 아브레스 아브레 아브리-모스 아브리-스 아-브렌

subir 오르다 : **subo, subes, sube, subimos, subís, suben**
수비-르   수-보 수-베스 수-베 수비-모스 수비-스 수-벤

recibir 받다 : **recibo, recibes, recibe, recibimos, recibís, reciben**
르레씨비-르   르레씨-보 르레씨-베스 르레씨-베 르레씨비-모스 르레씨비-스 르레씨-벤

Yo escribo una carta a mis padres. 나는 부모님께 편지를 쓴다.
요 에스끄리-보 우-나 까르따 아 미스 빠-드레스

El niño abre la puerta. 어린아이는 문을 연다.
엘 니-뇨 아브레 라 뿌에-르따

Ellos suben a la montaña. 그들은 산에 오른다.
에-요스 수-벤 알 라 몬따-냐

Ella recibe muchas cartas. 그녀는 많은 편지를 받는다.
에-야 르레씨-베 무-차스 까르따스

기억하세요!

사람이 목적어(~에게, ~를)로 쓰이면 전치사 a를 사람 앞에 써야합니다.

| a mi amigo 내 친구에게(를) | a mis padres 내 부모님에게(을) |
| 아 미 아미-고 | 아 미스 빠-드레스 |

Yo llamo a mi amigo. 나는 내 친구를 부른다.
요 야-모 아 미 아미-고

Compro un pastel a mis padres. 나는 부모님에게 케익을 사드린다.
꼼-쁘로 운 빠스뗄- 아 미스 빠-드레스

단어 확인

la voz [보쓰] 목소리
la lección [렉씨온-] 과
temprano [뗌쁘라-노] 일찍
todos los días [또-도스 로스 디-아스] 매일
escribir una carta [에스끄리바르 우-나 까르따] 편지 쓰다
abrir la puerta [아브리-르 라 뿌에-르따] 문을 열다

en voz alta [엔 보쓰 알-따] 큰소리로
llegar a + 장소 (장소)에 도착하다
el periódico [뻬리오-디꼬] 신문
la primaria [쁘리마-리아] 초등학교
mis padres [미스 빠-드레스] 나의 부모님
subir a la montaña [수바-르 알 라 몬따-냐] 산에 오르다

1 괄호 속의 동사를 알맞게 변화시켜 밑줄 친 곳에 써넣으시오.

A. Los estudiantes _____ (pasear) por el parque.

B. Yo _____ (lavar) mi camisa.

C. Ella _____ (vender) libros en una librería.

D. Tú _____ (llevar) una maleta.

E. Él _____ (escribir) muchas cartas.

F. Nosotros _____ (nadar) en el mar.

G. Pedro y Teresa _____ (beber) cerveza.

H. Mi mamá _____ (tomar) café.

I. Mis padres _____ (subir) a la montaña.

J. La enfermera _____ (trabajar) en el hospital.

❷ 다음의 문장을 스페인어로 작문하시오.

A. 당신들은 스페인어를 하십니까?
   →

B. 내 여자친구는 노래를 잘한다.
   →

C. 우리의 교수님은 기타를 잘 치신다.
   →

D. 나는 가게에서 물 한 병을 산다. (la tienda 가게, una botella de agua 물 한 병)
   →

E. 그녀는 매일 1시간 걷는다. (andar 걷다, una hora 한 시간)
   →

F. 우리는 토요일마다 등산한다. (subir a la montaña 등산하다, los sábados 토요일마다)
   →

G. 그들은 지금 한 학원에서 스페인어를 배운다. (ahora 지금, la academia 학원)
   →

H. 누가 문을 여니?
   →

I. 나는 엄마에게 빨간색 블라우스를 선물한다.
   (regalar 선물하다, la blusa 블라우스, rojo 빨간)
   →

J. 나는 부모님께 일주일에 한번 전화한다.
   (llamar por teléfono 전화하다, una vez a la semana 일주일에 한 번)
   →

히스패닉 문화 산책

유명한 라틴 뮤지션

1998년 파리 월드컵 주제가를 부른 리키 마틴에 의해 전세계에 라틴 음악의 열풍이 불고, 최근에는 부에나 비스타 소셜 클럽에 의해 아프로 쿠반 음악이 소개되면서 우리나라에도 라틴 음악이 많은 인기를 끌고 있다. 살사와 같은 라틴 댄스에 대한 우리의 관심도 이런 조류와 무관하지 않을 것이다. 그래미상에서도 2000년부터는 라틴그래미를 신설할 정도로 미국의 팝 음악 시장에서 라틴계 가수들이 차지하는 부분은 상당하다.

글로리아 에스테판 (Gloria Estefan)

라틴 음악의 본 고장인 쿠바 출신의 글로리아 에스테판에게는 두 가지 수식어가 따라 붙는다. 리키 마틴의 라틴 팝 돌풍 이전에 이미 라틴의 혼을 전 세계에 전파한 '라틴 디바'와 '라틴 팝의 여왕'이다. 또한 '의지의 표상'이라는 존경할 만한 또 다른 수식어도 있다. 1990년 교통사고를 당해 정상적인 생활마저 불투명했지만 7개월간의 반신불수의 병상생활을 이겨내고 재기에 성공해서 가장 존경받는 뮤지션의 한 사람이 되었기 때문이다. 글로리아 에스테판은 1957년 쿠바 아바나에서 태어났지만 피델 카스트로(Fidel Castro) 공산 혁명 이후 그녀의 가족은 미국 마이애미로 이주해야만 했다. 난민의 처지로 미국에 정착한 그녀의 어린 시절은 불우했다. 마이애미 대학에 진학한 그녀는 학업과 '웨딩 싱어'라는 아르바이트를 병행했었는데, 1975년 친구 결혼식에서 축가를 부르면서 마침 그때 연주를 맡았던 에밀리오(Emilo Estefan)의 눈에 띄게 된다. 그는 글로리아의 숨겨진 음악적 재능을 발견하고 밴드에 합류할 것을 제안하고 그녀는 이에 응한다.

히스패닉 문화 산책

　1978년 밴드의 리더이자 그녀의 음악적 동반자인 에밀리오와 결혼하게 된다. 결혼 이후 그녀는 글로리아 에스테판이란 이름을 걸고 새로운 밴드명, 마이애미 사운드 머신 (The Miami Sound Machine)과 함께 활발한 음악 활동을 하게 된다. 1989년 글로리아는 솔로로 전향하는데, 그해 발표한 솔로 앨범 'Cuts Both Ways' 역시 백만 장 이상 팔려 나가는 인기를 누렸다. 이즈음의 그녀는 히스패닉, 특히 플로리다를 중심으로 살고 있는 쿠바 출신들 사이에서는 영웅이나 다름없었다. 이후 그녀는 그저 인기있는 팝 가수가 아니라 존경받는 한 사람의 뮤지션으로 대우받기 시작한다. 모교 마이애미 대학으로부터 명예박사 학위를 받았고, 1993년 발표한 스페인어 앨범 'Mi Tierra'가 'Best Tropical Latin Album'상을 수상하기도 했으며, 1996년 애틀랜타 올림픽의 공식 주제가 'Reach'를 부르며 대회의 대미를 장식하는 폐회식에서 공연을 가지기도 한다.

연습문제 정답

1
- A. Los estudiantes <u>pasean</u> por el parque.
  로스 에스뚜디안-떼스 빠세안 뽀르 엘 빠르께
  학생들은 공원을 산책한다.
- B. Yo <u>lavo</u> mi camisa.
  요 라보 미 까마사
  나는 내 와이셔츠를 세탁한다.
- C. Ella <u>vende</u> libros en una librería.
  에-야 벤데 리브로스 엔 우나 리브레리-아
  그녀는 서점에서 책을 판다.
- D. Tú <u>llevas</u> una maleta.
  뚜 예바스 우나 말레-따
  너는 트렁크를 가지고 간다.
- E. Él <u>escribe</u> muchas cartas.
  엘 에스끄리-베 무-차스 까르따스
  그는 많은 편지를 쓴다.
- F. Nosotros <u>nadamos</u> en el mar.
  노소-뜨로스 나다-모스 엔 엘 마르
  우리는 바다에서 수영을 한다.
- G. Pedro y Teresa <u>beben</u> cerveza.
  뻬-드로 이 떼레-사 베-벤 쎄르베-사
  뻬드로와 떼레사는 맥주를 마신다.
- H. Mi mamá <u>toma</u> café.
  미 마마- 또-마 까풰-
  나의 엄마는 커피를 마십니다.
- I. Mis padres <u>suben</u> a la montaña.
  미스 빠-드레스 수-벤 알 라 몬따-냐
  나의 부모님들은 등산을 하십니다.
- J. La enfermera <u>trabaja</u> en el hospital.
  라 엠풰르메-라 뜨라바-하 엔 엘 오스삐딸-
  그 간호사는 그 병원에서 일한다.

2
- A. ¿Hablan Uds. español?
  아-블란 우스떼-데스 에스빠뇰-
- B. Mi amiga canta bien.
  미 아미-가 깐-따 비엔
- C. Nuestro profesor toca bien la guitarra.
  누에-스뜨로 쁘로풰소-르 또-까 비엔 라 기따-ㄹ라
- D. Yo compro una botella de agua en la tienda.
  요 꼼-쁘로 우나 보떼-야 데 아-구아 엔 라 띠엔-다
- E. Ella anda una hora todos los días.
  에-야 안-다 우-나 오-라 또-도쓰 로스 디-아쓰
- F. Subimos a la montaña los sábados.
  수비-모쓰 알 라 몬따-냐 로스 사-바도쓰
- G. Ahora ellos aprenden español en una academia.
  아오-라 에-요스 아쁘렌-덴 에스빠뇰- 엔 우나 아까데-미아
- H. ¿Quién abre la puerta?
  끼엔- 아-브레 라 뿌에-르따
- I. Yo regalo una blusa roja a mi mamá.
  요 ㄹ레갈-로 우나 블루-사 ㄹ로-하 아 미 마마-
- J. Yo llamo por teléfono a mis padres una vez a la semana.
  요 야-모 뽀르 뗄레-풔노 아 미스 빠-드레스 우나 베쓰 알 라 세마-나

너무 웃긴 스페인어

Dos locos 정신병 환자들

Dos locos se encuentran en el patio de un manicomio;
도스 로-꼬스 세 엔꾸엔-뜨란 엔 엘 빠-띠오 데 운 마니꼬-미오
두 명의 정신병자가 정신병원의 정원에서 만나서 이야기한다.

uno de ellos le enseña el puño cerrado al otro y le dice:
우노 데 에-요스 레 엔세-냐 엘 뿌-뇨 쎄ㄹ라-도 알 오-뜨로 이 레 디-쎄
한 명이 자신의 주먹을 쥐면서 상대방에게 묻는다.

- Oye, ¿a que no adivinas qué es lo que tengo en la mano?
오-예 아 께 노 아디비-나스 께 에스 로 께 뗑-고 엔 라 마-노
야, 너...내가 이 손에 뭘 가졌는지 절대 모를걸?

- Hmmm... ¿Un elefante?
음 운 엘레환-떼
음.....혹시 코끼리?

El del puño cerrado pone cara de fastidio y replica:
엘 델 뿌-뇨 쎄ㄹ라-도 뽀-네 까-라 데 화스띠-디오 이 ㄹ레쁠리-까
주먹을 쥐었던 정신병자가 화가 나서 되묻는다.

- Sí, bueno, ¿pero de qué color?
씨 부에-노 뻬-로 데 께 꼴로-르
칫....좋아. 근데 무슨 색이게??

Unidad 04

¿Hay algún restaurante por aquí?

1. 위치를 나타내는 표현들
2. Hay (~이 있다)
3. Hay que + 동사원형 (~해야만 한다)
4. 서수
5. 의문사 ¿Cuál?
- 연습문제
- 히스패닉 문화산책_여권과 비자
- 연습문제 정답

제 4과
이 근처에 식당이 있습니까?
¿Hay algún restaurante por aquí?
[아이 알군- ㄹ레스따우란-떼 뽀르 아끼-]

대화하기

1

Alfonso : Perdón, ¿hay algún restaurante por aquí?

Mónica : Pues, hay uno cerca de aquí. El restaurante 'Casa México' es muy bueno. Está en la segunda calle a la derecha, está casi al final de la calle.

알폰소 : 죄송합니다,
이 근처에 무슨 식당이 있습니까?
모니까 : 음, 이 근처에 식당 하나가 있습니다.
레스토랑 '까사 멕시코'는 매우 좋습니다.
두 번째 길에서 오른쪽으로 있습니다.
그 길의 거의 끝에 있습니다.

2

Alfonso : ¿En la segunda calle a la derecha?
알폰-소   엔 라   세군-다   까-예 알 라 데레-차

Mónica : Sí, sí, está a unos cien metros de
모-니까   씨 씨 에스따- 아 우-노스 씨엔 메-뜨로스 데

aquí.
아끼

Es un edificio blanco.
에스 운 에디휘-씨오 블랑-꼬

Alfonso : Muchas gracias.
알폰-소   무-차스   그라-시아스

Mónica : De nada.
모-니까   데 나-다

알폰소 : 두 번째 길에서 오른쪽으로요?
모니까 : 네, 네, 여기서 약 100미터 쯤에 있습니다.
　　　　흰색 건물입니다.
알폰소 : 감사합니다.
모니까 : 천만예요.

단어 확인

el perdón [뻬르돈-] 용서, 실례합니다. 죄송합니다
alguno [알구-노] 어떤
por aquí [뽀르 아까-] 이 근처
cerca de [쎄-르까 데] ~의 근처에, ~의 가까이에
segundo [세군-도] 두 번째의
a la derecha [알 라 데레-차] 오른쪽으로
al final de [알 휘날- 데] ~의 끝에
el metro [메-뜨로] 전철
el edificio [에디휘-씨오] 건물
de nada [데 나-다] 천만예요.

hay [아이] ~이 있다
el restaurante [ㄹ레스따우란-떼] 식당, 레스토랑
pues [뿌에스] 음, 그런데
aquí [아끼-] 여기
la calle [까-예] 길, 거리
casi [까-시] 거의
cien(to) [씨엔(또)] 100
de aquí [데 아까-] 여기에서 부터
blanco [블랑-꼬] 흰

문법알기

❶ 위치를 나타내는 표현들

길을 잃었거나 장소를 물어보기 위해서는 위치에 관한 표현을 알아야겠지요? 다음의 위치를 나타내는 표현들은 아주 자주 쓰이는 표현이니 무조건 외워두시기 바랍니다.

cerca de 쎄-르까 데	~의 가까이에	**lejos de** 레-호스 데	~의 멀리에
debajo de 데바-호 데	~의 밑에	**sobre** 소-브레	~의 위에
dentro de 덴-뜨로 데	~의 안에	**fuera de** 후에-라 데	~의 밖에
detrás de 데뜨라-스 데	~의 뒤에	**delante de** 델란-떼 데	~의 앞에
a la derecha de 알 라 데레-차 데	~의 오른쪽에	**a la izquierda de** 알 라 이스끼에-르다 데	~의 왼쪽에
al lado de 알 라-도 데	~의 옆에	**junto a** 훈-또 아	~의 옆에

Vivo delante de mi escuela.
비-보 델란-떼 데 미 에스꾸엘-라

나는 내 학교 앞에 산다.

Ella vive cerca de mi casa.
에-이야 비-베 쎄-르까 데 미 까-사

그녀는 내 집 근처에 삽니다.

Ellos viven lejos de tu casa.
에-요스 비-벤 레-호스 데 뚜 까-사

그들은 네 집에서 멀리 살고 있다.

제 4과 ¿Hay algún restaurante por aquí? _ 139

❷ Hay (~이 있다)

어떤 경우에도 변화하지 않고 오직 hay[아이](~이 있다)로만 쓰이는 영어의 'There is ~ ' 혹은 'There are ~'와 같은 동사입니다.

처음 언급되거나 불특정한 주어와만 함께 쓰이며 이미 언급되었거나 특정한 주어와 함께 쓰일 때는 동사 estar[에스따르](~이 있다)를 써야합니다. 위에서 배운 위치를 나타내는 표현과 두 동사를 비교하면서 살펴보도록 합시다.

Detrás del hotel hay una piscina. 호텔 뒤에 수영장이 하나 있습니다.(불특정)
데뜨라스 델 오뗄- 아이 우-나 삐스씨-나

La piscina está detrás del hotel. 그 수영장은 호텔 뒤에 있습니다.(특정)
라 삐스씨-나 에스따- 데뜨라스 델 오뗄-

A la izquierda hay una cafetería. 왼쪽에 카페가 하나 있습니다.(불특정)
알 라 이스끼에-르다 아이 우-나 까훼떼리-아

La cafetería está a la izquierda. 그 카페는 왼쪽에 있다.(특정)
라 까훼떼리-아 에스따-알 라 이스끼에-르다

Hay un señor en la oficina. 사무실에 한 신사분이 있습니다.(불특정)
아이 운 세뇨-르 엘 라 오휘싸-나

El señor Kim está en la oficina. 김 선생님은 사무실에 계십니다.(특정)
엘 세뇨-르 김 에스따 엔 라 오휘싸-나

Hay un libro sobre la mesa. 테이블 위에 책이 한권 있습니다.(불특정)
아이 운 리-브로 소브레 라 메-사

Tu libro está sobre la mesa. 네 책은 테이블 위에 있다.(특정)
뚜 리-브로 에스따- 소브레 라 메-사

Cerca de mi casa hay una iglesia. 내 집 근처에 교회가 하나 있습니다.(불특정)
쎄-르가 데 미 까사 아이 우-나 이글레-시아

La iglesia está cerca de mi casa. 그 교회는 내 집 근처에 있습니다.(특정)
라 이글레-시아 에스따 쎄-르까 데 미 까사

❸ Hay que + 동사원형 (~해야만 한다)

'Hay que + 동사원형'은 무인칭의 표현으로 주어는 '모든 사람들'을 가리킵니다. 이렇게 주어를 말하지 않고 '~해야만 한다'라고만 해석하면 되는 이러한 구문을 무인칭 혹은 비인칭 구문이라고 합니다. 특정주어를 언급해야 할 경우에는 'tener que + 동사원형'이나 'deber + 동사원형'을 쓰면 됩니다. (178쪽을 참고하세요.)

Hay que aprender español para ir a México.
아이 께 아쁘렌데-르 에스빠뇰- 빠-라 이르 아 메-히꼬
멕시코에 가기 위해서는 스페인어를 배워야만 한다.

Hay que dormir ocho horas. 8시간을 자야만 한다.
아이 께 도르미-르 오-초 오-라스

Hay que caminar para la salud. 건강을 위해서 걸어야만 한다.
아이 께 까미나-르 빠-랄 라 살룻-

Hay que desayunar siempre. 항상 아침식사를 해야만 한다.
아이 께 데사유나-르 시엠-쁘레

Hay que limpiar la casa. 집 청소를 해야만 한다.
아이 께 림삐아-르 라 까-사

Hay que llegar a tiempo a la clase. 수업에 제시간에 도착해야만 한다.
아이 께 예가-르 아 띠엠-뽀 알 라 끌라-세

Hay que estudiar mucho para el examen.
아이 께 에스뚜디아-르 무-초 빠-라 엘 엑싸-멘
시험을 위해 열심히 공부해야만 한다.

Tenemos que desayunar siempre. 우리는 항상 아침식사를 해야만 한다.
떼네-모스 께 데사유나-르 시엠-쁘레

Tengo que limpiar la casa hoy. 나는 오늘 집 청소를 해야만 한다.
뗑-고 께 림삐아-르 라 까-사 오이

Los estudiantes deben llegar a tiempo a la clase.
로스 에스뚜디안-떼스 데-벤 예가-르 아 띠엠-뽀 알 라 끌라-세
학생들은 수업에 제시간에 도착해야만 한다.

Debo estudiar mucho para el examen.
데-보 에스뚜디아-르 무-초 빠-라 엘 엑싸-멘
나는 시험을 위해 열심히 공부해야만 한다.

④ 서수

서수는 수 형용사이므로 뒤에 오는 명사에 따라 성·수 변화를 시켜주어야 합니다. 기수가 서수를 대신할 수도 있는데 이때에는 명사의 뒤에 쓰이게 됩니다. **Primero**와 **tercero**는 남성단수 명사 앞에서 어미 -o가 탈락합니다.

primero 쁘리메-로	첫 번째의	**sexto** 쎅-스또	여섯 번째의
segundo 세군-도	두 번째의	**séptimo** 쎕-띠모	일곱 번째의
tercero 떼르쎄-로	세 번째의	**octavo** 옥따-보	여덟 번째의
cuarto 꾸아-르또	네 번째의	**noveno** 노베-노	아홉 번째의
quinto 낀-또	다섯 번째의	**décimo** 데-씨모	열 번째의

Hoy es el primer día. 오늘이 첫째 날이다.
오이 에스 엘 쁘리메-르 디아

Hoy es la primera clase. 오늘이 첫 수업이다.
오이 에스 라 쁘리메-라 끌라-세

Ella vive en el tercer piso y yo vivo en el primer piso.
에-야 비-비 엔 엘 떼르쎄-르 삐-소 이 요 비-보 엔 엘 쁘리메-르 삐-소

그녀는 3층(혹은 4층)에 살고 나는 1층(혹은 2층)에 산다. (문화산책 참고바람.)

La primera lección es muy fácil. 제1과는 매우 쉽다.
라 쁘리메-라 렉씨온- 에스 무이 화-씰

(= La lección 1(uno) es muy fácil.)
라 렉씨온- 우-노 에스 무이 화-씰

la Primera(Segunda) Guerra Mundial 제1차(2차) 세계대전
라 쁘리메-라 세군-다 게-르라 문디알-

❺ 의문사 ¿Cuál?

수 변화를 하기 때문에 ¿Cuál?[꾸알-]과 ¿Cuáles?[꾸알-레스]가 됩니다. '무엇', '어느 것'으로 영어의 which와 마찬가지로 여럿 중에서 선택하는 의미를 지닙니다.

¿Cuál es su número de habitación? 당신의 방 번호는 무엇입니까?
꾸알- 에스 수 누-메로 데 아비따씨온-

¿Cuál es su número de teléfono? 당신의 전화번호는 무엇입니까?
꾸알- 에스 수 누-메로 데 뗄레-훠노

¿Cuál es tu número de celular? 너의 핸드폰번호는 뭐니?
꾸알- 에스 뚜 누-메로 데 쎌룰라-르

¿Cuál de estos libros es tuyo? 이 책들 중에서 어느 것이 너의 것이니?
꾸알- 데 에-스또스 리-브로스 에스 뚜-요

¿Cuál es su nombre? 당신의 이름은 무엇입니까?
꾸알- 에스 수 놈-브레

¿Cuál es su nacionalidad? 당신은 국적은 무엇입니까?
꾸알- 에스 수 나씨오날리닷-

¿Cuál es su profesión? 당신의 직업은 무엇입니까?
꾸알 에스 수 쁘로훼시온-

¿Cuáles son tus libros? 너의 책들은 어느 것들이니?
꾸알-레스 손 뚜스 리-브로스

단어 확인

el hotel [오뗄-] 호텔
la cafetería [까훼떼리-아] 카페
la mesa [메-사] 테이블
la habitación [아비따씨온-] 방
la nacionalidad [나씨오날리닷-] 국적
de [데] ~의, ~중에서

la piscina [삐스씨-나] 수영장
la oficina [오휘씨-나] 사무실
la iglesia [이글레-시아] 교회
el nombre [놈-브레] 이름
el celular [쎌룰라-르] 핸드폰
la profesión [쁘로훼시온-] 직업

연습문제

1 다음 밑줄 친 곳에 동사 estar나 hay를 써넣으세요.

A. Delante del hospital _____ una ambulancia.

B. ¿Dónde _____ las llaves?

C. _____ un árbol delante de mi casa.

D. El cine _____ a la derecha.

E. En la plaza _____ una iglesia.

F. Al lado del hotel _____ el banco.

G. Las botellas _____ sobre la mesa.

H. _____ mucha gente en la calle.

I. ¿_____ una farmacia cerca de aquí?

J. El cuarto de baño _____ al fondo del pasillo.

❷ 다음의 문장을 스페인어로 작문하시오.

A. 내 책이 어디에 있니?
   ➡

B. 네 책은 테이블 밑에 있어.
   ➡

C. 교실에 몇 명의 학생들이 있습니까? (la clase 교실, 수업)
   ➡

D. 약 5명의 학생이 있습니다. (cinco 5)
   ➡

E. 내 집 앞에 슈퍼마켓이 하나 있습니다. (el supermercado 슈퍼마켓)
   ➡

F. 제일슈퍼마켓은 어디에 있습니까?
   ➡

G. 이 근처에 약국이 있나요? (la farmacia 약국)
   ➡

H. 이 근처에 서울약국이 있나요?
   ➡

I. 당신의 직업은 무엇입니까? (la profesión 직업)
   ➡

J. 우리의 사무실은 저 건물 뒤에 있습니다. (nuestro 우리의, el edificio 건물)
   ➡

히스패닉 문화 산책

여권과 비자
(Pasaporte y visa)

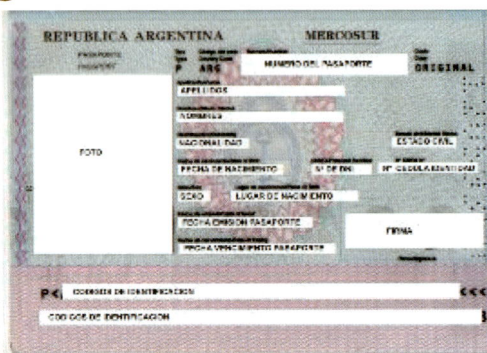

여권이나 비자의 항목

Número de pasaporte (여권번호) 누-메로 데 빠사뽀-르떼	
Apellidos (성) 아뻬이-도스	Kim
Nombres (이름) 놈-브레스	Dong Su
Nacionalidad (국적) 나씨오날리닷-	Coreana
Profesión (직업) 쁘로훼시온-	Estudiante
Estado Civil (결혼여부) 에스따-도 씨빌-	Soltero
Fecha de Nacimiento (생년월일) 훼-차 데 나씨미엔-또	10/01/1988
No. de Identificación (주민등록번호) 누-메로 데 이덴띠휘까씨온-	880110-1234567
Sexo (성별) 쎅-소	M(Masculino)
Domicilio y dirección (거주지 주소) 도미씰-리오 이 디렉씨온-	
Lugar y país de Nacimiento (출생지와 국가) 루가-르 이 빠이-스 데 나씨미엔-또	Seúl, Corea
Expedido en (발행일) 엑스뻬디-도 엔	19 / 04 / 2008
Caduca: / válido hasta (유효기간) 까두-까 발-리도 아-스따	18 / 04 / 2013
Firma (서명) 휘-르마	

　국적란에는 국적형용사의 여성형을 써야 합니다. nacionalidad을 수식하기 때문입니다. 따라서 멕시코 사람이면 mexicana, 아르헨티나 사람이면 argentina라고 써야합니다.

히스패닉 문화 산책

주소 말하고 쓰기

주소를 말할 때는 도시이름을 말하고 나서 구체적으로 거리 이름, 번지수, 층수, 호수 순으로 말하면 된다.

Vivo en Madrid, la Calle de Málaga, número 5, 2° derecha.
비-보 엔 마드릿- 라 까-예 데 말-라가 누-메로 씽꼬 세군-다 데레-차

주소를 쓸 때에는 거리 이름, 번지수, 층수, 호수, 우편번호, 도시, 나라 이름 순서이다.

la Calle de Málaga, número 5, 2° dcha, 28028 Madrid.
라 까-예 데 말-라가 누-메로 씽꼬 세군-다 데레-차 도스 오-초 쎄-로 도스 오초 마드릿-

la Calle Aribau, 4, 5° izda, 08001 Barcelona
라 까-예 아리바우 꾸아-뜨로 씽-꼬 이스끼에-르다 쎄로오초 쎄로 쎄-로 우노 바르쎌로-나

거리 이름은 줄여서 c/ 라고 쓰며, 읽을 때는 calle [까-예]로 읽고, 문의 방향은 오른쪽과 왼쪽을 각각 dcha, izda라고 쓰고 derecha [데레-차], izquierda [이쓰끼에-르다]로 읽고, 층수는 서수로 표현하는데 우리와는 층을 말하는 방법이 조금 다르니 익혀두어야 한다. 그러나 멕시코에서는 미국의 영향을 받아 요즘 짓는 큰 건물은 1층을 primer piso [쁘리메-르 삐-소]라고 한다.

- 1층 piso bajo / planta baja
  삐-소 바-호   쁠란-따 바-하
- 2층 primer piso / primera planta
  쁘리메-르 삐-소   쁘리메-라 쁠란-따
- 3층 segundo piso / segunda planta
  세군-도 삐-소   세군-다 쁠란-따
- 4층 tercer piso / tercera planta
  떼르쎄-르 삐-소   떼르쎄-라 쁠란-따
- 지하 sótano / subterráneo
  소-따노   숩떼르라-네오

전화 번호 말하기

전화번호는 011-2234-4560의 경우 숫자를 하나씩 읽어도 되고, 0-11-22-34-45-60과 같이 지역번호와 국번호, 전화번호를 각각 두 자리씩 읽어주어도 됩니다.

011-2234-4560
1) cero uno uno dos dos tres cuatro cuatro cinco seis cero
   쎄로 우노 우노 도스 도스 뜨레스 꾸아뜨로 꾸아뜨로 씽꼬 세이스 쎄로
2) cero once veintidós treinta y cuatro cuarenta y cinco sesenta
   쎄로 온-쎄 베인띠도-스 뜨레인따 이 꾸아뜨로 꾸아렌따 이 씽꼬 세센따

연습문제 정답

1
- A. Delante del hospital <u>hay</u> una ambulancia. 병원 앞에 앰뷸런스가 한대 있습니다.
- B. ¿Dónde <u>están</u> las llaves? 열쇠가 어디에 있습니까?
- C. <u>Hay</u> un árbol delante de mi casa. 내 집 앞에 나무가 한그루 있습니다.
- D. El cine <u>está</u> a la derecha. 그 영화관은 오른쪽에 있습니다.
- E. En la plaza <u>hay</u> una iglesia. 광장에는 교회 한 채가 있습니다.
- F. Al lado del hotel <u>está</u> el banco. 호텔 옆에 그 교회가 있습니다.
- G. Las botellas <u>están</u> sobre la mesa. 병들은 테이블 위에 있습니다.
- H. <u>Hay</u> mucha gente en la calle. 거리에는 많은 사람들이 있습니다.
- I. ¿<u>Hay</u> una farmacia cerca de aquí? 약국이 하나 이 근처에 있습니까?
- J. El cuarto de baño <u>está</u> al fondo del pasillo. 그 화장실은 복도의 안쪽에 있습니다.

2
- A. ¿Dónde está mi libro?
- B. Tu libro está debajo de la mesa.
- C. ¿Cuántos estudiantes hay en la clase?
- D. Hay unos cinco estudiantes.
- E. Delante de mi casa hay un supermercado.
- F. ¿Dónde está el Supermercado Cheil?
- G. ¿Hay una farmacia cerca de aquí?
- H. ¿Está la farmacia Seúl cerca de aquí?
- I. ¿Cuál es su profesión?
- J. Nuestra oficina está detrás de aquel edificio.

너무 웃긴 스페인어

En la calle 거리에서

Iban 2 borrachos caminando por la calle y uno le decía al otro:
   이-반 도스 보르라-초스 까미난-도 뽀르 라 까-예이 우노 레 데씨-아 알 오-뜨로
술 취한 사내 2명이 길을 걷다가 말을 한다.

"oye que esa es la luna."
   오-예 께 에-사 에스 라 루-나
사내1: 야...저 달 좀 봐봐.

Y el otro decía: "oye que ese es el sol."
   이 엘 오-뜨로 데씨-아 오-예 께 에-세 에스 엘 솔
사내2: 얌마, 저건 태양이잖아...

Y así se la pasaron como una hora hasta que viene pasando otro borracho,
   이 아씨 세 라 빠사-론 꼬-모 우나 오-라 아스따 께 비에-네 빠산-도 오-뜨로 보르라-초
2명이 약 1시간 동안 실랑이를 벌이다가 다른 술 취한 사내가 지나가는 것을 목격한다.

y ellos le preguntan: "ven acá mi hermano, ¿esa es la luna o el sol?"
   이 에-요스 레 쁘레군-딴 벤 아까 미 에르마-노 에-사 에스 라 루-나 오 엘 솔
그래서 그를 불러 세우고 물어본다. 어이~당신이 보기에 저게 달이야 아님 태양이야?

A mí no me pregunten que yo no soy de este barrio.
   아 미 노 메 쁘레군-뗀 께 요 노 소이 데 에-스떼 바-리오
사내3: 난 이 동네 사람 아니니까 묻지 마세요~~

CAPÍTULO 3

01 Hoy hace buen tiempo.
오늘은 날씨가 좋아요.

02 ¿Qué vas a hacer mañana?
너 내일 뭐할거니?

03 Tengo mucha hambre.
배가 몹시 고파요.

04 Te invito a cenar.
저녁식사에 너를 초대한다.

Unidad 01

Hoy hace buen tiempo.

1. 날씨의 표현
2. 직설법현재 불규칙 동사 (1): 어간모음변화 동사
- 연습문제
- 히스패닉 문화산책_스페인의 포도주
- 연습문제 정답

제 1과
오늘은 날씨가 좋아요.
Hoy hace buen tiempo. [오이 아쎄 부엔 띠엠뽀]

대화하기

1

Daniel : ¿Qué tiempo hace hoy?
다니엘— 께— 띠엠—뽀 아—쎄 오이

Teresa : Hace mucho frío.
떼레—사 아—쎄 무—초 후리—오

Daniel : ¿Qué estación prefieres?
다니엘— 께— 에스따씨온— 쁘레휘에—레스

Teresa : Prefiero el invierno.
떼레—사 쁘레휘에—로 엘 임비에—르노

Daniel : ¿Por qué?
다니엘— 뽀르 께

Teresa : Porque puedo ir a esquiar en invierno.
떼레—사 뽀—르께 뿌에—도 이르 아 에스끼아—르 엔
임비에—르노

Y tú, ¿qué estación prefieres?
이 뚜 께— 에스따씨온— 쁘레휘에—레스

다니엘 : 오늘 날씨가 어떠니?
떼레사 : 날씨가 아주 추운데.
다니엘 : 너는 무슨 계절을 더 좋아하니?
떼레사 : 나는 겨울을 더 좋아해.
다니엘 : 왜?
떼레사 : 왜냐하면 겨울에는 스키를 탈 수 있기 때문이지. 너는 무슨 계절을 더 좋아하니?

제 1과 Hoy hace buen tiempo. _ 153

2

Daniel: Prefiero el verano.
다니엘- 쁘레휘에-로 엘 베라-노

Teresa: ¿Por qué?
떼레-사 뽀르 께-

Daniel: Porque puedo ir a la playa para nadar con mis amigos. ¿No quieres ir a la playa con nosotros en estas vacaciones de verano?
다니엘- 뽀-르께 뿌에-도 이르 아 라 쁠라-야 빠라 나다-르 꼰 미스 아미-고스 노 끼에-레스 이르 알 라 쁠라-야 꼰 노소-뜨로스 엔 에-스따스 바까씨오-네스 데 베라-노

Teresa: ¡Vale! Buena idea.
떼레-사 발-레 부에-나 이데-아

다니엘 : 나는 여름이 더 좋아.
떼레사 : 왜?
다니엘 : 수영하러 친구들과 해수욕장에 갈 수 있기 때문이지. 이번 여름 방학에 우리와 함께 해수욕장에 가지 않을래?
떼레사 : 물론이지! 좋은 생각이야.

단어 확인

hoy [오이] 오늘
el tiempo [띠엠-뽀] 날씨, 기간
la estación [에스따씨온-] 계절, 역
el invierno [임비에-르노] 겨울
porque [뽀-르께] 왜냐하면
ir [이르] 가다
el verano [베라-노] 여름
nadar [나다-르] 수영하다
buena idea [부에-나 이데-아] 좋은 생각
estas vacaciones de verano [에-스따스 바까씨오-네스 데 베라-노] 이번 여름 방학

hace [아-쎄] 날씨를 나타내는 표현의 동사
el frío [후리-오] 추위
preferir [쁘레훼리-르] ~을 더 좋아하다
¿por qué? [뽀르 께-] 왜?
poder [뽀데-르] ~할 수 있다
esquiar [에스끼아-르] 스키 타다
la playa [쁠라-야] 해수욕장
querer + 동사원형 ~하기를 원하다

문법알기

1 날씨의 표현

날씨를 말하는 표현을 배워봅시다. 스페인어는 날씨를 표현하기 위해서 '~하다, ~을 만들다'의 뜻을 지닌 동사 hacer를 씁니다. 당연히 3인칭 단수를 써야합니다.

hacer 하다
아쎄-르

hago 아-고	**hacemos** 아쎄-모스
haces 아-쎄스	**hacéis** 아쎄-이스
hace 아-쎄	**hacen** 아-쎈

날씨를 묻고 대답할 때는 동사 hacer의 3인칭 단수 hace[아-쎄]를 사용한다는 사실을 잊지 마시고 다음의 표현을 익혀보도록 합시다.

¿Qué tiempo hace hoy?
께- 띠엠-뽀 아-쎄 오이
오늘 날씨가 어떤가요?

Hoy hace mucho calor.
오이 아-쎄 무-초 깔로-르
오늘은 매우 더워요.

Hace sol ahora.
아-쎄 솔 아오-라
지금 해가 납니다.

Hace viento.
아-쎄 비엔-또
오늘은 바람이 불어요.

Hace buen tiempo.
아-쎄 부엔 띠엠-뽀
오늘은 날씨가 좋습니다.

Hace mal tiempo.
아-쎄 말 띠엠-뽀
오늘은 날씨가 나쁘네요.

En invierno hace mucho frío.
엔 인비에-르노 아-쎄 무초 후리-오

겨울에는 무척 춥습니다.

En otoño hace fresco.
엔 오또-뇨 아-쎄 후레-스꼬

가을에는 선선합니다.

기억하세요!

'bueno[부에-노] 좋은'와 'malo[말-로] 나쁜'는 남성단수 명사 앞에서 어미 -o가 탈락하는 형용사입니다. 그래서 남성단수명사 tiempo[띠엠-뽀] 앞에서 각각 buen과 mal이 된 것입니다. 다음의 표현도 같은 표현이니 익혀두세요.

Hace **buen** día. 날씨가 좋네요.
아-쎄 부엔 디-아
Hace **mal** día. 날씨가 나쁘네요.
아-쎄 말 디-아

그러나 '비가 오다', '눈이 오다'의 표현은 hace를 쓰지 않고 각각 동사 llover[요베-르]와 nevar[네바-르]를 씁니다. 또한 이 두 동사는 현재시제에서 어간모음이 변화하는 동사이므로 3인칭 단수는 각각 llueve[유에-베], nieva[니에-바]가 됩니다.

Llueve mucho en verano.
유에-베 무-초 엔 베라-노

여름에는 비가 많이 옵니다.

Nieva mucho en invierno.
니에-바 무-초 엔 인비에-르노

겨울에는 눈이 많이 옵니다.

다음의 날씨 표현들도 배워보도록 합시다. 이 표현들은 무조건 외우세요.

Hay mucha niebla.
아이 무-차 니에-블라

안개가 많이 끼었네요.

Está nublado.
에스따- 누블라-도

날씨가 흐리네요.

Está despejado.
에스따- 데스뻬하-도

맑게 개었다.

❷ 직설법현재 불규칙동사 (1): 어간모음변화 동사

스페인어의 동사에는 직설법 현재에서 어간의 모음이 변화하는 동사가 있습니다. 그렇다고 따로따로 변화하는 것이 아니고 크게 3개의 그룹이 있습니다. 대부분 이 그룹에 속해 있기 때문에 다음에 제시하는 기본 동사들의 변화형을 익히면 같은 변화를 하는 다른 동사들도 쉽게 알 수 있을 것입니다.

그리고 또 알아두셔야 할 중요한 포인트는 '직설법 현재에서 어간모음변화 동사일지라도 복수 1인칭과 복수 2인칭은 변화하지 않는다는 사실'입니다.

1. 어간모음 -e 가 -ie로 변하는 동사

empezar 시작하다 엠뻬사─르	entender 이해하다 엔뗀데─르	preferir ~을 더 좋아하다 쁘레훼리─르
empiezo 엠삐에─소	entiendo 엔띠엔─도	prefiero 쁘레휘에─로
empiezas 엠삐에─사스	entiendes 엔띠엔─데스	prefieres 쁘레휘에─레스
empieza 엠삐에─사	entiende 엔띠엔─데	prefiere 쁘레휘에─레
empezamos 엠뻬사─모스	entendemos 엔뗀데─모스	preferimos 쁘레훼리─모스
empezáis 엠뻬사─이스	entendéis 엔뗀데─이스	preferís 쁘레훼리─스
empiezan 엠삐에─산	entienden 엔띠엔─덴	prefieren 쁘레휘에─렌

La clase empieza temprano.
라 끌라─세 엠삐에─사 뗌쁘라─노
수업은 일찍 시작합니다.

Yo no entiendo esta palabra.
요 노 엔띠엔─도 에─스따 빨라─브라
나는 이 단어를 이해하지 못합니다.

Yo prefiero el café.
요 쁘레휘에─로 엘 까훼─
나는 커피를 더 좋아합니다.

제 1과 Hoy hace buen tiempo. _ 157

같은 변화를 하는 동사들이 많이 있습니다. 다음의 동사들을 큰소리로 외워보도록 하세요.

cerrar 닫다 : **cierro, cierras, cierra, cerramos, cerráis, cierran**
쎄ㄹ라-르　　　씨에-ㄹ로　씨에-ㄹ라스　씨에-ㄹ라　쎄ㄹ라-모스　쎄ㄹ라-이스　씨에-ㄹ란

pensar 생각하다 : **pienso, piensas, piensa,**
뻰사-르　　　　　삐엔-소　삐엔-사스　삐엔-사
pensamos, pensáis, piensan
뻰사-모스　뻰사-이스　삐엔-산

querer 원하다, 사랑하다 : **quiero, quieres, quiere,**
께레-르　　　　　　　　끼에-로　끼에-레스　끼에-레
queremos, queréis, quieren
께레-모스　께레-이스　끼에-렌

perder 잃다 : **pierdo, pierdes, pierde, perdemos, perdéis, pierden**
뻬르데-르　　　삐에-르도　삐에-르데스　삐에-르데　뻬르데-모스　뻬르데-이스　삐에-르덴

encender 켜다 : **enciendo, enciendes, enciende,**
엔쎈데-르　　　　엔씨엔-도　엔씨엔-데스　엔씨엔-데
encendemos, encendéis, encienden
엔쎈데-모스　엔쎈데-이스　엔씨엔-덴

mentir 거짓말하다 : **miento, mientes, miente,**
멘띠-르　　　　　　　미엔-또　미엔-떼스　미엔-떼
mentimos, mentís, mienten
멘띠-모스　멘띠-스　미엔-뗀

sentir 느끼다, 유감이다 : **siento, sientes, siente,**
센띠-르　　　　　　　　시엔-또　시엔-떼스　시엔-떼
sentimos, sentís, sienten
센띠-모스　센띠-스　시엔-뗀

Ellos cierran la puerta a las once de la noche. 그들은 밤 11시에 문을 닫습니다.
에-요스 씨에-ㄹ란 라 뿌에-르따 알 라스 온-쎄 델 라 노-체

Siempre pienso en mis padres. 나는 항상 부모님을 생각한다.
시엠-쁘레　삐엔-소　엔　미스　빠드레스

Quiero ir al mar con mis amigos. 나는 내 친구들과 함께 바다에 가고 싶습니다.
끼에-로　이르 알　마르　꼰　미스　아미-고스

Te quiero mucho. 나는 너를 매우 사랑해.
떼 끼에―로 무―초

No debes perder tu pasaporte. 너는 너의 여권을 잃어버려서는 안 된다.
노 데―베스 뻬르데―르 뚜 빠사뽀―르떼

Mi hermano enciende la luz. 내 동생은 불을 켠다.
미 에르마노 엔씨엔―데 라 루쓰

Los niños mienten a su profesora. 어린아이들은 그들의 선생님에게 거짓말을 한다.
로스 니―뇨스 미엔―뗀 아 수 쁘로훼소―라

Lo siento mucho. 죄송합니다. (유감으로 생각합니다.)
로 시엔―또 무―초

기억하세요

시간과 함께 쓰일 때는 '오전, 오후, 밤' 앞에 언제나 전치사 de를 써야 합니다.

a las nueve de la mañana 오전 9시에
알 라스 누에―베 델 라 마냐―나

a las dos de la tarde 오후 2시에
알 라스 도스 델 라 따―르데

a las once de la noche 밤 11시에
알 라스 온―쎄 델 라 노―체

단어 확인

el tiempo [띠엠―뽀] 날씨, 시간
el calor [깔로―르] 더위
el verano [베라―노] 여름
el otoño [오또―뇨] 가을
la niebla [니에―블라] 안개
la clase [끌라―세] 수업, 교실
esta [에―스따] 이 (지시형용사)

hoy [오이] 오늘
el viento [비엔―또] 바람
el invierno [임비에―르노] 겨울
el fresco [후레―스꼬] 시원함
nublado [누블라―도] 흐린
temprano [뗌쁘라―노] 일찍
la palabra [빨라―브라] 단어

기억하세요

- 'pensar[뻰사르] 생각하다' 동사 다음에 명사나 대명사가 오면 전치사 en[엔]을 써야합니다.

Pienso en mi futuro. 나는 나의 미래를 생각한다.
삐엔-소 엔 미 후뚜-로

Mi padre piensa en su familia. 나의 아버지는 당신의 가족을 생각하신다.
미 빠-드레 삐엔-사 엔 수 화밀-리아

- querer + 동사원형: ~하기를 원하다

Quiero hablar muy bien el español. 나는 스페인어를 매우 잘 말하고 싶다.
끼에-로 아블라-르 무이 비엔 엘 에스빠뇰-

- 동사 'ir[이르] 가다'는 다음에 전치사 a를 써야 합니다. (ir + a +장소)

- no deber + 동사원형 : ~해서는 안 된다, deber + 동사원형 : ~해야만 한다

Debes ir al cine. 너는 영화관에 가야만 한다.
데-베스 이르 알 씨-네

No debes ir al cine. 너는 영화관에 가서는 안된다.
노 데-베스 이르 알 씨-네

- 다음의 빈도부사를 꼭 외우도록 하세요.

siempre	항상	con frecuencia	빈번하게
씨엠-쁘레		꼰 흐레꾸엔-씨아	
a menudo	자주	a veces	가끔
아 메누-도		아 베-쎄스	
todos los días	매일	todo el día	하루 종일
또-도스 로스 디아쓰		또-도 엘 디아	
de vez en cuando	어쩌다 한 번, 드물게, 때때로		
데 베쓰 엔 꾸안-도			

단어 확인

la puerta [뿌에-르따] 문
pensar [뻰사-르] 생각하다
lo [로] 그것을, 그 사실을
¿Cuántas horas? [꾸안-따스 오-라스] 몇 시간?

siempre [시엠-쁘레] 항상
mis padres [미스 빠-드레스] 나의 부모님
¿Con quién? [꼰 끼엔-] 누구와 함께?
ocho [오-초] 8

2. 어간모음 -o가 -ue로 변하는 동사

almorzar 점심 먹다 알모르사-르	**poder** ~을 할 수 있다 뽀데-르	**dormir** 자다 도르미-르
alm**ue**rzo 알무에-르소	p**ue**do 뿌에-도	d**ue**rmo 두에-르모
alm**ue**rzas 알무에-르사스	p**ue**des 뿌에-데스	d**ue**rmes 두에-르메스
alm**ue**rza 알무에-르사	p**ue**de 뿌에-데	d**ue**rme 두에-르메
almorzamos 알모르사-모스	podemos 뽀데-모스	dormimos 도르미-모스
almorzáis 알모르사-이스	podéis 뽀데-이스	dormís 도르미-스
alm**ue**rzan 알무에-르산	p**ue**den 뿌에-덴	d**ue**rmen 두에-르멘

¿Con quién almuerzas hoy? 너는 오늘 누구와 점심식사를 하니?
꼰 끼엔- 알무에-르사스 오이

Almuerzo con mis amigos. 내 친구들과 점심식사를 할거야.
알무에-르소 꼰 미스 아미-고스

¿Puede Ud. hablar español? 당신은 스페인어를 말할 수 있습니까?
뿌에-데 우스뗏 아블라-르 에스빠뇰-

Sí, puedo hablar español un poco. 네, 나는 스페인어를 조금 말할 수 있습니다.
씨 뿌에-도 아블라-르 에스빠뇰- 운 뽀-꼬

¿Cuántas horas duermes? 너는 몇 시간 잠을 자니?
꾸안-따스 오-라스 두에-르메스

Duermo ocho horas al día. 하루에 8시간씩 자고 있어.
두에-르모 오-초 오-라스 알 디-아

기억하세요!

- poder + 동사원형 : ~할 수 있다

Podemos llegar a casa temprano. 우리는 집에 일찍 도착할 수 있다.
뽀데-모스   예가-르 아 까사   뗌쁘라-노

- 다음의 표현을 꼭 외우도록 합시다.

una hora al día, 혹은 una hora por día 하루에 1시간
우나 오라 알 디-아   우나 오-라 뽀르 디-아
una vez a la semana, 혹은 una vez por semana 일주일에 한번
우나 베쓰 알 라 세마-나   우나 베쓰 뽀르 세마-나
una vez al mes, 혹은 una vez por mes 한 달에 한번
우나 베쓰 알 메스   우나 베쓰 뽀르 메스
una vez al año, 혹은 una vez por año 일 년에 한번
우나 베쓰 알 아-뇨   우나 베쓰 뽀르 아-뇨

같은 변화를 하는 동사들이 많이 있습니다. 다음의 동사들을 큰소리로 외워보도록 하세요.

contar 세다 : **cuento, cuentas, cuenta, contamos, contáis, cuentan**
꼰따-르   꾸엔-또 꾸엔-따스 꾸엔-따 꼰따-모스 꼰따-이스 꾸엔-딴

costar 비용이 들다, 값이 ~나가다 : **cuesto, cuestas, cuesta,**
꼬스따-르   꾸에-스또 꾸에-스따스 꾸에-스따
costamos, costáis, cuestan
꼬스따-모스 꼬스따-이스 꾸에-스딴

volver 돌아오다 : **vuelvo, vuelves, vuelve,**
볼베-르   부엘-보 부엘-베스 부엘-베
volvemos, volvéis, vuelven
볼베-모스 볼베-이스 부엘-벤

devolver 반환하다 : **devuelvo, devuelves, devuelve,**
데볼베-르   데부엘-보 데부엘-베스 데부엘-베
devolvemos, devolvéis, devuelven
데볼베-모스 데볼베-이스 데부엘-벤

morir 죽다 : **muero, mueres, muere, morimos, morís, mueren**
모리-르   무에-로 무에-레스 무에-레 모리-모스 모리-스 무에-렌

Ellos cuentan los billetes. 그들은 지폐를 세고 있다.
에-요스 꾸엔-딴 로스 비예-떼스

¿Cuánto cuesta el diccionario? 그 사전은 얼마입니까?
꾸안-또 꾸에-스따 엘 딕씨오나-리오

Cuesta 25.000(veinticinco mil) wones. 2만5천원입니다.
꾸에-스따 베인띠씽-꼬 밀 워-네스

¿Cuándo vuelven sus alumnos? 당신의 학생들은 언제 돌아옵니까?
꾸안-도 부엘-벤 수스 알룸-노스

¿Cuándo me devuelves el dinero? 언제 나에게 돈을 갚을 거니?
꾸안-도 메 데부엘-베스 엘 디네-로

Mañana te devuelvo el dinero 내일 너에게 돈을 갚을게.
마냐-나 떼 데부엘-보 엘 디네-로

Los hombres mueren. 인간들은 죽는다.
로스 옴-브레스 무에-렌

3. 어간모음 -e가 -i로 변하는 동사

servir 봉사하다, (식사를)제공하다
세르비-르

sirvo 시-르보	**servimos** 세르비-모스
sirves 시-르베스	**servís** 세르비-스
sirve 시-르베	**sirven** 시-르벤

단어 확인

la hora [오-라] 시간
el billete [비예-떼] 지폐
mil [밀] 천, 1,000

al día [알 디-아] 하루에
el diccionario [딕씨오나-리오] 사전
te [떼] 너에게 (간접목적대명사)

El camarero sirve la leche. 웨이터가 우유를 제공한다.
엘 까마레로 시르베 라 레체

¿Para qué sirve esta máquina? 이 기계는 무엇에 쓰는 건가요?
빠라 께 시르베 에스따 마끼나

Sirve para cortar las telas. 천을 자르는데 쓰입니다.
시르베 빠라 꼬르따르 라스 뗄라스

Este libro de gramática me sirve mucho. 이 문법책은 내게 많은 도움을 준다.
에스떼 리브로 데 그라마띠까 메 시르베 무초

같은 변화를 하는 동사들이 많이 있습니다. 다음의 동사들을 큰소리로 외워보도록 하세요.

pedir 요구하다, 주문하다 : **pido, pides, pide, pedimos, pedís, piden**
뻬디르 삐도 삐데스 삐데 뻬디모스 뻬디스 삐덴

repetir 반복하다 : **repito, repites, repite, repetimos, repetís, repiten**
ㄹ레뻬띠르 ㄹ레삐또 ㄹ레삐떼스 ㄹ레삐떼 ㄹ레뻬띠모스 ㄹ레뻬띠스 ㄹ레삐뗀

seguir 계속하다 : **sigo, sigues, sigue, seguimos, seguís, siguen**
세기르 시고 시게스 시게 세기모스 세기스 시겐

reír 웃다 : **río, ríes, ríe, reímos, reís, ríen**
ㄹ레이르 ㄹ리오 ㄹ리에스 ㄹ리에 ㄹ레이모스 ㄹ레이스 ㄹ리엔

Isabel pide dinero a sus padres. 이사벨은 그녀의 부모님에게 돈을 요구한다.
이사벨 삐데 디네로 아 수스 빠드레스

Ellos piden una sopa de cebolla. 그들은 양파스프를 주문한다.
예요스 삐덴 우나 소빠 데 쎄보야

Yo voy a pedir una ensalada. 나는 샐러드를 주문할 거야.
요 보이 아 뻬디르 우나 엔살라다

Los alumnos repiten las frases. 학생들은 문구를 반복해 읽는다.
로스 알룸노스 ㄹ레삐뗀 라스 후라세스

Ella repite la sopa. 그녀는 스프를 더 먹습니다.
예야 ㄹ레삐떼 라 소빠

Seguimos cantando.
세가-모스   깐딴-도

우리는 계속해서 노래하고 있다.

El niño sigue llorando.
엘 니-뇨 시-게   요란-도

아이는 계속 울고 있다.

El bebé ríe siempre.
엘 베베- ㄹ라-에 시엠-쁘레

아기는 항상 웃는다.

기억하세요

- 동사 'ir[이르] 가다'는 불규칙동사입니다. 직설법현재는 voy[보이], vas[바스], va[바], vamos[바모스], vais[바이스], van[반]이 됩니다.
그리고 'ir a + 동사원형'은 '~할 것이다, ~할 예정이다'가 됩니다.

Voy a ir al cine mañana. 나는 내일 영화관에 갈 것이다.
보이 아 이르 알 씨-네 마냐-나

Voy a estudiar en casa esta noche. 나는 오늘 밤에 집에서 공부할 것이다.
보이 아 에스뚜디아르 엔 까-사 에-스따 노-체

- seguir [세가-르] +현재분사: '계속해서 ~하고 있는 중이다'. -ar형은 -ando[안-도], -er형과 -ir형은 -iendo[이엔-도]를 붙여 현재분사형을 만들면 됩니다.

hablar[아블라-르] – hablando[아블란-도]
comer[꼬메-르]   – comiendo[꼬미엔-도]
vivir[비비-르]   – viviendo[비비엔-도]

단어 확인

la máquina[마-끼나] 기계
la tela[뗄-라] 천
me [메] 나에게, 나를
la sopa [소-빠] 스프
ir a + 동사원형 ~할 예정이다, ~할 것이다.
cantar [깐따-르] 노래하다

cortar[꼬르따-르] 자르다
el libro de gramática [라 브로 데 그라마-띠까] 문법책
a [아] ~에게, ~를
la cebolla [쎄보-야] 양파
la ensalada [엔살라-다] 샐러드
llorar [요라-르] 울다

연습문제

1 다음 문장에 알맞게 동사변화를 써 넣으세요.

A. Nosotros _____ (querer) viajar por México.

B. ¿Cuándo me _____ (devolver) Ud. el dinero.

C. Ella _____ (poder) cantar 'La Bamba'.

D. El vendedor _____ (envolver) la camiseta.

E. Teresa _____ (perder) siempre el autobús.

F. Ellos no _____ (entender) el problema.

G. El niño _____ (encender) la televisión.

H. ¿Cuándo _____ (volver) vosotros a casa?

I. Mi novia siempre _____ (pedir) una sopa de verduras.

J. ¿Cuántas horas _____ (dormir) tu madre?

❷ 다음의 문장을 스페인어로 작문하시오.

A. 오늘은 날씨가 춥습니다.
　➡

B. 오늘은 바람이 많이 붑니다.
　➡

C. 한국에서는 여름에 날씨가 덥다.
　➡

D. 오늘의 날씨는 어떤가요?
　➡

E. 겨울에는 눈이 많이 온다.
　➡

F. 아버지는 내일 돌아오신다.
　➡

G. 나는 검은색 원피스를 하나 사고 싶다. (el vestido negro 검은색 원피스)
　➡

H. 나는 오늘 하루 종일 자고 싶다. (hoy 오늘, todo el día 하루 종일)
　➡

I. 우리는 커피를 더 좋아한다.
　➡

J. 그녀는 스테이크를 주문한다. (el bistec 스테이크)
　➡

히스패닉 문화 산책

스페인의 포도주

　거의 모든 카페나 바에서는 타파스(Tapas)를 파는데 오징어튀김, 정어리 초절임, 버섯구이, 오믈렛 등 그 종류가 매우 다양하며 스페인 사람들은 이것을 간식으로 즐긴다. 긴 바게트 빵에 여러 가지 재료들로 속을 채운 보카디요(Bocadillo) 역시 인기 간식거리이다.

　스페인 요리의 다양성은 세계적으로도 정평이 나있다. 비노(Vino : 와인)와 아쎄이떼(Aceite : 올리브유)가 그 비법으로 알려져 있는데, 지중해성 기후가 만들어낸 이 두 가지에 명물에 대해 스페인 사람들은 "비노(와인)가 우리의 마음을 만들며, 아쎄이떼(올리브유)가 그것을 맑게 한다"고 자랑한다.

　스페인은 '투우', '플라맹고', '피카소', '정열의 나라'등의 대표적 아이콘 외에도 프랑스와 이탈리아에 이은 '세계 3위의 와인 생산국'이라는 타이틀을 보유하고 있다. 포도밭 면적은 가장 넓지만 날씨가 건조하고 관개가 법으로 금지되어 있어 재배 면적당 포도수확량은 많지 않은 편이다. 그리고 품질에 대한 인식이 낮고 아직도 전근대적인 방식으로 와인을 생산하는 곳이 많다. 이 지역 와인이 세계 최대 포도밭 면적에 비해 생산량이 1위를 차지하지 못하는 이유이다. 하지만 1900년대부터 활발한 투자로 많은 성장을 하고 있고 우수한 와인을 만들기 위한 노력을 하고 있다고 한다. 유명 와인 생산지에는 대체로 그들만의 와인 원산지 명칭 통제 제도가 있는데 스페인에도 프랑스의 A.O.C 와 유사한 DO(**Denominación de Origen**, [데노미나시온- 데 오리-헨]) 제도를 실시하고 있다.

〈스페인 주요 와인 생산 지역〉

* **Rioja**(리오하) 보르도 스타일의 고급와인이 나오는 곳으로 스페인에서 가장 좋은 와인을 생산하는 대표적인 곳이다. 4만 5천 헥타르에 기후는 해양성으로 포도 재배에 이상적이다. 19세기 피록세라가 창궐할 무렵 프랑스의 와인 기술자들이 이곳으로 와서 기술과 경험을 전수하여, 이곳 와인의 품격을 높이게 되었다.

* **Penedes**(뻬네데스) 최신 기술을 사용한 고급와인이 나오는 곳이다. 바로셀로나 인근의 지중해 연안에 위치하며, 북으로는 피레네 산맥이 둘러싸고 있고, 동남쪽으로는 지중해 쪽에 면한 산기슭에서 점점 높은 지역으

히스패닉 문화 산책

로 올라가면서 포도원이 있다. 지난 20년 동안 이 지역에서 포도원을 확장하여 스페인의 지도를 바꿀 정도로 이 지역을 리오하 지역과 동등하게 유명한 지역으로 만들었다.

* **Ribera del Duero(리베라 델 두에로)** 스페인에서 가장 비싼 와인을 만드는 새로운 산지이다.
* **Jerez(헤레스):** 헤레스의 영어식 발음인 '세리(Sherry)'로 세계에 알려진 곳이다. 스페인에는 다른 나라와는 차별화된 몇 가지 와인을 만들어 내는데, 그 중 하나가 '세리(Sherry)'와인이다. 세리는 스페인 와인의 3% 밖에 되지 않지만, 일찍부터 영국 상인들이 세계로 퍼트린 세계적인 '식전주(Aperitif)'라고 한다. 세리와인은 원래 '헤레스(Jerez) 지방에서 생산되는 와인'을 뜻하는데 영국 사람들이 이 '헤레스(Jerez)' 발음을 정확히 하지 못하고 영국식으로 고쳐서 발음했기 때문에 지금의 'Sherry'가 되었다고 한다. 원료는 빨로미노(palomino)라는 청포도를 주로 사용한다. 스페인만의 독특한 와인, 세리는 제조 과정도 독특하다. 포도를 수확해서 압착한 후에 통에 넣고 뚜껑을 열어두고 발효를 시키는데 이 때 와인 표면에 백색 이스트 막이 생긴다고 한다. 이 이스트 막이 꼭 꽃처럼 생겨서 스페인어로는 플로르(flor)라고 하고 영어로는 플라워(flower)라고 부른다. 이 플로르는 알코올 도수에 따라 생기기도 하고, 생기지 않기도 하는데 플로르가 형성되면 여기서 나오는 향기가 마치 갓 구워낸 따뜻한 빵에서 나오는 향기처럼 서양인들의 식욕을 자극시키는 효과가 있어서 식전주로 세리가 사용된다고 한다.
* **la Mancha(라 만차):** 가장 많은 양의 와인이 나오는 곳이다.

스페인 와인의 숙성 규정

- 끄리안사(Crianza) 24개월의 숙성, 6개월은 330리터의 작은 오크통 숙성
- 레세르바(Reserva) 36개월의 숙성, 1년은 오크통에서 숙성
- 그란 레세르바(Gran Reserva) 60개월의 숙성, 18개월은 오크통에서 숙성

스페인 와인 용어 해설

- Blanco(블랑꼬) 화이트 와인
- Rosado(로사도) 로제
- Cava(까바) 발포성 와인(샴페인 방식)
- Seco(세꼬) 드라이한 맛
- Vendimia(벤디미아) 수확
- Criado y embotellado por(끄리아도 이 엠보떼야도 뽀르) 포도 재배한곳에서 병입.
- Tinto(띤또) 레드 와인
- Espumoso(에스뿌모소) 스파클링 와인
- Dulce(둘세) 단맛
- Cosecha(꼬세차) 빈테이지, 수확물
- Bodega(보데가) 셀러

연습문제 정답

1
A. Nosotros queremos viajar por México. 우리는 멕시코를 여행하기를 원한다.
노소−뜨로스 께레−모스 비아하−르 뽀르 메−히꼬

B. ¿Cuándo me devuelve Ud. el dinero. 언제 당신은 네게 돈을 갚으실 건가요?
꾸안−도 메 데부엘−베 우스뗏−엘 디네−로

C. Ella puede cantar 'La Bamba'. 그녀는 '라 밤바'를 부를 수 있다.
에−야 뿌에−데 깐따−르 라 밤바

D. El vendedor envuelve la camiseta. 상인은 티셔츠를 포장하고 있다.
엘 벤데도−르 엠부엘−베 라 까미세−따

E. Teresa pierde siempre el autobús. 떼레사는 항상 버스를 놓친다.
떼레−사 삐에−르데 시엠−쁘레 엘 아우또부−스

F. Ellos no entienden el problema. 그들은 그 문제를 이해하지 못한다.
에−요스 노 엔띠엔−덴 엘 쁘로블레−마

G. El niño enciende la televisión. 어린아이는 텔레비전을 켠다.
엘 나−뇨 엔씨엔−데 라 뗄레비시온−

H. ¿Cuándo volvéis vosotros a casa? 너희들은 언제 집에 돌아올 거니?
꾸안−도 볼베−이스 보소−뜨로스 아 까사

I. Mi novia siempre pide una sopa de verduras. 내 애인은 항상 야채스프를 주문한다.
미 노−비아 시엠−쁘레 삐−데 우나 소−빠 데 베르두−라스

J. ¿Cuántas horas duerme tu madre? 너의 어머니는 몇 시간 주무시니?
꾸안−따스 오−라스 두에−르메 뚜 마드레

2
A. Hoy hace frío.
오이 아−쎄 후라−오

B. Hoy hace mucho viento.
오이 아−쎄 무−초 비엔−또

C. En Corea hace calor en verano.
엔 꼬레−아 아−쎄 깔로−르 엔 베라−노

D. ¿Qué tiempo hace hoy?
께 띠엠−뽀 아−쎄 오이

E. En invierno nieva mucho.
엔 임비에−르노 니에−바 무−초

F. Mi padre vuelve mañana.
미 빠−드레 부엘−베 마냐−나

G. Quiero comprar un vestido negro.
끼에−로 꼼쁘라−르 운 베스띠−도 네−그로

H. Hoy quiero dormir todo el día.
오이 끼에−로 도르미−르 또−도 엘 디−아

I. Preferimos el café.
쁘레훼리−모스 엘 까훼−

J. Ella pide un bistec.
에−야 삐−데 운 비스떽

스페인어 관용표현

◇ Media naranja [메-디아 나랑-하] 제 짝

자기의 반쪽, 반려자의 의미로 **media naranja** (반쪽의 오렌지)라고 표현한다. '백마 탄 왕자'는 **un príncipe azul** [운 쁘린-씨뻬 아술]이라고 한다. 파란색은 귀족을 나타내는 색이다. 그 이유는 귀족들은 별로 햇빛을 보지 않아서 피부가 하얗기 때문에 핏줄이 보여 파란색을 띠었기 때문이라고 한다.

Todavía ella no ha encontrado a su media naranja.
또다비-아 에-야 노 아 엔꼰뜨라-도 아 수 메-디아 나랑-하
아직도 그녀는 자기의 짝을 못 만났어.

Ya encontré a mi media naranja y me voy a casar este otoño.
야 엔꼰뜨레- 아 미 메-디아 나랑-하 이 메 보이 아 까사-르 에-스떼 오또-뇨
나는 이미 내 짝을 만났어, 이번 가을에 결혼할 거야.

¿Dónde estará mi príncipe azul? 나의 백마 탄 왕자는 어디 있을까?
돈-데 에스따라- 미 쁘린-씨뻬 아술-

◇ El corazón de melón [엘 꼬라손- 데 멜론-] 사랑하는 사람을 칭하는 말

호격으로는 사용될 수는 없다. 애인 등 사랑하는 사람을 일컫는 말로 경우에 따라서 갓난아이에게도 **mi corazoncito(a) de melón** [미 꼬라손씨-또 데 멜론-]이라고 할 수 있다. '내 사랑'이라고 부르는 호격일 경우에는 일반적으로 '**mi amor** [미 아모-르]'라고 한다.

Le voy a comprar una corbata a mi corazón de melón.
레 보이 아 꼼쁘라-르 우나 꼬르바-따 아 미 꼬라손- 데 멜론-
내 사랑하는 사람에게 넥타이를 사줄 거야.

Ahora mismo la voy a llamar a mi corazón de melón.
아-오라 미스모 라 보이 아 야마-르 아 미 꼬라손- 데 멜론-
지금 당장 내 사랑하는 사람에게 전화를 할 거야.

¿A qué hora vas a llegar a casa, mi amor?
아 께 오-라 바스 아 예가-르 아 까-사 미 아모-르
자기야, 몇 시에 집에 도착할 거야?

Unidad 02

¿Qué vas a hacer mañana?

1. 동사 ir (가다)
2. ir a + 동사원형 : ~할 것이다. ~할 예정이다
3. 동사 tener(가지다)
4. tener que + 동사원형: ~해야만 한다.
5. poder + 동사원형: ~할 수 있다
6. 부사
7. 숫자 (1)
8. 시간의 표현
- 연습문제
- 히스패닉 문화산책_생일
- 연습문제 정답

제 2과
너 내일 뭐 할 거니?
¿Qué vas a hacer mañana?
[께 바스 아 아쎄-르 마냐-나]

대화하기

1

Alfonso : Isabel, ¿qué vas a hacer mañana?
알폰-소 이사벨- 께 바스 아 아쎄-르 마냐-나

Isabel : No sé. ¿Por qué?
이사벨- 노 세- 뽀르 께-

Alfonso : Mañana es mi cumpleaños. ¿Puedes venir a mi casa?
알폰-소 마냐-나 에스 미 꿈쁠레아-뇨스 뿌에-데스 베니-르 아 미 까-사

Isabel : Por supuesto. ¿A qué hora empieza la fiesta?
이사벨- 뽀르 수뿌에-스또 아 께 오-라 엠삐에-사 라 휘에-스따

Alfonso : A las ocho de la noche.
알폰-소 알 라스 오-초 델 라 노-체

Isabel : ¿Vas a invitar a muchos amigos?
이사벨- 바스 아 임비따-르 아 무-초스 아미-고스

Alfonso : Sí, voy a invitar a mis compañeros de trabajo.
알폰-소 씨 보이 아 임비따-르 아 미스 꼼빠녜-로스 데 뜨라바-호

Isabel : ¿Cuántos compañeros tienes?
이사벨- 꾸안-또스 꼼빠녜-로스 띠에-네스

Alfonso : Tengo diez.
알폰-소 뗑-고 디에스

알폰소 : 이사벨, 너 내일 뭐 할 거니?
이사벨 : 모르겠는데, 왜?
알폰소 : 내일 내 생일이야. 너 내 집에 올 수 있니?
이사벨 : 물론이지, 몇 시에 파티를 시작하니?
알폰소 : 저녁 8시야.
이사벨 : 친구들을 많이 초대할 거니?
알폰소 : 응, 회사동료들을 초대하려고 해.
이사벨 : 동료가 몇 명인데?
알폰소 : 10명이야.

2

Isabel : Y tú, ¿qué vas a hacer esta tarde?
이사벨- 이 뚜 께 바스 아 아쎄-르 에-스따 따-르데

Alfonso : Tengo que preparar la fiesta. Por eso voy a
알폰-소 뗑-고 께 쁘레빠라-르 라 휘에-스따 뽀르 에-소 보이 아

salir para comprar bebidas y comida.
살리-르 빠-라 꼼쁘라-르 베비-다스 이 꼬미-다

Isabel : Hasta mañana, entonces.
이사벨- 아-스따 마냐-나 엔똔-쎄스

Alfonso : Bueno, hasta mañana.
알폰-소 부에-노 아-스따 마냐-나

이사벨 : 오늘 오후에는 뭘 할 거니?
알폰소 : 파티 준비해야만 해. 그래서 음료수하고 음식을 사러 나갈 예정이야.
이사벨 : 그럼, 내일 보자.
알폰소 : 좋아, 내일 보자.

단어 확인

ir a [이르 아] + 동사원형 ~할 예정이다
mañana [마냐-나] 내일
¿Por qué? [뽀르 께] 왜?
el cumpleaños [꿈쁠레아-뇨스] 생일
mi casa [미 까-사] 내 집
¿A qué hora ~? [아 께 오-라~] 몇 시에?
la fiesta [휘에-스따] 파티
a las ocho de la noche [알 라스 오-초 델 라 노-체] 저녁 8시에
el compañero de trabajo [꼼빠녜-로 뜨라바-호] 직장동료
¿Cuántos? [꾸안-또스] 몇 명?, 얼마큼?
esta tarde [에-스따 따-르데] 오늘 오후
preparar [쁘레빠라-르] 준비하다
salir [살라-르] 나가다
comprar [꼼쁘라-르] 사다, 구매하다
la comida [꼬미-다] 음식

hacer [아쎄-르] ~하다
saber [사베-르] 알다
mi [미] 나의
venir [베니-르] 오다
por supuesto [뽀르 수뿌에-스또] 물론
empezar [엠뻬사-르] 시작하다
invitar [임비따-르] 초대하다
tener [떼네-르] 가지다
tener que [떼네-르 께] + 동사원형 ~해야만 한다
por eso [뽀르 에-소] 그래서
para [빠-라] ~을 위하여
la bebida [베비-다] 음료수
entonces [엔똔-쎄스] 그러면, 그렇다면

문법알기

1 동사 ir (가다)

ir 가다
이르

voy	vamos
보이	바-모스
vas	vais
바스	바이스
va	van
바	반

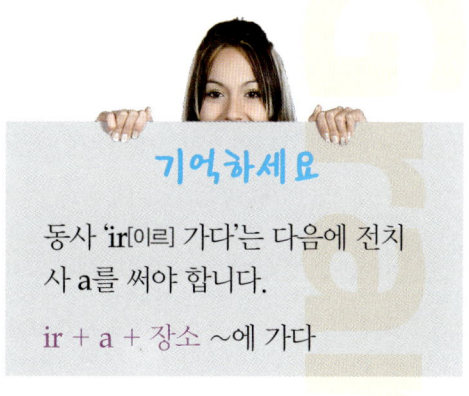

기억하세요

동사 'ir[이르] 가다'는 다음에 전치사 a를 써야 합니다.

ir + a + 장소 ~에 가다

영어의 go에 해당하는 동사입니다. "나는 (사무실)에 간다"라는 표현을 할 경우 장소 앞에 항상 영어의 to에 해당하는 전치사 a[아]를 꼭 써야 합니다. 즉 Yo voy a la oficina.[요 보이 알 라 오휘씨-나]가 됩니다.

'너는 어디에 가니?'라는 질문을 할 때에도 장소를 나타내는 의문부사 dónde[돈-데] 앞에 전치사 a[아]를 써야합니다. 즉 ¿A dónde vas (tú)?[아 돈-데 바스 (뚜)] 라고 해야 합니다.

¿A dónde va usted?   당신은 어디 가십니까?
아 돈-데 바 우스뗏-

Voy a la tienda.   가게에 갑니다.
보이 아 라 띠엔-다

¿A dónde va ella?   그녀는 어디에 갑니까?
아 돈-데 바 에-야

Va al centro.   시내에 갑니다.
바 알 쎈-뜨로

❷ ir a + 동사원형 : ~할 것이다, ~할 예정이다

또한 동사 ir[이르]의 중요한 용법 중에 하나가 미래를 대신할 수 있다는 사실이지요. 영어의 be going to(~할 예정이다, ~할 것이다)의 표현을 스페인어는 'ir a + 동사원형'을 쓰면 됩니다. 스페인어의 미래시제의 동사가 따로 있지만 이 구문을 이용해서 쉽게 미래를 표현할 수 있답니다.

¿Qué vas a hacer esta tarde? 너는 오늘 오후에 뭐 할 거니?
께 바스 아 아쎄-르 에-스따 따-르데

Yo voy a ir a la escuela. 나는 학교에 갈 예정이야.
요 보이 아 이르 알 라 에스꾸엘-라

Mi padre va a viajar a México este verano.
미 빠-드레 바 아 비아하-르 아 메-히꼬 에-스떼 베라-노
나의 아버지는 금년 여름에 멕시코를 여행하실 것입니다.

Voy a ir al cine con mi novia este viernes.
보이 아 이르 알 씨네 꼰 미 노-비아 에-스떼 비에-르네스
이번 주 금요일에 내 애인과 영화관에 갈 것이다.

Mañana va a hacer frío. 내일 날씨가 추워질 것이다.
마나-나 바 아 아쎄-르 후리-오

Vamos a +동사원형은 '우리 ~합시다!'라는 청유형 명령의 의미를 지니게 됩니다. 영어의 'Let's ~'에 해당하는 표현입니다. 물론 '우리는 ~할 것이다'로 해석되는 경우도 있습니다.

¡Vamos a cenar! 저녁식사 합시다!
바-모스 아 쎄나-르

¡Vamos a salir! 나갑시다!
바-모스 아 살리-르

¡Vamos a descansar! 쉽시다!
바-모스 아 데스깐사-르

Vamos a ir al centro esta tarde. 우리는 오늘 오후에 시내에 갈 것이다.
바-모스 아이르 알 쎈-뜨로 에-스따 따-르데

Vamos a visitar a nuestros padres este sábado.
바-모스 아 비시따-르 아 누에-스뜨로스 빠-드레스 에-스떼 사-바도
우리는 이번 주 토요일에 우리 부모님을 방문할 것이다.

❸ 동사 tener(가지다)

tener 가지다
떼네-르

tengo 뗑-고	**tenemos** 떼네-모스
tienes 띠에-네스	**tenéis** 떼네-이스
tiene 띠에-네	**tienen** 띠에-넨

동사 tener[떼네-르]를 이용해서 쓰는 표현은 많이 있습니다. 우선 우리들이 중요시 여기는 나이를 묻고 대답하는 표현에 쓰인다는 사실입니다.

¿Cuántos años tienes? 너는 몇 살이니?
꾸안-또스 아-뇨스 띠에-네스

Tengo treinta y tres años. 서른세 살이야.
뗑-고 뜨레-인따 이 뜨레스 아-뇨스

또한 '가지다'의 의미로도 쓰인답니다. 그러나 이때 사람이 목적어로 쓰일 경우에는 전치사 a[아]와 정관사를 일반적으로 생략합니다.

Yo tengo dos hermanos. 나는 형제가 두 명입니다.
요 뗑-고 도스 에르마-노스

Mi hermano tiene muchos amigos. 내 동생은 친구가 많다.
미 에르마-노 띠에-네 무-초스 아미-고스

Él tiene mucho dinero. 그는 돈을 많이 가지고 있다.
엘 띠에-네 무-초 디네-로

Tengo una cita con María. 나는 마리아와 약속이 있다.
뗑-고 우-나 씨-따 꼰 마리-아

Mi amigo tiene dos apartamentos. 내 친구는 두 채의 아파트를 갖고 있다.
미 아미-고 띠에-네 도스 아빠르따멘-또스

④ tener que + 동사원형: ~해야만 한다.

'~해야만 한다'는 tener que + inf.(동사원형)의 형태를 쓰면 됩니다.

Tengo que llegar al centro hasta las doce y media.
뗑-고   께   예가-르   알   쎈-뜨로   아스따   라스   도-쎄   이   메-디아

나는 시내에 12시 반까지 도착해야만 합니다.

Tengo que ayudar a mi mamá.   나는 나의 엄마를 도와드려야 합니다.
뗑-고   께   아유다-르   아 미   마마

Tenemos que preparar el proyecto.   우리는 프로젝트를 준비해야만 합니다.
떼네-모스   께   쁘레빠라-르   엘   쁘로엑-또

Tengo que volver a casa hasta las diez de la noche.
뗑-고   께   볼베-르   아 까사   아스따   라스   디에스   델 라   노-체

나는 집에 밤 10시까지 돌아와야 합니다.

기억하세요

'**no tener que + 동사원형**'은 경우에 따라 '~할 필요가 없다' 혹은 '~해서는 안 된다'로 해석이 됩니다.

No tenemos que llegar temprano. 우리는 일찍 도착할 필요가 없다.
노 떼네-모스   께 예가-르   뗌쁘라-노

No tenemos que gritar en la clase. 우리는 교실에서 소리를 질러서는 안 된다.
노   떼네-모스   께   그리따-르 엘 라 끌라-세

같은 표현으로 '**deber + 동사원형**'(~해야만 한다)이 있습니다.

Debemos estudiar mucho.   우리는 열심히 공부해야만 합니다.
데베-모스   에스뚜디아-르   무-초

Debes llegar a casa hasta las seis.   너는 6시까지 집에 도착해야만 한다.
데-베스   예가-르   아 까사   아스따   라스   세이스

Debo memorizar cien verbos.   나는 100개의 동사를 외워야만 한다.
데-보   메모리사-르   씨엔   베-르보스

> **기억하세요**
>
> no deber + 동사원형; ~해서는 안 된다,
> deber + 동사원형; ~해야만 한다
> Debes ir al cine. 너는 영화관에 가야만 한다.
> 데-베스 이르 알 씨-네
> No debes ir al cine. 너는 영화관에 가서는 안된다.
> 노 데-베스 이르 알 씨-네

❺ poder + 동사원형: ~할 수 있다

poder ~할 수 있다
뽀데-르

puedo 뽀에-도	**podemos** 뽀데-모스
puedes 뽀에-데스	**podéis** 뽀데-이스
puede 뽀에-데	**pueden** 뽀에-덴

'poder + 동사원형'은 '~할 수 있다'의 의미를 지니며 스페인어에서 많이 쓰이는 표현입니다. 다음의 예문을 통해서 익혀보도록 하세요.

단어 확인

llegar [예가르] 도착하다
hasta [아스따] ~까지
preparar [쁘레빠라-르] 준비하다
volver [볼베-르] 돌아오다
cien [씨엔] 100의
un poco [뽀-꼬] 조금
pasado mañana [빠사-도 마냐-나] 모레

el centro [쎈-뜨로] 시내, 중심가
medio [메-디오] 반, 1/2
el proyecto [쁘로옉-또] 프로젝트, 계획
memorizar [메모리사-르] 암기하다, 외우다.
el verbo [베-르보] 동사
venir [베니-르] 오다
jugar al golf [후가-르 알 골프] 골프치다

¿Puedes hablar español? 너는 스페인어를 말할 수 있니?
뿌에-데스 아블라-르 에스빠뇰-

Puedo hablar español un poco. 나는 스페인어를 조금 말할 수 있습니다.
뿌에-도 아블라-르 에스빠뇰- 운 뽀-꼬

¿Cuándo puedes venir a mi casa? 언제 내 집에 올 수 있니?
꾸안-도 뿌에-데스 베니-르 아 미 까사

Puedo ir a tu casa pasado mañana. 모레 너의 집에 갈수 있어.
뿌에-도 이르아 뚜 까사 빠사-도 마냐-나

¿Puede jugar al golf? 당신은 골프를 칠 수 있으신가요?
뿌에-데 후가-르 알 골프

Sí, puedo jugar al golf. 네, 골프를 칠 수 있습니다.
씨 뿌에-도 후가-르 알 골프

 부사

스페인어의 부사는 '형용사 + mente'입니다. 이때 -o로 끝나는 형용사는 -a로 고치고 -mente를 붙여주고, 그 이외의 형용사들은 그대로 -mente를 붙이면 부사가 됩니다.

lento 렌-또	느린	–	lentamente 렌-따멘-떼	천천히
político 뽈리-띠꼬	정치적인	–	políticamente 뽈리-띠까멘-떼	정치적으로
económico 에꼬노-미꼬	경제적인	–	económicamente 에꼬노-미까멘-떼	경제적으로
amable 아마-블레	친절한	–	amablemente 아마-블레멘-떼	친절히
particular 빠르띠꿀라-르	특별한	–	particularmente 빠르띠꿀라-르멘-떼	특히
general 헤네랄-	일반적인	–	generalmente 헤네랄-멘-떼	일반적으로

또한 전치사 con + 추상명사도 부사구가 됩니다.

con alegría = alegremente   기쁘게
꼰   알레그리−아   알레−그레멘−떼

con frecuencia = frecuentemente   자주
꼰   프레꾸엔−씨아   프레꾸엔−떼멘−떼

❼ 숫자 (1)

0 cero 쎄−로	**1 uno** 우−노	**2 dos** 도스	**3 tres** 뜨레스
4 cuatro 꾸아−뜨로	**5 cinco** 씽−꼬	**6 seis** 세이스	**7 siete** 시에−떼
8 ocho 오−초	**9 nueve** 누에−베	**10 diez** 디에스	**11 once** 온−쎄
12 doce 도−쎄	**13 trece** 뜨레−쎄	**14 catorce** 까또−르쎄	**15 quince** 낀−쎄

이상과 같이 스페인어의 숫자는 영어와는 달리 15까지가 한단어로 이루어집니다. 11에서 15까지는 -ce로 끝나는 것을 알 수 있지요?

그러나 16부터는 '10 더하기(y) 6'이라고 말하면 됩니다. 물론 21도 '20 더하기 1'이라고 하시면 됩니다. 16에서 19 그리고 21에서 29까지는 우리가 가장 많이 쓰는 숫자이니 축약이 되어 한단어로 쓰는 형태를 더 많이 사용합니다. 그러니까 '디에스 이 세이스'를 빨리 연음해서 발음하면 '디에씨세이스'가 되는 것입니다. 이 축약 형태를 더 많이 쓴 다는 사실 잊지 마세요. 그러나 31부터는 축약형이 없다는 사실도 잊지 마세요.

16 dieciséis (diez y seis)
디에씨세−이스

17 diecisiete (diez y siete)
디에씨시에−떼

18 dieciocho (diez y ocho)
디에씨오−초

19 diecinueve (diez y nueve)
디에씨누에−베

20 veinte
베−인떼

21 veintiuno (veinte y uno)
베인띠우−노

22 **veintidós** (veinte y dos)
베인띠도-스

23 **veintitrés** (veinte y tres)
베인띠뜨레-스

24 **veinticuatro** (veinte y cuatro)
베인띠꾸아-뜨로

25 **veinticinco** (veinte y cinco)
베인띠씽-꼬

26 **veintiséis** (veinte y seis)
베인띠세-이스

27 **veintisiete** (veinte y siete)
베인띠시에-떼

28 **veintiocho** (veinte y ocho)
베인띠오-초

29 **veintinueve** (veinte y nueve)
베인띠누에-베

30 **treinta**
뜨레-인따

31 **treinta y uno**
뜨레-인따 이 우-노

32 **treinta y dos**
뜨레-인따 이 도스

35 **treinta y cinco**
뜨레-인따 이 씽-꼬

40 **cuarenta**
꾸아렌-따

50 **cincuenta**
씽꾸엔-따

60 **sesenta**
세센-따

70 **setenta**
세뗀-따

80 **ochenta**
오첸-따

90 **noventa**
노벤-따

100 **ciento (cien)**
씨엔-또 씨엔

8 시간의 표현

시간을 표현하기 위해서는 동사 ser의 3인칭 단복수형인 es[에스] 혹은 son[손]과 정관사 la[라] 혹은 las[라스] 다음에 기수를 쓰면 됩니다. 즉 'Es (Son) + la (las) +기수'의 형태가 됩니다.

¿Qué hora es ahora?
께 오-라 에스 아오-라

지금 몇 시입니까?

Es la una.
에스 라 우-나

한 시입니다.

Son las dos.
손 라스 도스

두 시입니다.

Son las diez en punto.
손 라스 디에스 엔 뿐-또

10시 정각입니다.

시간과 분 사이에는 접속사 y[이]를 씁니다. '몇 분전'이라는 표현을 하려면 '빼기'를 의미하는 menos[메-노스]를 쓰면 됩니다. 30분이 넘으면 일반적으로 menos를 씁니다. 예를 들어 11시 35분인 경우에 '12시 25분전입니다'라고 말하는 것이 일반적입니다.

Son las tres y cuarto.
손 라스 뜨레스 이 꾸아-르또
세 시 15분입니다.

Son las cinco y media.
손 라스 씽-고 이 메-디아
다섯 시 반입니다.

Es la una menos cinco.
에스 라 우-나 메-노스 씽-꼬
1시 5분전입니다.

Son las nueve menos diez.
손 라스 누에-베 메-노스 디에스
아홉시 10분전입니다.

Son las doce menos veinticinco.
손 라스 도-쎄 메-노스 베인띠씽-꼬
12시 25분전입니다. (11시 35분)

15분은 cuarto[꾸아-르또]를, 30분은 media[메-디아]를 씁니다.

Es la una y media.
에스 라 우-나 이 메-디아
1시 반입니다.

Son las once y media.
손 라스 온-쎄 이 메-디아
11시 반입니다.

Son las dos y cuarto.
손 라스 도스 이 꾸아-르또
2시 15분입니다.

Son las tres menos cuarto.
손 라스 뜨레스 메-노스 꾸아-르또
3시 15분전입니다.

Son las doce menos cuarto.
손 라스 도-쎄 메-노스 꾸아-르또
12시 15분입니다. (11시 45분)

구체적인 시각에 일어나는 일을 말할 때는 a + la(s) + 시간을 써야합니다. 따라서 '몇 시에 ~ 합니까?'라고 물을 때는 ¿A qué hora ~?[아 께 오-라 ~]라고 말해야 합니다.

¿A qué hora empieza la fiesta? 파티는 몇 시에 시작합니까?
아 께 오-라 엠삐에-사 라 휘에-스따

La fiesta empieza a las ocho de la noche. 파티는 저녁 8시에 시작합니다.
라 휘에-스따 엠삐에-사 아 라스 오-초 델 라 노-체

¿A qué hora cierran el banco? 몇 시에 은행을 닫습니까?
아 께 오-라 씨에-ㄹ란 엘 방-꼬

Cierran a las cuatro y media. 4시 반에 닫습니다.
씨에-ㄹ란 아 라스 꾸아-뜨로 이 메-디아

¿A qué hora sale el tren? 몇 시에 기차가 출발합니까?
아 께 오-라 살-레 엘 뜨렌

Sale a la una y media. 한 시 반에 출발합니다.
살-레 알 라 우-나 이 메-디아

¿A qué hora llega el avión? 몇 시에 비행기가 도착합니까?
아 께 오-라 예-가 엘 아비온-

Llega a las cinco de la tarde. 오후 다섯 시에 도착합니다.
예-가 알 라스 씽-꼬 델 라 따-르데

기억하세요

salir(출발하다, 나가다)의 동사의 직설법현재 변화형은 salgo[살-고], sales[살-레스], sale[살-레], salimos[살리-모스], salís[살리-스], salen[살-렌] 입니다. 뒤에 장소가 와서 어디에서 출발한다고 표현할 때는 전치사 de[데]를 쓰면 됩니다.

Salgo de la casa a las siete de la mañana. 나는 오전 7시에 집에서 나옵니다.
살-고 델 라 까사 알라스시에-떼델 라 마냐-나

¿A qué hora sales de la oficina? 몇 시에 사무실에서 나오니?
아 께 오-라 살-레스 델 라 오휘씨-나

Salgo de la oficina a las seis de la tarde. 사무실에서 오후 6시에 나와.
살-고 델 라 오휘씨-나 알 라스 세이스 델 라 따-르데

시간과 함께 쓰여 '오전, 오후, 밤'을 표현하기 위해서 de la mañana[델 라 마냐-나], de la tarde[델 라 따-르데], de la noche[델 라 노-체]를 써야 합니다.

Son las once de la mañana. 오전 11시입니다.
손 라스 온-쎄 델 라 마냐-나

Son las tres de la tarde. 오후 3시입니다.
손 라스 뜨레스 델 라 따-르데

Son las once de la noche. 밤 11시입니다.
손 라스 온-쎄 델 라 노-체

기억하세요

- llegar(도착하다)의 동사의 직설법현재 변화형은 llego[예-고], llegas[예-가스], llega[예-가], llegamos[예가-모스], llegáis[예가-이스], llegan[예-간] 입니다. 마찬가지로 뒤에 장소가 와서 '어디에 도착한다'고 표현할 때는 장소 앞에 전치사 a를 쓰면 됩니다.

¿A qué hora llegas a casa? 몇 시에 집에 도착하니?
아 께 오-라 예-가스 아 까사

Llego a la casa a las nueve de la noche. 나는 밤 9시에 집에 도착해.
예-고 알 라 까사 알 라스 누에-베 델 라 노-체

- 구체적인 시간을 말하지 않을 때에는 '오전에, 오후에, 밤에'는 por (en) la mañana[뽀르 (엔) 라 마냐-나], por (en) la tarde[뽀르 (엔) 라 따-르데], por (en) la noche[뽀르 (엔) 라 노-체]를 써야 합니다.

Tengo una cita por la tarde. 나는 오후에 약속이 하나 있다.
뗑고 우나 씨-따 뽀를 라 따-르데

Siempre leo el periódico por las mañanas. 나는 아침마다 항상 신문을 읽는다.
시엠-쁘레 레-오 엘 뻬리오-디꼬 뽀를 라스 마냐-나스

Tenemos una reunión en la tarde. 우리는 오후에 회의가 있다.
떼네-모스 우나 레우니온- 엔 라 따-르데

Es viernes por la tarde. 금요일 오후이다.
에스 비에-르네스 뽀를 라 따-르데

연습문제

1 다음의 시간을 스페인어로 말해보시오.

A. 3:20 →

B. 1:00 →

C. 1:15 →

D. 4:30 →

E. 10:45 →

F. 2:05 →

G. 5:55 →

H. 12:00 →

I. 11:50 →

J. 9:15 →

❷ 다음의 문장을 스페인어로 작문하시오.

A. 공부합시다!
→

B. 우리는 가난한 사람들을 도와주어야 합니다.
→

C. 너의 아버님은 연세가 어떻게 되시니?
→

D. 언제 집에 돌아갈 예정이니?
→

E. 당신들은 내일 무엇을 할 예정입니까?
→

F. 우리는 오늘 저녁에 시험을 준비해야만 한다.
→

G. 수업은 몇 시에 시작합니까?
→

H. 수업은 오전 9시에 시작합니다.
→

I. 당신은 몇 시에 사무실에 도착합니까?
→

J. 8시 10분 전에 사무실에 도착합니다.
→

히스패닉 문화 산책

생일 (Cumpleaños)
꿈쁠레아뇨스

15세 소녀의 생일파티, 낀세아녜라(Quinceañera)

중남미의 소녀들에게는 매우 특별한 기념파티가 있다. 15세 생일을 기념하는 생일파티이며 동시에 성인식이라고 할 수 있는 성대한 파티를 15세 생일에 갖는 것이다. 중남미 소녀들의 15세 생일은 만 15세가 되는 해에 소녀에서 여성의 단계로 접어든다는 큰 의미가 있는 생일이다. 소녀의 부모는 이 파티를 통해서 딸이 이제는 성숙한 여인으로서 사회에 이바지할 수 있음을 이웃에게 정식으로 소개하는 된다. 그 순간 소녀는 성인으로서 사회에 첫발을 내딛는 것을 의미하는 것이다.

가정의 재정 상태에 따라 파티의 규모가 매우 다양하지만 중요한 사실은 집에서 혹은 호텔이나 파티룸을 빌려서 결혼식을 하는 정도로 성대하게 생일파티를 차려준다는 것이다. 생일파티에는 초대권까지 보내 참석여부를 물으며 친지들과 친구들의 부모까지도 초대한다.

생일을 맞이한 소녀는 가장 멋진 주인공이 되기 위해서 멋진 드레스를 입고 꽃단장을 한다. 파티장에 밴드음악이 울려 퍼지기 시작하면 아버지가 딸의 손을 잡고 나와 부녀가 멋지게 춤을 춘다. 남자친구가 있을 경우에는 아버지가 춤을 추고 난 후 딸을 남자친구에게 건네주면 남자친구와도 춤을 춘다. 그 후에 모두들 나와 함께 춤을 추며 밤새워 파티를 즐긴다.

히스패닉 문화 산책

생일초대 카드

Los invitamos a la celebración
로스 임비따모스 알 라 쎌레브라씨온

del cumpleaños de Andrea
델 꿈쁠레아뇨스 데 안드레아

el sábado 18 de septiembre
엘 사바도 디에씨오초 데 쎕띠엠브레

Nos veremos al Restaurante el Palacio,
노스 베레모스 알 레스따우란떼 엘 빨라씨오

ubicado en 123 Calle Principal
우비까도 엔   까예 쁘린씨빨

Favor de R.S.V.P antes del 7 de septiembre
화보르 데   안떼스 델시에떼 데 쎕띠엠브레

a Juan al 112-233-444
아 후안 알

¡Hasta Luego!
아스따   루에고

9월18일 토요일

안드레아의 생일축하 파티에

초대합니다.

Calle Principal 123전지에 위치한

레스토랑 **el Palacio**에서 뵙겠습니다.

9월7일 이전에 후안 (112-233-444)에게

참석여부를 회답바랍니다.

* R.S.V.P : 사전에 참석여부를 알려주시오.
  (= Reply, if you please.)
→ 프랑스어의 Repondoz S'il Vous Plait 의
  약자로서 파티 초청장을 보낼 때 쓰는 문구. :
  '회신을 바랍니다.'의 뜻이다. (회답요망)

생일축하 카드

Querida Isabel:
께리다 이사벨

Te deseo un feliz cumpleaños.
떼 데세오 운 휄리스 꿈쁠레아뇨스

Tu mejor amiga,
뚜 메호-르 아미-가

Teresa.
떼레-사

사랑하는 이사벨:

너의 행복한 생일을 기원한다.

너의 가장 친한 친구

떼레사

제 2과 ¿Qué vas a hacer mañana?

연습문제 정답

1
A. Son las tres y veinte.
손 라스 뜨레스 이 베인떼

B. Es la una (en punto).
에슬라 우나 엔 뿐또

C. Es la una y cuarto.
에슬라 우나 이 꾸아르또

D. Son las cuatro y media.
손 라스 꾸아뜨로 이 메디아

E. Son las once menos cuarto.
손 라스 온쎄 메노스 꾸아르또

F. Son las dos y cinco.
손 라스 도스 이 씽꼬

G. Son las seis menos cinco.
손 라스 세이스 메노스 씽꼬

H. Son las doce (en punto).
손 라스 또쎄 엔 뿐또

I. Son las doce menos diez.
손 라스 또쎄 메노스 디에쓰

J. Son las nueve y cuarto.
손 라스 누에베 이 꾸아르또

2
A. ¡Vamos a estudiar!
바모스 아 에스뚜디아르

B. Tenemos que ayudar a los pobres.
떼네모스 께 아유다르 아 로스 뽀브레스

C. ¿Cuántos años tiene tu padre?
꾸안또스 아뇨스 띠에네 뚜 빠드레

D. ¿Cuándo vas a volver a casa?
꾸안도 바스 아 볼베르 아 까사

E. ¿Qué van a hacer ustedes mañana?
께 반 아 아쎄르 우스떼데스 마냐나

F. Esta noche tenemos que preparar el examen.
에스따 노체 떼네모스 께 쁘레빠라르 엘 엑사멘

G. ¿A qué hora empieza la clase?
아 께 오라 엠삐에사 라 끌라세

H. La clase empieza a las nueve de la mañana.
라 끌라세 엠삐에사 알 라스 누에베 델 라 마냐나

I. ¿A qué hora llega Ud. a la oficina?
아 께 오라 예가 우스뗏 알 라 오휘씨나

J. Llego a la oficina a las ocho menos diez.
예고 알 라 오휘씨나 알 라스 오초 메노스 디에쓰

스페인어 관용표현

◇ **dar un aventón a** [다르 운 아벤똔- 아] + 사람 : 누구를 중간에 내려주다

이 표현은 내가 차를 가지고 있을 경우에 내가 가는 방향의 어떤 지점에서 중간에 누구를 내려주는 것을 말한다. 같은 표현으로 **dar un raid**[다르 운 라이드]가 있는데 영어의 **ride**를 발음나는대로 써서 사용하는 것이다.

Dame un aventón en el metro Chamsil, por favor. 나 좀 잠실역에 내려줘.
다메 운 아벤똔- 엔 엘 메-뜨로 잠실 뽀르 화보-르

Dame un raid en el metro Chamsil, por favor. 나 좀 잠실역에 내려줘.
다메 운 라이드 엔 엘 메-뜨로 잠실 뽀르 화보-르

Te doy un aventón en el metro Chamsil. 너를 잠실역에 내려줄게.
떼 도이 운 아벤똔- 엔 엘 메-뜨로 잠실

Si quiere Ud., le doy un aventón cerca de su casa.
시 끼에-레 우스뗏- 레 도이 운 아벤똔- 쎄르까 데 수 까사
당신이 원하신다면 집근처에 내려드리겠습니다.

◇ **dejar en paz** [데하-르 엔 빠스] = **no molestar** [노 몰레스따-르] 괴롭히지 않다

No me molestes. = Déjame en paz. 나를 괴롭히지 마라.
노 메 몰레-스떼스 데-하메 엔 빠스

No lo moleste. = Déjelo en paz. 그를 괴롭히지 마세요.
노 로 몰레-스떼스 데-헬로 에 빠스

Unidad 03

Tengo mucha hambre.

1. 동사 tener의 관용적 표현
2. 요일
3. 날짜
4. 직설법 현재 불규칙 동사 (2)
5. 동사 saber와 conocer
- 연습문제
- 히스패닉 문화산책_스페인어 권 국가들의 식사시간
- 연습문제 정답

제 3과
배가 몹시 고파요.
Tengo mucha hambre. [땡-고 무차 암브레]

대화하기

1

Humberto : ¿Qué hora es?
움베-르또 께 오-라 에스

Olivia : Ya es la una. Tengo mucha hambre,
올리-비아 야 에스 라 우-나 뗑-고 무-차 암-브레

y tú ¿no tienes hambre?
이 뚜 노 띠에-네스 암-브레

Humberto : Sí, yo también tengo hambre.
움베-르또 씨 요 땀비엔- 뗑-고 암-브레

¡Vamos a comer!
바-모스 아 꼬메-르

Olivia : Hoy quiero ir a un restaurante
올리-비아 오이 끼에-로 이르 아 운 르레스따우란-떼

mexicano.
메히까-노

움베르또 : 지금 몇 시니?
올리비아 : 한 시야. 나는 배가 몹시 고픈데. 너 배고프지 않니?
움베르또 : 나도 역시 배가 고픈데. 우리 밥 먹으러 가자!
올리비아 : 오늘은 멕시코 식당에 가고 싶어.

2

Humberto : ¿Qué quieres comer?
움베-르또   께   끼에-레스   꼬메-르

Olivia : Quiero comer tacos.
올리-비아   끼에-로   꼬메-르   따-꼬스

Humberto : ¿A dónde vamos?
움베-르또   아   돈-데   바-모스

Olivia : Yo conozco un buen restaurante
올리-비아   요   꼬노-스꼬   운   부엔   ㄹ레스따우란-떼

cerca de aquí.
쎄-르까   데   아끼-

Bueno, ¡vamos a comer tacos!
부에-노   바-모스   아   꼬메-르   따-꼬스

움베르또 : 뭐가 먹고 싶은데?
올리비아 : 따꼬가 먹고 싶어.
움베르또 : 우리 어디로 갈까?
올리비아 : 이 근처에 있는 좋은 식당을 알고 있어.
좋아, 우리 따꼬 먹으러 가자!

단어 확인

la hora [오-라] 시간
tener hambre [떼네-르 암-브레] 배가 고프다
hoy [오이] 오늘
ir [이르] 가다
el restaurante mexicano [ㄹ레스따우란-떼 메히까-노] 멕시코 식당
¿A dónde? [아 돈-데] 어디로
conocer [꼬노쎄-르] (사람이나 장소를) 알다
cerca de [쎄-르까 데] ~의 가까이에

ser [세르] ~이다
también [땀비엔-] 역시
querer [께레-르] 원하다
el taco [따-꼬] 따꼬
¡Vamos a comer! [바-모스 아 꼬메르] 식사하러 가자!
bueno [부에-노] 좋은
aquí [아끼-] 여기

문법알기

1 동사 tener의 관용적 표현

우리는 이미 '날씨가 춥다·덥다'등의 날씨를 표현하는 hacer[아쎄-르] 동사의 관용적 표현을 공부했습니다. 그럼 이번 과에서는 바로 앞에서 공부한 '가지다'의 뜻을 지닌 동사 tener[떼네-르]를 이용하여 '사람이 춥다·덥다' 등의 표현을 공부하도록 하겠습니다. 우선 동사 tener[떼네-르]는 어간모음 -e가 -ie로 변화는 동사입니다. 동사변화를 익히고 용법을 공부해보세요.

tener 가지다
떼네-르

tengo 뗑-고	(mucho) frío 무-초 후리-오	(많은) 추위
tienes 띠에-네스	(mucho) calor 무-초 깔로-르	(많은) 더위
tiene 띠에-네 +	(mucha) hambre 무-차 암-브레	(많은) 배고픔
tenemos 떼네-모스	(mucho) sueño 무-초 수에-뇨	(많은) 졸음
tenéis 떼네-이스	(mucha) sed 무-차 셋	(많은) 갈증
tienen 띠에-넨	(mucho) dolor de cabeza 무-초 돌로-르 데 까베-사	(많은) 두통

위의 표현은 tener[떼네-르] 동사와 함께 쓰이는 관용적 표현들입니다. **Yo tengo mucha hambre.**[요 뗑-고 무-차 암-브레]를 직역한다면 '나는 많은 배고픔을 갖는다.'가 됩니다. 추위(frío), 더위(calor), 배고픔(hambre), 졸음(sueño) 등의 품사는 명사입니다. 따라서 우리말로 '매우'라는 말을 하고 싶으면 형용사 mucho[무-초]를 명사 앞에 써 줘야 합니다. 이때 mucho[무-초]는 뒤에 오는 명사의 성·수에 일치해야 합니다. 하루에 한번쯤은 말해야 하는 중요한 표현이니 다음의 예문을 통해 확실히 익혀보도록 합시다.

Mi amigo tiene mucho frío.
미 아미-고 띠에-네 무-초 후리-오

내 친구는 매우 추워합니다.

Tengo mucho calor.
뗑-고 무-초 깔로-르

난 몹시 더워.

Nosotros tenemos calor.
노소-뜨로스 떼네-모스 깔로-르

우리는 덥습니다.

El niño tiene mucho sueño.
엘 니-뇨 띠에-네 무-초 수에-뇨

그 아이는 매우 졸립니다.

Ellos tienen mucha sed.
에-요스 띠에-넨 무-차 셋

그들은 매우 목이 마릅니다.

Mi esposa tiene dolor de cabeza.
미 에스뽀-사 띠에-네 돌로-르 데 까베-사

내 부인은 머리가 아픕니다.

Ellos tienen dolor de estómago.
에-요스 띠에-넨 돌로-르 데 에스또-마고

그들은 배가 아프다.

Tú tienes razón.
뚜 띠에-네스 ㄹ라손-

네 말이 옳아. (tener razón)

Tenemos responsabilidad.
떼네-모스 ㄹ레스뽄사빌리닷-

우리 책임이다. (tener responsabilidad)

Ellos tienen la culpa.
예-요스 띠에-넨 라 꿀-빠

그들의 잘못이다. (tener la culpa)

 요일

요일을 ¿Qué día es hoy?[께 디-아 에스 오이](무슨 요일입니까?)라고 묻고 대답할 때는 **Es domingo.**[에스 도밍-고](일요일입니다.)라고 합니다. 이때 주의할 점은 요일 앞에 정관사를 쓰지 않는다는 사실입니다.

¿Qué día es hoy?
께 디-아 에스 오이

오늘은 무슨 요일입니까?

Es lunes.
에스 루네스

월요일입니다.

¿Qué día es mañana?
께 디-아 에스 마냐-나

내일은 무슨 요일입니까?

Mañana es martes.
마냐-나 에스 마르떼스

내일은 화요일입니다.

그러나 요일이 부사로 쓰여서 '일요일에'라고 말할 때는 el domingo[엘 도밍-고], '일요일마다'
라고 할 때는 복수를 써서 los domingos[로스 도밍-고스]라고 해야 합니다. 이때 정관사 el 혹은
los를 요일 앞에 반드시 써야 합니다. (78쪽을 참고하세요.)

¿Qué haces los domingos? 너는 일요일마다 뭐 하니?
께 아-쎄스 로스 도밍-고스

Voy a la iglesia los domingos. 일요일마다 교회에 갑니다.
보이 아 라 이글레-시아 로스 도밍-고스

Voy a ir a San Diego el lunes próximo. 다음주 월요일에 샌디에고에 갈 것입니다.
보이 아이르아 산 디에-고 엘 루-네스 쁘록-씨모

 날짜

날짜는 묻는 표현은 몇 가지가 있습니다.
잘 익혀두도록 합시다.

¿Qué fecha es hoy?
께 훼-차 에스 오이
오늘은 몇일입니까?

Hoy es 2(dos) de enero.
오이 에스 도스 데 에-네로
오늘은 1월 2일입니다.

¿A qué estamos hoy?
아 께 에스따-모스 오이
오늘은 몇일입니까?

Estamos a 2(dos) de enero.
에스따-모스 아 도스 데 에네-로
1월 2일입니다.

기억하세요!

• 4계절 (cuatro estaciones [꾸아-뜨로 에스따씨오-네스])

la primavera 봄　　el verano 여름
라 쁘리마베-라　　　엘 베라-노

el otoño 가을　　el invierno 겨울
엘 오또-뇨　　　　엘 임비에-르노

• 스페인어의 달(el mes [메스])에는 관사가 없습니다.

enero 1월	febrero 2월	marzo 3월
에네-로	훼브레-로	마-르소
abril 4월	mayo 5월	junio 6월
아브릴-	마-요	후-니오
julio 7월	agosto 8월	septiembre 9월
훌-리오	아고-스또	셉띠엠-브레
octubre 10월	noviembre 11월	diciembre 12월
옥뚜-브레	노비엠-브레	디씨엠-브레

매달 1일은 el primero[엘 쁘리메-로]를 쓰고, 2일부터는 기수를 씁니다.

Hoy es primero de enero. 오늘은 1월 1일입니다.
오이 에스 쁘리메-로 데 에네-로

제 3과 Tengo mucha hambre. _ 197

Hoy es primero de diciembre. 오늘은 12월 1일입니다.
오이 에스 쁘리메-로 데 디씨엠-브레

Hoy es 2(dos) de enero. 오늘은 1월 2일입니다.
오-이 에스 도스 데 에네-로

Hoy es 15(quince) de enero. 오늘은 1월 15일입니다.
오이 에스 낀-쎄 데 에네-로

날짜가 부사로 쓰여 '몇 일에'라고 할 때는 전치사를 쓰지 않고 정관사와 함께 'el + 날짜'를 써야 합니다.

La clase empieza el 2(dos) de marzo. 수업은 3월 2일에 시작합니다.
라 끌라-세 엠삐에-사 엘 도스 데 마르소

Vamos a México el 20(veinte) de julio. 우리는 7월 20일에 멕시코에 갑니다.
바-모스 아 메-히꼬 엘 베-인떼 데 훌-리오

④ 직설법 현재 불규칙동사 (2)

어간모음변화동사 이외에 가장 많이 쓰이는 직설법현재 불규칙 동사들을 모아보았습니다. 대부분 1인칭 단수만 불규칙이고 나머지 인칭은 규칙입니다. 불규칙이 된 이유는 대부분 발음을 편하게 하기 위해서입니다. 그때그때 열심히 외우다 보면 쉽게 익힐 수 있을 것입니다.

1인칭 단수가 불규칙인 동사들

salir 나가다 : **salgo**, sales, sale, salimos, salís, salen
살리-르 살-고 살-레스 살-레 살리-모스 살리-스 살-렌

poner 놓다 : **pongo**, pones, pone, ponemos, ponéis, ponen
뽀네-르 뽕-고 뽀-네스 뽀-네 뽀네-모스 뽀네-이스 뽀-넨

caer 떨어지다 : **caigo**, caes, cae, caemos, caéis, caen
까-에르 까-이고 까-에스 까-에 까에-모스 까에-이스 까-엔

traer 가져오다 : **traigo**, traes, trae, traemos, traéis, traen
뜨라에-르 뜨라-이고 뜨라-에스 뜨라-에 뜨라에-모스 뜨라에-이스 뜨라-엔

conocer (사람, 장소를) 알다 : **conozco**, conoces, conoce,
꼬노쎄-르 꼬노-스꼬 꼬노-쎄스 꼬노-쎄
conocemos, conocéis, conocen
꼬노쎄-모스 꼬노쎄-이스 꼬노-쎈

conducir 운전하다 : **conduzco, conduces, conduce,**
꼰두싸-르   꼰두-스꼬   꼰두-쎄스   꼰두-쎄
conducimos, conducís, conducen
꼰두싸-모스   꼰두싸-스   꼰두-쎈

traducir 번역하다 : **traduzco, traduces, traduce,**
뜨라두싸-르   뜨라두-스꼬   드라두-쎄스   뜨라두-세
traducimos, traducís, traducen
뜨라두싸-모스   뜨라두싸-스   뜨라두-쎈

Ellos siempre salen de casa en la noche. 그들은 항상 저녁에 집을 나갑니다.
에-요스 시엠-쁘레 살-렌 데 까사 엘 라 노-체

Ella pone una botella de vino en la mesa. 그녀는 한 병의 와인을 테이블에 놓습니다.
에-야 뽀-네 우-나 보떼-야 데 비-노 엔 라 메-사

Las hojas caen en otoño.   나뭇잎들은 가을에 떨어진다.
라스 오-하스 까-엔 엔 오또-뇨

El mesero trae dos botellas de cerveza. 웨이터가 두 병의 맥주를 가져옵니다.
엘 메세-로 뜨라-에 도스 보떼-야스 데 쎄르베-사

Conozco bien a Elena.   나는 엘레나를 잘 알고 있습니다.
꼬노-스꼬 비엔 아 엘레-나

No conozco Barcelona.   나는 바르셀로나를 모릅니다. (가보지 못했습니다.)
노 꼬노-스꼬 바르쎌로-나

단어 확인

el dolor de cabeza [돌로-르 데 까베-사] 두통
siempre [시엠-쁘레] 항상
en la noche [엔 라 노-체] 밤에
la hoja [오-하] 나뭇잎
el mesero [메세-로] 웨이터
la cerveza [쎄르베-사] 맥주
traducir A a B A를 B로 번역하다
el primo [쁘리-모] 사촌
por(en) la tarde [뽀르(엔) 라 따-르데] 오후에

dolor de estómago [돌로-르 데 에스또-마고] 위통, 배 아픔
salir de + 장소 ~에서 나오다
una botella de vino [우-나 보떼-야 데 바-노] 와인 한 병
el otoño [오또-뇨] 가을
la botella [보떼-야] 병
de prisa [데 쁘리-사] 급하게, 서둘러
la verdad [베르닷-] 사실, 진실
mañana [마냐-냐] 내일

Ella siempre conduce muy de prisa. 그녀는 항상 매우 급하게 운전한다.
에-야 시엠-쁘레 꼰두-쎄 무이 데 쁘리-사

Él traduce un libro al coreano. 그는 책 한권을 한국어로 번역합니다.
엘 뜨라두-쎄 운 리-브로 알 꼬레아-노

1인칭단수가 불규칙이면서 어간모음변화동사

decir 말하다 : **digo, dices, dice, decimos, decís, dicen**
데씨-르 디-고 디-쎄스 디-쎄 데씨-모스 데씨-스 디-쎈

venir 오다 : **vengo, vienes, viene, venimos, venís, vienen**
베니-르 벵-고 비에-네스 비에-네 베니-모스 베니-스 비에-넨

tener 가지다 : **tengo, tienes, tiene, tenemos, tenéis, tienen**
떼네-르 뗑-고 띠에-네스 띠에-네 떼네-모스 떼네-이스 띠에-넨

Ellos siempre dicen la verdad. 그들은 항상 진실을 말합니다.
에-요스 시엠-쁘레 디-쎈 라 베르닷-

Mi primo viene mañana por la tarde. 내 사촌은 내일 오후에 온다.
미 쁘리-모 비에-네 마냐-나 뽀르 라 따-르데

Alfonso tiene dos hermanas. 알폰소는 누이가 2명이다.
알폰-소 띠에-네 도스 에르마-나스

y가 첨가되는 동사 (복수 1·2인칭 제외)

huir 도망치다 : **huyo, huyes, huye, huimos, huis, huyen**
우이르 우-요 우-예스 우-예 우이-모스 우이스 우-옌

construir 건설하다 : **construyo, construyes, construye,**
꼰스뚜루이-르 꼰스뚜루-요 꼰스뚜루-예스 꼰스뚜루-예
construimos, construís, construyen
꼰스뚜루이-모스 꼰스뚜루이-스 꼰스뚜루-옌

destruir 파괴하다 : **destruyo, destruyes, destruye,**
데스뚜루이-르 데스뚜루-요 데스뚜루-예스 데스뚜루-예
destruimos, destruís, destruyen
데스뚜루이-모스 데스뚜루이-스 데스뚜루-옌

-uir로 끝나는 동사들이 이 그룹에 속합니다. 복수1인칭과 2인칭은 y가 첨가되지 않습니다.

El ladrón huye del policía. 도둑이 경찰관에게서 도망친다.
엘 라드론- 우-예 델 뽈리씨-아

Ellos construyen un edificio. 그들은 건물을 건설합니다.
예-요스 꼰스뜨루-옌 운 에디휘-씨오

Los enemigos destruyen el pueblo. 적들은 마을을 파괴시킨다.
로스 에네미-고스 데스뜨루-옌 엘 뿌에-블로

-iar와 -uar로 끝나는 동사들

enviar 보내다 : **envío, envías, envía, enviamos, enviáis, envían**
엠비아-르   엠비-오 엠비-아스 엠비-아 엠비아-모스 엠비아-이스 엠비-안

actuar 행동하다 : **actúo, actúas, actúa, actuamos, actuáis, actúan**
악뚜아-르   악뚜-오 악뚜-아스 악뚜-아 악뚜아-모스 악뚜아-이스 악뚜-안

continuar 계속하다 : **continúo, continúas, continúa,**
꼰띠누아-르   꼰띠누-오 꼰띠누-아스 꼰띠누-아

continuamos, continuáis, continúan
꼰띠누아-모스 꼰띠누아-이스 꼰띠누-안

-iar와 -uar로 끝나는 동사들 중에는 각각 -i와 -u에 복수1·2인칭을 제외하고 악센트가 첨가되는 동사들이 있습니다.

Envío un correo electrónico a mi amigo extranjero.
엠비-오 운 꼬레-오 엘렉뜨로-니꼬 아 미 아미-고 엑스뜨랑헤-로
나는 외국인 친구에게 이메일을 보낸다.

La actriz actúa muy bien. 그 여배우는 연기를 매우 잘 한다.
라 악뜨리-쓰 악뚜-아 무이 비엔

Ella continúa trabajando por los pobres.
예-야 꼰띠누-아 뜨라바한-도 뽀를 로스 뽀-브레스
그녀는 가난한 자들을 위해서 계속해서 일하고 있다.

기억하세요!

continuar + 현재분사는 '계속~하고 있다'입니다. seguir + 현재분사와 같은 의미로 쓰입니다.

기타불규칙 동사들

oír 듣다 : **oigo, oyes, oye, oímos, oís, oyen**
오아르   오-이고 오-예스 오-예 오이-모스 오아스 오-옌

dar 주다 : **doy, das, da, damos, dais, dan**
다르   도이 다스 다   다-모스 다이스 단

ver 보다 : **veo, ves, ve, vemos, veis, ven**
베르   베-오 베스 베 베-모스 베이스 벤

Quiero oír las canciones españolas. 나는 스페인노래를 듣기를 원합니다.
끼에-로 오아르 라스 깐씨오-네스 에스빠뇰-라스

Mi madre me da el dinero. 나의 어머니는 나에게 돈을 주십니다.
미 마-드레 메 다 엘 디네-로

Vamos a ver una película esta noche. 우리는 오늘 저녁에 영화를 볼 것이다.
바-모스 아 베르 우-나 뻴리-꿀라 에-스따 노-체

❺ 동사 saber와 conocer

saber (사실, 방법을)알다		**conocer** (사람, 장소를) 알다	
사베-르		꼬노쎄-르	
sé 쎄	**sabemos** 사베-모스	**conozco** 꼬노-스꼬	**conocemos** 꼬노쎄-모스
sabes 사-베스	**sabéis** 사베-이스	**conoces** 꼬노-쎄스	**conocéis** 꼬노쎄-이스
sabe 사-베	**saben** 사-벤	**conoce** 꼬노-쎄	**conocen** 꼬노-쎈

어떤 사실이나 방법을 안다고 표현할 때는 동사 **saber**[사베-르]를 씁니다. 그리고 '**saber** + 동사원형'은 '~을 할 줄 안다'가 됩니다.

¿Sabe Ud. dónde vive María? 마리아가 어디 사는지 아세요?
사-베 우스뗏 돈-데 비-베 마리-아

Sé que Juan tiene novia.
세- 께 후안 띠에-네 노-비아

나는 후안이 애인이 있다는 사실을 안다.

Sabemos esquiar.
사베-모스 에스끼아-르

우리는 스키를 탈 줄 안다.

¿Sabes jugar al tenis?
사-베스 후가-르 알 떼-니스

너는 테니스를 칠 줄 아니?

기억하세요!

- poder + 동사원형은 '~을 할 수 있다'이고 saber + 동사원형은 '~을 할 줄 안다'입니다. 약간의 의미의 차이가 있답니다.

Sé jugar al golf. 나는 골프를 칠 줄 안다.
쎄 후가-르 알 골프

Puedo jugar al golf mañana. 나는 내일 골프를 칠 수 있다.
뿌에-도 후가-르 알 골프 마냐-나

- 'saber + a + 음식'이 되면 '~ 맛이 나다'라는 표현이 됩니다.

Esta sopa sabe a cebolla. 이 스프는 양파 맛이 난다.
에-스따 소-빠 사-베 아 쎄보-야

Este zumo sabe a piña. 이 주스는 파인애플 맛이 난다.
에-스떼 수-모 사-베 아 삐-냐

사람을 안다거나 장소를 가보아서 안다고 표현할 때는 동사 conocer[꼬노쎄-르]를 써야 합니다.

¿Conoces al señor Kim?
꼬노-쎄스 알 세뇨-르 김

김선생님을 아니?

Sí, lo conozco muy bien.
씨 로 꼬노-스꼬 무이 비엔

응, 그를 아주 잘 알아.

Conozco bien al señor González.
꼬노-스꼬 비엔 알 세뇨-르 곤살-레스

나는 곤살레스 씨를 잘 알고 있습니다.

¿Conoces España?
꼬노-쎄스 에스빠-냐

스페인에 가본 적 있니?

Yo no conozco Madrid.
요 노 꼬노-스꼬 마드릿-

나는 마드리드에 가본 적이 없어.

연습문제

❶ 다음 괄호 안의 동사를 문맥에 맞게 고치세요.

A. Los alumnos _____ (obedecer) a su profesor.

B. Mi madre ya _____ (conducir) muy bien.

C. Ella _____ (oír) la radio todos los días.

D. Ellos _____ (salir) de la oficina a las seis.

E. Hoy nosotros _____ (ir) al cine con Isabel.

F. ¿De dónde _____ (venir) tú?

G. ¿Quién te _____ (dar) el dinero?

H. ¿No quieres _____ (ver) una película conmigo?

I. Mis padres _____ (conocer) México.

J. Él _____ (poner) los libros en la mesa.

❷ 다음의 문장을 스페인어로 작문하시오.

A. 오늘 날씨가 춥다. 너 춥지 않니?
➡

B. 오늘은 6월 1일입니다.
➡

C. 나는 몹시 목이 말라요.
➡

D. 당신들은 토요일마다 무엇을 하십니까?
➡

E. 우리는 토요일마다 등산을 합니다.
➡

F. 너는 피아노를 칠 줄 아니?
➡

G. 당신들은 멕시코를 가보셨나요?
➡

H. 너는 내 스페인어 교수님을 아니?
➡

I. 너희들은 몇 시에 집에서 나갈거니?
➡

J. 지금 어디에서 오는 거니?
➡

히스패닉 문화 산책

스페인어 권 국가들의 식사시간

　스페인어권 국가에 가면 우리에게 가장 힘든 점은 식사시간이다. 스페인의 식사는 하루 5끼로 나눌 수 있다. 아침 8시경에 빵과 밀크커피, 우유 또는 추로스와 뜨거운 초콜릿으로 가벼운 식사를 한다. 그리고 11시경에는 바에서 티타임 등을 가지면서 가볍게 한 끼를 먹고, 2시경이 되서야 비로소 본격적인 점심을 먹는다. 이 점심은 에피타이저에서부터 메인요리, 디저트에 이르는 정식 코스로 2-3시간에 걸쳐 식사를 즐긴다. 스페인어권 사람들은 하루 식사 중 점심을 가장 중요하게 생각해서, 보통 집에서 하는 경우가 많다.

　이 후 시에스타(**siesta**)라는 전 국민의 낮잠시간이 있어서, 점심 후 2-3시간 정도 낮잠을 자느라 모든 가게가 문을 닫는 것으로 알려져 있는데, 현재는 거의 사라지고 일부 농촌지역이나 나이가 연로한 세대에서만 이루어지고 있다고 한다. 오후 6시에 잠시 간식을 먹고 나서 다시 일을 한다. 퇴근해서 밤 9시에서 10시 경에 간단한 저녁을 먹는 것으로 하루의 식사를 마감한다. 보통 바(**bar** [바르])를 제외하고 레스토랑(**restaurante** [레스따우란-떼])이라고 된 곳은 점심식사 시간(1시 30분경)부터 문을 열고 5시 경에 문을 닫았다가 다시 8시 30분 경 부터 저녁식사를 위해 다시 문을 연다.

아침 (Desayuno 데사유-노)

　아침은 보통 7시경에 콘티넨탈 스타일, 즉 커피와 우유, 빵과 쨈 또는 뜨거운 초꼴라떼와 추로스(**Churros**: 막대모양의 빵을 튀겨, 설탕을 묻힌 과자)나 비스킷으로 가볍게 한다. 카페테리아에서는 특히 아침에 추로스를 뜨거운 초콜릿 음료에 적셔 먹는 모습을 쉽게 볼 수 있다.

히 스 패 닉 문 화 산 책

오전 간식 (Merienda 메리엔-다)

10~12경에는 가벼운 식사를 하는 사람이 많다. 스페인 사람들은 12시는 아직 오전이라고 생각해 점심식사와의 사이에 가볍게 식사를 하는데 바게트빵에 계란으로 만든 오믈렛의 일종인 또르띠야(tortilla)와 소시지의 일종인 초리소(chorizo)를 넣은 보까디요(bocadillo)나 과자, 빵 등을 먹는다. 멕시코에서는 또르따(torta), 께사디야(quesadilla) 또는 따꼬(taco) 등을 주로 먹는다.

점심 (Almuerzo 알무에-르소, Comida 꼬미-다)

11일 식사 중 가장 중점을 두는 것은 점심식사로 오후 2~4시경에 먹는다. 대개 스프, 샐러드, 생선요리, 메인 요리, 그리고 디저트까지 천천히 듬뿍 먹는다. 점심시간이 길어 자택에서 점심식사를 하고 일터로 다시 돌아오는 사람들로 잠시 러시아워가 되기도 한다.

오후 간식 (Merienda 메리엔-다)

저녁 6시경은 다시 오후 간식시간으로 바와 카페테리아가 붐빈다. 홍차나 따뜻한 우유와 함께 달콤한 빵과 크래커를 먹는다. 위장의 상태를 정돈해준다고 하여 만사니야(Manzanilla)라는 허브티를 자주 마신다. 멕시코에서는 또르따(torta)나 께사디야(quesadilla) 등의 간단한 간식과 함께 음료를 마신다.

저녁 (Cena 쎄-나)

밤 9시가 지나서 저녁식사를 하는데 점심식사 만큼 많이 하지는 않는다. 스프와 또르띠야 에스빠뇰라(감자와 양파를 넣은 오믈렛) 등을 먹거나 혹은 간단히 과일과 우유 혹은 요구르트 등으로 가볍게 식사를 한다.

연습문제 정답

1
- A. Los alumnos <u>obedecen</u> a su profesor.
  로스 알룸노스 오베데쎈 아 수 쁘로훼소르
  학생들은 그들의 교수에게 복종합니다.

- B. Mi madre ya <u>conduce</u> muy bien.
  미 마드레 야 꼰두쎄 무이 비엔
  나의 어머니는 이제 운전을 아주 잘 하십니다.

- C. Ella <u>oye</u> la radio todos los días.
  에야 오예 라 ㄹ라디오 또도스 로스 디아스
  그녀는 매일 라디오를 듣습니다.

- D. Ellos <u>salen</u> de la oficina a las seis.
  에요스 살렌 데 라 오휘씨나 아 라스 세이스
  그들은 사무실에서 6시에 나온다.

- E. Hoy nosotros <u>vamos</u> al cine con Isabel.
  오이 노소뜨로스 바모스 알 씨네 꼰 이사벨
  오늘 우리는 이사벨과 영화관에 간다.

- F. ¿De dónde <u>vienes</u> tú?
  데 돈데 비에네스 뚜
  너 어디서 오니?

- G. ¿Quién te <u>da</u> el dinero?
  끼엔 떼 다 엘 디네로
  누가 너에게 돈을 주니?

- H. ¿No quieres <u>ver</u> una película conmigo?
  노 끼에레스 베르 우나 뻴리꿀라 꼰미고
  나와 영화 한편 보지 않겠니?

- I. Mis padres <u>conocen</u> México.
  미스 빠드레스 꼬노쎈 메히꼬
  저의 부모님은 멕시코를 가보셨습니다.

- J. Él <u>pone</u> los libros en la mesa.
  엘 뽀네 로스 리브로스 엘 라 메사
  그는 책들을 테이블 위에 놓는다.

2
- A. Hoy hace frío. ¿No tienes frío?
  오이 아쎄 후라오 노 띠에네스 후라오

- B. Hoy es primero de junio.
  오이 에스 쁘리메로 데 후니오

- C. Tengo mucha sed.
  뗑고 무차 쎗

- D. ¿Qué hacen Uds. los sábados?
  께 아쎈 우스떼데스 로스 사바도스

- E. Subimos a la montaña los sábados.
  수비모스 알 라 몬따냐 로스 사바도스

- F. ¿Sabes tocar el piano?
  사베스 또까르 엘 삐아노

- G. ¿Conocen Uds. México?
  꼬노쎈 우스떼데스 메히꼬

- H. ¿Conoces a mi profesor de español?
  꼬노쎄스 아 미 쁘로훼소르 데 에스빠뇰

- I. ¿A qué hora vais a salir de casa?
  아 께 오라 바이스 아 살리르 데 까사

- J. ¿De dónde vienes ahora?
  데 돈데 비에네스 아오라

208 _ New Start 스페인어 첫걸음

스페인어 관용표현

◇ Meter la pata [메떼-르 라 빠-따] 실수하다

Pata [빠-따]는 짐승을 발을 뜻하는데 '발을 넣다(meter la pata)'라는 것은 '실수를 저지르다'의 뜻으로 사용된다. 같은 의미이면서 이 표현보다 더 강한 표현으로 '네발을 모두 넣다'라는 의미의 'meter las cuatro [메떼-르 라스 꾸아-뜨로]'가 있다.

Si no entiendes bien la situación, puedes meter la pata.
시 노 엔띠엔-데스 비엔 라 시뚜아씨온- 뿌에-데스 메떼-르 라 빠-따
그것을 잘 이해하지 못하면 실수할 수 있다.

Metí las cuatro cuando le hablé a la señorita de "tú".
메띠- 라스 꾸아-뜨로 꾸안-도 레 아블레- 알 라 세뇨리-따 데 뚜
나는 그 아가씨에게 tú라고 했다가 실수를 했다.

◇ aprovechar [아쁘로베차-르] 이용하다

Tenemos que aprovechar nuestro tiempo libre.
떼네-모스 께 아쁘로베차-르 누에-스뜨로 띠엠-뽀 리-브레
우리는 우리의 여가시간을 이용해야만 한다.

Tenemos que aprovechar este curso de español.
떼네-모스 께 아쁘로베차-르 에스떼 꾸-르소 데 에스빠뇰-
우리는 이 스페인어 과정을 이용해야만 한다.

◇ No me importa. [노 메 임뽀-르따] = Me da igual. [메 다 이구알-] 괜찮아. 마찬가지야.

A: ¿Qué quieres comer hoy, pizza o espagueti? 오늘 너 뭐 먹고싶니? 피자 아니면 스파게티?
   께 끼에-레스 꼬메-르 오이 삐싸 오 에스빠게-띠

B: Me da igual. 난 마찬가지야. 아무거나.
   메 다 이구알-

제 3과 Tengo mucha hambre. _ 209

Unidad 04

Te invito a cenar.

1. 인칭대명사의 직접목적격과 간접목적격
2. 사물의 목적격
3. 목적격의 용법
- 연습문제
- 히스패닉 문화산책_스페인의 전통요리
- 연습문제 정답

제 4과
저녁식사에 너를 초대한다.
Te invito a cenar. [떼 임비-또 아 쎄나르]

대화하기

1

Cristóbal : Hola, ¿cómo estás?
끄리스또-발 올라 꼬-모 에스따-스

Liliana : Bien, y ¿tú?
릴리아-나 비엔 이 뚜

Cristóbal : Bien, ¿qué vas a hacer hoy?
끄리스또-발 비엔 께 바스 아 아쎄-르 오이

Liliana : Mañana mis primos me visitan, por eso
릴리아-나 마냐-나 미스 쁘리-모스 메 비시-딴 뽀르 에-소

tengo que limpiar la casa.
뗑-고 께 림삐아-르 라 까사

Cristóbal : ¿Te ayudo?
끄리스또-발 떼 아유-도

Liliana : No, gracias, ya casi termino.
릴리아-나 노 그라-시아스 야 까시 떼르미-노

Cristóbal : ¿Dónde viven tus primos?
끄리스또-발 돈-데 비-벤 뚜스 쁘리-모스

Liliana : Viven en Buenos Aires, pero ahora están
릴리아-나 비-벤 엔 부에-노스 아-이레스 뻬-로 아오-라 에스딴-

de vacaciones.
데 바까씨오-네스

끄리스또발 : 안녕, 어떻게 지내니?
릴리아나 : 잘 지내, 너는?
끄리스또발 : 잘 지내, 오늘 뭐 할 거니?
릴리아나 : 내일 내 사촌들이 나를 방문할 거야, 그래서 집 청소를 해야만 해.
끄리스또발 : 내가 도와줄까?
릴리아나 : 아니야, 고마워. 이제 거의 끝나가.
끄리스또발 : 너의 사촌들은 어디 사니?
릴리아나 : 부에노스아이레스에 살아. 그런데 지금 방학 중이야.

2

Liliana : Me dicen que van a quedarse en mi casa por un mes. Los quiero mucho. Son muy simpáticos.

Cristóbal : ¿En verdad?, quiero conocerlos.

Liliana : ¡Cómo no! Entonces, te invito a cenar en mi casa, mañana a las ocho.

Cristóbal : Vale, nos vemos a las ocho en tu casa.

릴리아나 : 한 달 동안 내 집에 머물 거라고 해. 난 그들을 매우 좋아해. 아주 상냥한 아이들이야.
끄리스또발 : 정말이니? 그들을 알고 싶구나.
릴리아나 : 물론이지! 내 집에서 하는 저녁식사에 널 초대할게. 내일 8시야.
끄리스또발 : 좋았어, 네 집에서 8시에 보자.

단어 확인

te [떼] 너를
cenar [쎄나-르] 저녁식사하다
el primo [쁘리-모] 사촌
por eso [뽀르 에-소] 그래서, 그러므로
ayudar [아유다-르] 도와주다
casi [까-시] 거의
decir [데씨-르] 말하다
un mes [운 메스] 한 달
simpático [심빠-띠꼬] 상냥한
nos vemos [노스 베-모스] 우리 서로 보자, 우리 서로 만나자

invitar [임비따-르] 초대하다
hacer [아쎄-르] 하다
visitar [비시따-르] 방문하다
limpiar la casa [림삐아-르 라 까-사] 집 청소하다
ya [야] 이제
terminar [떼르미나-르] 끝마치다
quedarse en [께다-르세 엔] ~에 있다, 머물다
los [로스] 그들을
Vale [발-레] 좋아

문법알기

① 인칭대명사의 직접목적격과 간접목적격

주격		직접목적격		간접목적격	
yo	나	me	나를	me	나에게
tú	너	te	너를	te	너에게
él ella usted	그 그녀 당신	le, lo la le, lo, la	그를 그녀를 당신을	le (se)	그에게 그녀에게 당신에게
nosotros	우리들	nos	우리들을	nos	우리들에게
vosotros	너희들	os	너희들을	os	너희들에게
ellos ellas ustedes	그들 그녀들 당신들	les, los las les, los, las	그들을 그녀들을 당신들을	les (se)	그들에게 그녀들에게 당신들에게

쉽게 이해하도록 주격, 직접목적격, 간접목적격을 함께 정리해 놓았습니다. 주격은 이미 배운 대로 주어로 쓰이는 인칭대명사입니다. 직접목적격은 '~을, ~를'에 해당하는 직접목적어로 쓰이는 인칭대명사이고, 간접목적격 인칭대명사는 '~에게'에 해당하는 간접목적어를 말합니다.

목적격의 형태를 외우고 나서 다음으로 할 중요한 일은 이 목적격들을 문장에서 어디에 배치해야 할 것인가 하는 것입니다. 영어에서는 동사의 뒤에 오지만 스페인어의 목적격은 우리말과 위치가 같다고 볼 수도 있습니다. 예를 들어 '나는 <u>그녀를</u> <u>사랑해</u>.'라고 말하려면 '<u>Yo la quiero</u>'가 됩니다. 즉 모든 목적대명사는 동사 앞에 위치한다고 할 수 있습니다. 그럼, 우선 다음의 예문들을 살펴보고 나서 다시 공부해보도록 합시다.

Yo te quiero mucho. 나는 너를 너무 사랑해.
요 떼 끼에-로 무-초

Mi esposo me quiere mucho. 나의 남편은 나를 너무 사랑해.
미 에스뽀-소 메 끼에-레 무-초

Mis amigos me invitan a cenar. 내 친구들은 나를 저녁식사에 초대한다.
미스 아미-고스 메 임비-딴 아 쎄나-르

Nuestro maestro nos quiere mucho. 우리의 선생님은 우리를 무척 사랑하신다.
누에-스뜨로 마에-스뜨로 노스 끼에-레 무-초

Mi amiga me envía un mensaje. 내 여자친구는 나에게 문자를 보낸다.
미 아미-가 메 엠비-아 운 멘사-헤

El cliente le da propina al camarero. 손님은 웨이터에게 팁을 준다.
엘 끌리엔-떼 레 다 쁘로삐-나 알 까마레-로

Isabel nos enseña la gramática. 이사벨은 우리에게 문법을 가르친다.
이사벨- 노스 엔세-냐 라 그라마-띠까

❷ 사물의 목적격

	단수	복수
남성	**lo** 그것을, 그 사실을	**los** 그것들을
여성	**la** 그것을	**las** 그것들을

사물을 목적격으로 받게 될 경우는 대부분 직접목적격이 됩니다. lo의 '그 사실을'은 어떤 사실 전체를 받을 때 쓰는 목적격입니다.

Ella compra un lápiz. 그녀는 연필 한 자루를 산다.
에-이야 꼼-쁘라 운 라-삐스

Ella lo compra. 그녀는 그것을 산다.
에-이야 로 꼼-쁘라

Ella compra una novela.
에-이야 꼼-쁘라 우-나 노벨-라

그녀는 소설책 한 권을 산다.

Ella la compra.
에-이야 라 꼼-쁘라

그녀는 그것을 산다.

Yo compro las flores.
요 꼼-쁘로 라스 훌로-레스

나는 꽃들을 산다.

Yo las compro.
요 라스 꼼-쁘로

나는 그것들을 산다.

Yo creo que va a llover.
요 끄레-오 께 바 아 요베-르

나는 비가 오리라고 믿는다.

Yo lo creo.
요 로 끄레-오

나는 그 사실을 믿는다.

Creo que María viene mañana.
끄레-오 께 마리-아 비에-네 마냐-나

나는 내일 마리아가 오리라고 믿는다.

Lo creo.
로 끄레-오

나는 그 사실을 믿는다.

❸ 목적격의 용법

앞에서 공부한 바와 같이 목적격의 위치는 동사의 앞에 옵니다.

Mis padres me quieren mucho.
미스 빠-드레스 메 끼에-렌 무-초

나의 부모님은 나를 매우 사랑하십니다.

Ella me trae un vaso de agua.
에-이야 메 뜨라-에 운 바소 데 아-구아

그녀는 나에게 물 한 컵을 가져옵니다.

직접목적격과 간접목적격이 한 문장에 오면 간접목적격이 직접목적격 앞에 와야 합니다. 아래 문장에서 각각의 두 번째 문장은 간접목적격과 직접목적격이 같이 온 경우입니다.

Mi papá me regala una pluma. 아빠는 나에게 만년필을 선물합니다.
미 빠빠- 메 ㄹ레갈-라 우-나 쁠루-마

Mi papá me la regala. 아빠는 나에게 그것을 선물합니다.
미 빠빠- 메 라 ㄹ레갈-라

Mi novio me regala un pañuelo. 내 애인은 나에게 스카프를 선물합니다.
미 노-비오 메 ㄹ레갈-라 운 빠뉴엘-로

Mi novio me lo regala. 내 애인은 나에게 그것을 선물합니다.
미 노-비오 메 로 ㄹ레갈-라

이렇게 목적대명사가 2개가 오는 경우, 간접목적격과 직접목적격이 모두 3인칭이면 간접목적격 le와 les는 se로 바뀌어야 합니다. (le, les → se)

Yo compro una blusa a mi mamá. 나는 엄마에게 블라우스를 사드립니다.
요 꼼-쁘로 우-나 블루-사 아 미 마마-

Yo se la compro. (Yo le la compro. ✗) 나는 그녀에게 그것을 사드립니다.
요 세 라 꼼-쁘로

Yo les compro los abrigos a mis padres. 나는 부모님에게 코트를 선물합니다.
요 레스 꼼-쁘로 로스 아브리-고스 아 미스 빠-드레스

Yo se los compro. (Yo les los compro. ✗) 나는 그들에게 그것들을 선물합니다
요 세 로스 꼼-쁘로

기억하세요!

위의 두 문장을 목적대명사로 간단히 고친 경우, 첫 문장의 간접목적은 a mi mamá이므로 le가 되고, 직접목적은 una blusa이므로 la가 됩니다. 그러나 괄호 안의 표현처럼 le la가 아니고 간접목적격과 직접목적격이 모두 3인칭이므로 이때 간접목적격인 le는 se로 바뀌어야합니다.

목적대명사의 위치는 동사의 앞에 오지만 조동사와 함께 쓰인 경우 본동사의 어미에 붙여 쓰거나 그 조동사 앞에 쓸 수도 있습니다.

Los quiero conocer. 나는 그들을 알고 싶어.
로스 끼에-로 꼬노쎄-르

= Quiero conocerlos. 나는 그들을 알고 싶어.
끼에-로 꼬노쎄-를로스

Te voy a comprar una blusa. 너에게 블라우스 하나 사줄게.
떼 보이 아 꼼쁘라-르 우-나 블루-사

= Voy a comprarte una blusa. 너에게 블라우스 하나 사줄게.
보이 아 꼼쁘라-르떼 우-나 블루-사

Voy a comprártela. 너에게 그것을 사줄게.
보이 아 꼼쁘라-르뗄라

= Te la voy a comprar. 너에게 그것을 사줄게.
뗄 라 보이 아 꼼쁘라-르

Tienes que decírmelo. 너는 나에게 그 사실을 말해야한다.
띠에-네스 께 데씨-르멜로

= Me lo tienes que decir. 너는 나에게 그 사실을 말해야한다.
멜 로 띠에-네스 께 데씨-르

기억하세요!

목적격대명사를 어미에 붙여 쓰는 경우 동사에 악센트가 오지 않으면 악센트 표기를 해주어야 합니다.

Voy a decírtelo. 내가 너에게 그 사실을 말할 게.

제 4과 Te invito a cenar. _ 217

연습문제

1 다음 문장의 목적어(직접목적어, 간접목적어)들을 목적대명사로 바꾸어 간단한 문장으로 만드시오.

A. Quiero llamar a María. →
   끼에-로 야마-르 아 마리-아

B. Creo que María y Juan llegan mañana. →
   끄레-오 께 마리-아 이 후안 예-간 마냐-나

C. Él invita a Juan y a María. →
   엘 임비-따 아 후안 이 아 마리-아

D. Queremos a Teresa y a Carlos. →
   께레-모스 아 떼레-사 이 아 까-를로스

E. Estudio español ahora. →
   에스뚜-디오 에스빠뇰- 아오-라

F. Ella cree que yo soy coreano. →
   에-야 끄레-에 께 요 소이 꼬레아-노

G. Ella lava los platos. →
   예-야 라바 로스 쁠라-또스

H. Yo no puedo comprar los libros a los niños. →
   요 노 뿌에-도 꼼쁘라-르 로스 리-브로스 알 로스 니-뇨스

I. Vamos a comprar un apartamento a nuestros padres. →
   바-모스 아 꼼쁘라-르 운 아빠르따멘-또 아 누에-스뜨로스 빠-드레스

J. No invitamos a Carlos ni a Juana. →
   노 임비따-모스 아 까-를로스 니 아 후아-나

❷ 다음의 문장을 스페인어로 작문하시오.

A. A: 나는 구두를 사고 싶어. ➡
   B: 나도 역시 그것을 사고 싶어. ➡

B. 너에게 내일 전화 걸게. ➡

C. 나는 이 책을 그녀에게 돌려주어야만 해. ➡

D. 그녀는 나를 자기 집에 초대한다. ➡

E. 후안은 그녀를 아주 잘 안다. ➡

F. 너의 부모님이 그 사실을 알고 계시니? (그 사실 lo) ➡

G. A: 마리아는 우리가 내일 영화관에 간다는 것을 아니? ➡
   B: 아니, 그녀는 그 사실을 모르고 있어. ➡

H. A: 너는 부모님에게 크리스마스에 무엇을 선물할 거니? (크리스마스 la Navidad) ➡
   B: 속옷을 선물해드리려고 해. (속옷 la ropa interior) ➡

I. A: 당신은 그 사실을 사장님에게 말씀하실 건가요? ➡
   B: 네, 오늘 오후에 말씀드릴 겁니다. ➡

J. A: 내게 참치 통조림 하나만 사다줄 수 있니? (참치통조림 하나 una lata de atún) ➡
   B: 그래 지금당장 사다줄게. (지금 당장 ahora mismo) ➡

제 4과 Te invito a cenar. _ 219

히스패닉 문화 산책

스페인의 전통요리

스페인은 세계 제일의 올리브 생산 국가이기도 하다. 마늘, 토마토, 올리브 오일은 스페인 요리에서 가장 많이 사용되는 재료이며, 스페인 사람들은 매콤하고 달콤한 맛과 또한 자극적인 맛을 좋아하며, 후추, 세라노햄(Jamón serrano [하몬- 세ㄹ라-노])을 좋아한다.

스페인의 요리는 매우 다양하며, 세계적으로도 널리 알려져 있는데 각 지역별로 특징이 있다. 북부 해안 지방에는 생선과 해산물로 만든 훌륭한 요리가 있고, 남부 안달루시아 지방에는 여름철에 차게 먹는 음식인 가스파초(Gaspacho)가 있다.

빠에야 (Paella)

특히 지중해 연안의 쌀 생산지인 발렌시아 지방의 음식인 빠에야(Paella)는 쌀과 해산물, 그리고 닭고기를 함께 섞어 만든 요리로 많은 사람들이 즐겨 먹는 요리이다. 빠에야는 스페인식 철판 볶음밥인데, 원래 빠에야라는 말은 바닥이 넓고 깊이는 얕은 프라이팬을 가리킨다. 옛날 스페인 사람들이 들에서 일하다가 포도나 오렌지 나무의 가지를 꺾어서 불을 지피고, 그 위에 빠에야를 건 다음에 주변에서 쉽게 구할 수 있는 재료들을 넣고 조리하던 데서 유래되었다. 스페인 각 지방마다 독특한 조리법을 갖고 있는 빠에야(Paella)는 요즘은 닭고기와 양파, 마늘을 볶다가 쌀과 생선 육수를 붓고 새우, 조개 등의 해산물을 얹어서 만드는데, 사프란을 넣기 때문에 고운 노란색이 난다.

히스패닉 문화 산책

　우리 입맛에는 짜기 때문에 빠에야를 주문할 때는 소금을 넣지 말던지 조금만 넣어달라고 부탁을 해야 할 정도이다. 빠에야를 조리하다보면 바닥부분에 밥이 눌어붙거나 타서 마치 우리나라의 누룽지처럼 되는데, 이것을 스페인말로 '소카라다'라고 한다. 스페인 사람들은 소카라다를 무척 좋아해서 '소카라다가 없는 빠에야는 빠에야가 아니다'라는 말을 하기도 한다.

향신료-사프란 (azafrán)

　많이 쓰는 향신료는 사프란으로, 얼얼한 향도 내지만, 색을 내기 위해서 주로 사용한다. 붓꽃과에 속하는 식물의 꽃봉오리에서 암술만을 따서 말린 것으로 돈키호테의 고향인 라만차(La Mancha) 지방이 주산지다. 꽃 한 송이에서 세 가닥밖에 얻지 못하며, 1kg의 사프란을 얻으려면 무려 16만 가닥을 손으로 다듬어야 하기 때문에 세계에서 가장 비싼 향신료이다. 원래는 선홍색인데 물에 녹으면서 예쁜 노란색이 난다.

하몬(jamón), 초리소(chorizo)

　주로 먹는 요리는 하몬(jamón)이라고 부르는 햄과 초리소(chorizo)라고 하는 소시지다. 하몽은 돼지의 뒷다리를 소금에 절여서 장기간, 약 1년 동안 공기 중에 말린 것으로 훈제를 하지 않는다는 점이 일반 햄과 다르다. 하몬 가게에 가면 천장에 돼지다리들이 주렁주렁 매달려 있는 것을 볼 수 있다. 초리소는 소금과 다진 빨간 피망을 돼지의 내장에 채워서 만든 소시지이다.

연습문제 정답

1

A. Quiero llamar**la**. 또는 **La** quiero llamar. 나는 그녀를 부르길 원한다.
　　 끼에-로 야마-를라　　　라 끼에-로 야마-르

보충설명) 직접목적어 a María(마리아를)의 목적격은 la입니다. 조동사와 함께 쓰인 동사원형이므로 어미에 붙여 쓸 수도 있고, 조동사 앞에 쓸 수도 있습니다.

B. **Lo** creo. 나는 그 사실을 믿는다.
　　 로 끄레-오

보충설명) 여기서 'lo'는 '그 사실을'로 'que María y Juan llegan mañana'를 가리킵니다. 즉 '마리아와 후안이 내일 도착한다'는 사실을 가리키는 것입니다.

C. Él **los** invita. 그는 그들을 초대한다.
　　 엘 로스 인바-따

보충설명) 여기서 'los'는 'a Juan y a María'를 가리킵니다.

D. **Los** queremos. 우리는 그들을 사랑합니다.
　　 로스　께레-모스

보충설명) 여기서 'los'는 'a Teresa y a Carlos'를 가리킵니다.

E. **Lo** estudio ahora. 나는 지금 스페인어를 공부하고 있다.
　　 로 에스뚜-디오 아오-라

보충설명) 여기서 'lo'는 'español'을 가리킵니다.

F. Ella **lo** cree. 그녀는 그 사실을 믿는다.
　　 에-야 로 끄레-에

보충설명) 여기서 'lo'는 'que yo soy coreano'를 가리킵니다.

G. Ella **los** lava. 그녀는 그것들을 닦고 있다.
　　 에-야 로스 라-바

보충설명) 여기서 'los'는 'los platos'를 가리킵니다.

H. Yo no puedo comprár**selos**. 또는 Yo no **se los** puedo comprar.
　　 요 노 뿌에-도　꼼쁘라-르셀로스　　　요 노 셀 로스 뿌에-도 꼼쁘라-르
나는 그들에게 그것들을 사줄 수 없다.

보충설명) 여기서 'se'는 'a los niños'를, 'los'는 'los libros'를 가리킵니다.

I. Vamos a comprár**selo**. 또는 **Se lo** vamos a comprar.
　　 바-모스 아 꼼쁘라-르셀로　　　셀 로 바-모스 아 꼼쁘라-르
우리는 그들에게 그것을 사드릴 것입니다.

보충설명) 여기서 'se'는 'a nuestros padres'를, 'lo'는 'un apartamento'를 가리킵니다.

J. No **los** invitamos. 우리는 그들을 초대하지 않습니다.
　　 노　로스　임비따-모스

보충설명) 여기서 'los'는 'a Carlos ni a Juana'를 가리킵니다.

2

A. A: Quiero comprar los zapatos.
끼에―로 꼼쁘라―르 로스 사빠―또스

B: Yo también los quiero comprar. (혹은 Yo también quiero comprarlos.)
요 땀비엔― 로스 끼에―로 꼼쁘라―르   요 땀비엔― 끼에―로 꼼쁘라―를로스

B. Te voy a llamar mañana. 혹은 Voy a llamarte mañana.
떼 보이 아 야마―르 마냐―나   보이 아 야마―르떼 마냐―나

C. Tengo que devolverle a ella este libro.
뗑―고 께 데볼베―를레 아 에―야 에스떼 리―브로

혹은 Le tengo que devolver a ella este libro.
레 뗑―고 께 데볼베―르 아 에―야 에―스떼 리―브로

D. Ella me invita a su casa.
에―야 메 임비―따 아 수 까―사

E. Juan la conoce muy bien.
후안 라 꼬노―쎄 무이 비엔

F. ¿Lo saben tus padres?
로 사―벤 뚜스 빠―드레스

G. A: ¿María sabe que vamos a ir al cine mañana?
마리―아 사―베 께 바―모스 아 이르 알 씨네 마냐―나

B: No, ella no lo sabe.
노 에―야 노 로 사―베

H. A: ¿Qué vas a regalar a tus padres en la Navidad?
께 바스 아 ㄹ레갈라―르 아 뚜스 빠―드레스 엘 라 나비닷―

B: Voy a regalarles la ropa interior. (혹은 Les voy a regalar la ropa interior.)
보이 아 ㄹ레갈라―를레스 라 ㄹ로―빠 인떼리오―르   레스 보이 아 ㄹ레갈라―르 라 ㄹ로―빠 인떼리오―르

I. A: ¿Va a decirlo al presidente?
바 아 데씨―를로 알 쁘레시덴―떼

B: Sí, se lo voy a decir esta tarde. 혹은 Sí, voy a decírselo esta tarde.
씨 셀 로 보이 아 데씨―르 에―스따 따―르데   씨 보이 아 데씨―르셀로 에―스따 따―르데

J. A: ¿Me puedes comprar una lata de atún?
메 뿌에―데스 꼼브라―르 우나 라―따 데 아뚠

(혹은 ¿Puedes comprarme una lata de atún?)
뿌에―데스 꼼브라―르메 우나 라―따 데 아뚠

B: Sí, te la compro ahora mismo. (혹은 voy a comprártela ahora mismo.)
씨 뗄 라 꼼―쁘로 아오―라 미―스모   보이 아 꼼쁘라―르뗄라 아오―라 미―스모

CAPÍTULO 4

01 Me llamo Isabel.
내 이름은 이사벨이야.

02 Me gusta viajar.
나는 여행하는 것을 좋아해.

03 Me gusta el abrigo más caro.
나는 가장 비싼 코트가 좋아요.

04 ¿Todavía no ha partido el tren?
아직 기차가 떠나지 않았니?

Unidad 01

Me llamo Isabel.

1. 재귀동사
2. 상호의 se
3. 무인칭의 se
4. 수동의 se
- 연습문제
- 히스패닉 문화산책_식당의 메뉴보기
- 연습문제 정답

제 1과
내 이름은 이사벨이야.
Me llamo Isabel. [메 야모 이사벨]

대화하기

1

Alfonso : Hola, Isabel.
알폰—소　올—라　이사벨—

Isabel : Hola, Alfonso.
이사벨—　올—라　알폰—소

Alfonso : Isabel, te presento a mi amigo.
알폰—소　이사벨—　떼　쁘레센—또　아　미　아미—고

Isabel : Encantada.
이사벨—　엔깐따—다

Insu : Mucho gusto.
인수　무—초　구—스또

Isabel : Me llamo Isabel. ¿Cómo te llamas?
이사벨—　메　야—모　이사벨　꼬—모　떼　야—마스

Insu : Me llamo Insu.
인수　메　야—모　인수

알폰소 : 안녕, 이사벨.
이사벨 : 안녕, 알폰소.
알폰소 : 이사벨, 네게 내 친구를 소개할게.
이사벨 : 만나서 반가워.
인수 : 만나서 반가워.
이사벨 : 내 이름은 이사벨이야, 네 이름은 뭐니?
인수 : 내 이름은 인수야.

2

Isabel : **¿A qué te dedicas?**
이사벨- 아 께- 떼 데디-까스

Insu : **Me dedico a la enseñanza.**
인수 메 데디-꼬 아 라 엔세냔-사

Alfonso : **Sí, es profesor de coreano.**
알폰-소 씨 에스 쁘로훼소-르 데 꼬레아노

Isabel : **Entonces, ¿puedes enseñarme**
이사벨- 엔똔-쎄스 뿌에-데스 엔세냐-르메

coreano? Quiero aprenderlo.
꼬레아-노 끼에-로 아쁘렌데-를로

Insu : **Sí, cómo no. Con mucho gusto.**
인수 씨 꼬-모 노 꼰 무-초 구-스또

이사벨 : 너는 무슨 일을 하고 있니?
인수 : 교육에 종사해.
알폰소 : 그래, 한국어 선생이야.
이사벨 : 그럼, 나에게 한국어를 가르쳐줄 수 있니?
　　　　한국어를 배우고 싶어.
인수 : 그럼, 물론이지. 기꺼이.

단어 확인

Hola [올-라] 안녕
presentar [쁘레센따-르] 소개하다
Mucho gusto [무-초 구스또] 만나서 반갑습니다
me llamo [메 야-모] 내 이름은 ~이다
la enseñanza [엔세냔-사] 가르침
aprender [아쁘렌데-르] 배우다
lo [로] 그것을(여기서는 '한국어')

te [떼] 너에게(간접목적대명사)
Encantada [엔깐따-다] 만나서 반갑습니다.
llamarse [야마-르세] 이름이 ~이다
dedicarse a [데디까-르세 아] ~에 종사하다
enseñar [엔세냐-르] 가르치다
con mucho gusto [꼰 무-초 구-스또] 기꺼이

문법알기

❶ 재귀동사

재귀동사란 말 그대로 행위가 자기 자신에게로 돌아오는 것을 말합니다. 예를 들어 levantar[레반따-르]는 타동사로서 '~를 일으키다'라는 뜻이라면 levantarse[레반따-르세]가 되면 자동사가 되어 '일어나다'의 뜻이 됩니다. 여기에서 levantar 동사 뒤에 붙은 se[세]를 재귀대명사라고 하며, 재귀대명사 se[세]는 주어에 따라 각각 me[메], te[떼], se[세], nos[노스], os[오스], se[세]로 변화합니다. 그럼, 재귀동사 levantarse[레반따-르세]의 직설법현재 변화형을 외워보도록 합시다.

levantarse 일어나다
레반따-르세

me levanto	nos levantamos
메 레반-또	노스 레반따-모스
te levantas	os levantáis
떼 레반-따스	오스 레반따-이스
se levanta	se levantan
세 레반-따	세 레반-딴

1. 타동사를 자동사로

위와 같이 일반적으로 타동사 앞에 재귀대명사를 붙이면 재귀동사가 되고, 또한 행위가 주어 자신에게로 돌아오는 것을 말합니다. 재귀동사들은 특히 우리의 일상생활과 관련이 있는 것들이 많이 있습니다.

우선 하루의 일과를 통해서 살펴보도록 할까요?

잠에서 깨어나서(despertarse [데스뻬르따-르세]), 잠자리에서 일어나고(levantarse [레반따-르세]), 샤워를 하고(ducharse [두차-르세]), 아니면 목욕을 하고(bañarse [바냐-르세]), 수염을 깎고(afeitarse [아훼이따-르세]), 이를 닦고(lavarse los dientes [라바-르세 로스 디엔-떼스]), 머리를 빗고(peinarse [뻬이나-르세]), 옷을 입고(ponerse [뽀네-르세]), 아참, 여자라면 화장을 하고(maquillarse [마끼야-르세]), 집을 나와서 직장에 도착해 자리에 앉아서(sentarse [쎈따-르세]) 하루 종일 열심히 생활을 하고나서 집으로 돌아와 옷을 벗고(quitarse [끼따-르세]) 저녁식사를 하고 쉬었다가 잠자리에 들어(acostarse [아꼬스따-르세])야 하는 것이 우리의 일상적인 삶이 아니던가요!

levantar	일으키다	levantarse	일어나다
레반따-르		레반따-르세	

Yo levanto a mi esposa. 나는 와이프를 일으킵니다.
요 레반-또 아 미 에스뽀-사

Yo me levanto temprano. 나는 일찍 일어납니다.
요 메 레반-또 뗌쁘라-노

¿A qué hora te levantas? 너는 몇 시에 일어나니?
아 께 오-라 떼 레반-따스

Me levanto a las seis y media. 나는 6시 반에 일어나.
메 레반-또 아 라스 세이스 이 메-디아

¿A qué hora se levanta su madre? 당신의 어머님은 몇 시에 일어나십니까?
아 께- 오-라 세 레반-따 수 마-드레

Mi madre se levanta a las seis. 나의 어머님은 6시에 일어나십니다.
미 마-드레 세 레반-따 아 라스 세이스

duchar	샤워시키다	ducharse	샤워하다
두차-르		두차-르세	

Yo ducho a mis hijos todos los días. 나는 매일 아이들을 샤워시킵니다.
요 두초 아 미스 이-호스 또-도스 로스 디-아스

Me ducho en la noche. 나는 저녁에 샤워를 합니다.
메 두초 엔 라 노-체

Mis hijos se duchan todos los días. 내 아이들은 매일 샤워를 합니다.
미스 이-호스 세 두-찬 또-도스 로스 디-아스

| acostar | 잠자리에 눕히다 | acostarse | 잠자리에 눕다 |
| 아꼬스따—르 | | 아꼬스따—르세 | |

Yo acuesto a mi hijo a las nueve. 나는 내 아들을 9시에 잠자리에 눕힙니다.
요 아꾸에—스또 아 미 이—호 알 라스 누에—베

¿A qué hora se acuesta usted? 당신은 몇 시에 잠자리에 드십니까?
아 께 오—라 세 아꾸에—스따 우스뗏—

Me acuesto a las once. 저는 11시에 잠자리에 듭니다.
메 아꾸에—스또 아 라스 온—쎄

| sentar | 앉히다 | sentarse | 앉다 |
| 센따—르 | | 센따—르세 | |

Él sienta a su novia en la silla. 그는 그의 애인을 의자에 앉힙니다.
엘 시엔—따 아 수 노—비아 엔 라 시—야

Mis amigos se sientan en la silla. 내 친구들은 의자에 앉는다.
미스 아미—고스 세 시엔—딴 엔 라 시—야

| casar | 결혼시키다 | casarse | 결혼하다 |
| 까사—르 | | 까사—르세 | |

Juan casa a su hija este año. 후안은 금년에 자기 딸을 결혼시킨다.
후안 까사 아 수 이—하 에—스떼 아—뇨

Juan se casa este año. 후안은 금년에 결혼한다.
후안 세 까사 에—스떼 아—뇨

단어 확인

temprano [뗌쁘라—노] 일찍
a las seis [아 라스 세이스] 여섯 시에
en(por) la noche [엔(뽀르) 라 노—체] 밤에, 저녁에

¿A qué hora? [아 께 오—라] 몇 시에?
todos los días [또—도스 로스 디—아스] 매일

제 1과 Me llamo Isabel. _ 231

peinar	머리를 빗겨주다	peinarse	머리를 빗다
뻬이나-르		뻬이나-르세	

Ella peina a su hija todas las mañanas. 그녀는 매일 아침마다 그녀의 딸의 머리를 빗겨준다.
에-이야 뻬-이나 아 수 이-하 또-다스 라스 마냐-나스

Ella se peina una vez al día. 그녀는 하루에 한번 머리를 빗는다.
에-이야 세 뻬-이나 우나 베스 알 디-아

앞에서는 자세히 비교하면서 살펴보았습니다. 다음의 문장에 쓰인 재귀동사들도 많이 쓰이는 중요한 표현들이니 잘 익혀두도록 합시다.

Nos bañamos los domingos. 우리는 일요일마다 목욕을 합니다.
노스 바냐-모스 로스 도밍-고스

Mi esposo se afeita todos los días. 내 남편은 매일 면도를 합니다.
미 에스뽀-소 세 아풰-이따 또-도스 로스 디-아스

¿Cuántas veces al día te lavas los dientes? 하루에 몇 번 너는 이를 닦니?
꾸안-따스 베-쎄스 알 디-아 떼 라-바스 로스 디엔-떼스

Me lavo los dientes tres veces al día. 나는 하루에 세 번 이를 닦아.
메 라-보 로스 디엔-떼스 뜨레스 베-쎄스 알 디-아

Los niños se lavan la cara. 어린이들은 세수를 한다.
로스 니-뇨스 세 라-반 라 까-라

Tenemos que lavarnos las manos antes de comer. 우리는 식전에 손을 씻어야한다.
떼네-모스 께 라바-르노스 라스 마-노스 안-떼스 데 꼬메-르

Mi madre se pone el abrigo. 나의 어머니는 코트를 입으신다.
미 마-드레 세 뽀-네 엘 아브리-고

El niño se quita los zapatos. 어린아이는 신발을 벗는다.
엘 니-뇨 세 끼-따 로스 사빠-또스

Ella se mira en el espejo. 그녀는 거울을 봅니다.
에-야 세 미-라 엔 엘 에스뻬-호

¿Cómo se llama ella? 그녀의 이름이 뭔가요?
꼬-모 세 야-마 에-이야

Se llama Isabel. 그녀의 이름은 이사벨입니다.
세 야-마 이사벨

2. 본래의 재귀동사들

다음의 동사들은 언제나 재귀동사로만 사용되는 동사입니다. 전치사와 함께 숙어처럼 외우셔야합니다.

arrepentirse de 아르레뻰띠―르세 데	~을 후회하다	**atreverse a** 아뜨레베―르세 아	감히 ~하다
burlarse de 부를라―르세 데	~를 조롱하다	**enamorarse de** 엔아모라―르세 데	~에게 사랑에 빠지다
parecerse a 빠레쎄―르세 아	~를 닮다	**quejarse de** 께하―르세 데	~에 대해 불평하다

Me arrepiento de mi error.
메 아르레삐엔―또 데 미 에르로―르
나는 나의 실수를 후회합니다.

Él se atreve a conducir borracho.
엘 세 아뜨레―베 아 꼰두씨―르 보르라초
그는 감히 술에 취해 운전을 한다.

Ellos se burlan de ella.
에―요스 세 부―를란 데 에―이야
그들은 그녀를 놀리고 있다.

Él va a enamorarse de ella.
엘 바 아 엔아모라―르세 데 에―이야
그는 그녀에게 사랑에 빠질 것이다.

Me parezco mucho a mi papá.
메 빠레―스꼬 무―초 아 미 빠빠―
나는 나의 아빠를 많이 닮았다.

Los alumnos se quejan de la tarea.
로스 알룸―노스 세 께―한 델 라 따레―아
학생들은 과제물에 대해 불평한다.

단어 확인

bañarse [바냐―르세] 목욕하다
afeitarse [아훼이따―르세] 수염 깎다
lavarse las manos [라바―르세 라스 마―노스] 손 씻다
mirarse en el espejo [미라―르세 엔 엘 에스빼―호] 거울보다
el error [에르로―르] 실수
borracho [보르라초] 술 취한
los domingos [로스 도밍―고스] 일요일마다
lavarse los dientes [라바―르세 로스 디엔―떼스] 양치질하다
antes de [안―떼스 데] ~하기 전에
llamarse [야마―르세] 이름이 ~이다.
conducir [꼰두씨―르] 운전하다
la tarea [따레―아] 숙제, 과제

3. ponerse, hacerse, volverse 용법 (~이 되다)

재귀동사 ponerse[뽀네-르세], volverse[볼베-르세], hacerse[아쎄-르세] 다음에 보어로 주로 명사나 형용사가 와서 '~이 되다'(영어의 become의 의미)가 되는 특수한 표현입니다. 이때 보어로 쓰인 명사와 형용사는 주어의 성·수에 일치해야 합니다. 중요한 표현이니 모두 암기하도록 하세요!

Ella se pone nerviosa. 그녀는 긴장한다.
에야세 뽀-네 네르비오-사

Juan y María se ponen nerviosos. 후안과 마리아는 긴장한다.
후안 이 마리-아 세 뽀-넨 네르비오-소스

Teresa se pone pálida. 떼레사는 얼굴이 창백해진다.
떼레-사 세 뽀-네 빨-리다

Mi padre se pone rojo. 나의 아버지는 얼굴이 빨개지신다.
미 빠-드레 세 뽀-네 ㄹ로-호

Mi amigo se hace juez. 내 친구는 판사가 된다.
미 아미-고 세 아-쎄 후에-쓰

Ella se hace abogada. 그녀는 변호사가 된다.
에야세 아-쎄 아보가-다

Juan se vuelve loco. 후안은 미쳐버린다.
후안 세 부엘-베 로-꼬

❷ 상호의 se

재귀대명사의 복수형인 nos[노스], os[오스], se[세]와 함께 쓰여 경우에 따라 '서로'의 의미를 지니게 됩니다. '서로'의 의미를 지닌 부사는 mutuamente[무뚜아멘-떼]나 uno a otro[우노 아 오-뜨로]를 같이 쓸 수도 있습니다.

Juan y María se aman mucho. 후안과 마리아는 서로 사랑합니다.
후안 이 마리-아 세 아-만 무-초

Nos escribimos un e-mail todos los días. 우리는 서로 이메일을 매일 씁니다.
노스 에스끄리비-모스 운 이메일 또-도스 로스 디-아스

Los invitados se saludan. 초대받은 사람들은 서로 인사를 나눕니다.
로스 임비따-도스 세 살루-단

Nos vemos mañana. 내일 봅시다.
노스 베-모스 마냐-나

❸ 무인칭의 se

재귀대명사 3인칭 단수 se[세]와 3인칭 단수 동사를 써서 특정 주어가 아닌 '모든 사람들'이 주어가 되는 표현입니다. 문장에 주어가 표기되지 않지만 주어는 '모든 사람, 사람들'이 됩니다.

Se dice que va a llover hoy.
세 디-쎄 께 바 아 요베-르 오이
오늘 비가 올 거라고 말한다.

¿Cómo se dice 'apple' en español?
꼬-모 세 디-쎄 애플 엔 에스빠뇰-
'apple'을 스페인어로 뭐라고 말합니까?

Se habla español en Colombia.
세 아-블라 에스빠뇰- 엔 꼴롬-비아
콜롬비아에서는 스페인어를 말한다.

❹ 수동의 se

재귀대명사 3인칭 단수와 복수가 쓰여 수동의 의미로 쓰일 때가 있습니다.

Se alquilan los apartamentos.
세 알낄-란 로스 아빠르따멘-또스
아파트들이 세놓아진다.

Se venden las entradas aquí.
세 벤-덴 라스 엔뜨라-다스 아까-
여기에서 입장권이 팔린다.

Se celebra una fiesta.
세 쎌레-브라 우-나 휘에스-따
파티가 열린다.

단어 확인

ponerse nervioso [뽀네-르세 네르비오-소] 긴장해지다
ponerse rojo [뽀네-르세 ㄹ로-호] 얼굴이 빨개지다
el abogado [아보가-도] 변호사
amarse [아마-르세] 서로 사랑하다
escribirse [에스끄리비-르세] 서로 편지를 주고받다
saludarse [살루다-르세] 서로 인사하다
verse [베-르세] 서로 보다, 서로 만나다
se dice [세 디-쎄] (사람들은) 말한다
el apartamento [아빠르따멘-또] 아파트
la entrada [엔뜨라-다] 입장권

ponerse pálido [뽀네-르세 빨-리도] 창백해지다
hacerse juez [아쎄-르세 후에-스] 판사가 되다
volverse loco [볼베-르세 로-꼬] 미쳐버리다
escribir [에스끄리비-르] 편지쓰다
saludar [살루다-르] 인사하다
ver [베르] 보다
decir [데싸-르] 말하다
alquilar [알낄라-르] 임대하다
vender [벤데-르] 팔다
celebrar [쎌레브라-르] 개최하다

연습문제

1 필요하면 문맥에 맞게 괄호 안에 재귀 대명사를 써넣으시오. (필요 없으면 X를 치시오)

A. ¿A qué hora (　　) acostáis vosotros?

B. (　　) dice que mañana no hay clases.

C. Juan y María (　　) abrazan todos los días.

D. Ella quiere poner(　　) los pantalones.

E. Él (　　) pone una taza de café en la mesa.

F. La mamá le (　　) lava la cara a su hijo.

G. (　　) venden libros aquí.

H. Juan y María (　　) aman mucho.

I. (　　) habla español en Argentina.

J. (　　) parezco mucho a mi madre.

❷ 다음의 문장을 스페인어로 작문하시오.

A. 우리는 7시에 일어납니다.
   ➡

B. 나는 토요일마다 목욕을 한다.
   ➡

C. 나는 아침마다 수염을 깎습니다.
   ➡

D. 우리는 겨울에 코트를 입습니다.
   ➡

E. 너의 스페인어 선생님의 이름이 뭐니?
   ➡

F. 어린이는 식사 후에 이를 닦는다.
   ➡

G. 우리는 매일 서로 전화통화를 합니다. (hablar por teléfono 전화통화하다)
   ➡

H. 내 딸은 항상 거울을 봅니다. (mirarse en el espejo 거울보다)
   ➡

I. 너희들은 서로 많이 닮았구나.
   ➡

J. 졸업식이 개최된다. (celebrar 개최하다)
   ➡

히스패닉 문화 산책

식당의 메뉴보기

스페인어권에서는 레스토랑의 등급을 포크(**tenedor** [떼네도-르])의 숫자 (1-5개)로 표시하기도 한다. 또한 격조가 있는 호화 식당에 갈 때에는 복장도 잘 갖추어야 한다. 남자는 양복을 입어야하고 여자도 멋지게 치장을 하고 가야 한다. 이렇게 식당의 등급에 따라 다를 수 있으니 혹시 누군가에게 초대를 받아 좋은 식당을 갈 때에는 꼭 신경을 써야한다.

Comidas a la carta [꼬미-다스 알 라 까르때]

carta는 메뉴판을 말하며, **comidas a la carta**의 경우 웨이터에게 메뉴판을 부탁하여 에피타이저, 본식, 후식 등을 선별하여 주문하는 경우를 말한다.

Menú del día [메누- 델 디-아]

보통 평일 점심때 식당마다 그날의 2-3가지 메뉴를 정해 놓고 값싸게 제공하는 '오늘의 특선 메뉴'를 말한다. 우리의 '백반'과 같다고 할 수 있다. 평일 점심에 저렴한 가격에 풀코스의 식사를 하길 원한다면 **menú del día**를 선택하는 것이 좋다.

Restaurante La Cantina	레스토랑 '라 깐띠나'
Menú del día (de lunes a viernes)	오늘의 특선 메뉴 (월요일 - 금요일)
Primero : Sopa / Ensalada / Pastas con crema	전채요리 : 수프 / 샐러드 / 크림 파스타 중 택1
Segundo : Chuletas con papas fritas / Milanesa	주요리 : 갈비구이와 감자튀김 / 비프까스 중 택1
Postre : Pastel / Flan / Helado	후식 : 케이크 / 푸딩 / 아이스크림 중 택1
Bebidas : Refresco, té o café	음료 : 청량음료, 차, 혹은 커피
70 pesos (IVA incluido)	70 페소 (부가세 포함)

히스패닉 문화 산책

후식으로 마시는 음료

café solo [까풰 솔-로] 블랙커피
café descafeinado [까풰 데스까풰이나-도]: 카페인이 없는 커피
café cortado [까풰 꼬르따-도] cortado는 작은 잔에 아주 진한 커피를 담고 우유를 조금만 부어 마시는 커피
café con leche [까풰 꼰 레-체] 밀크커피
café capuchino [까풰- 까뿌치-노] 카푸치노 커피
café americano [까풰 아메리까-노] 아메리카노 커피
café de olla [까풰 데 오-야] 멕시코에서 주로 마시는 커피로 커피를 굵게 갈아서 계피와 설탕을 넣고 오래 끓인 구수한 커피를 말한다.
té de manzanilla [떼 데 만사니-야] 만사니야 차(카모마일)

음료를 주문하는 방법

음료를 간단히 주문하는 방법은 다음의 음료를 말하고 나서 por favor(뽀르 화보-르)라고 하면 된다. 예를 들어 사과 주스를 한잔 원한다면 간단히 Un jugo de manzana, por favor(운 후-고 데 만사-나 뽀르 화보-르)라고 하면 된다.

una botella de agua mineral con gas 탄산수 한 병
우나 보떼-야 데 아-구아 미네랄- 꼰 가스

una botella de agua mineral sin gas 물 한 병
우나 보떼-야 데 아-구아 미네랄 신 가스

una caña 혹은 un tarro 생맥주 한잔
우나 까냐   운 따-ㄹ로

una botella de vino tinto 적포도주 한 병
우나 보떼-야 데 비-노 띤-또

una copa de vino tinto 적포도주 한 잔
우나 꼬-빠 데 비-노 띤-또

dos copas de vino blanco 백포도주 두 잔
도스 꼬-빠스 데 비-노 블랑-꼬

una copa de champán 샴페인 한 잔
우나 꼬-빠 데 참빤-

una jarra de vino 포도주 한 주전자
우나 하-ㄹ라 데 비-노

un vaso de agua con hielo 얼음 넣은 물 한 잔
운 바소 데 아-구아 꼰 이엘-로

una lata de Coca Cola 콜라 한 캔
우나 라-따 데 꼬까 꼴라

un zumo(jugo) de naranja natural 생 오렌지 주스
운 수모 후-고 데 나랑-하 나뚜랄-

dos tés de manzanilla 만사니야 차 두 잔
도스 떼스 데 만사니-야

tres cafés con leche y un café americano 밀크커피 세 잔과 아메리카노 커피 한 잔
뜨레스 까풰-스 꼰 레-체 이 운 까풰- 아메리까-노

제 1과 Me llamo Isabel. _ 239

연습문제 정답

1
A. ¿A qué hora (**os**) acostáis vosotros?
아 께 오라 오스 아꼬스따이스 보소뜨로스
너희들은 몇 시에 잠자리에 드니? (acostarse 잠자리에 들다)

B. (**Se**) dice que mañana no hay clases.
세 디쎄 께 마냐나 노 아이 끌라세스
내일 강의가 없다고 한다. (se dice: 무인칭의 se)

C. Juan y María (**se**) abrazan todos los días.
후안 이 마리아 세 아브라산 또도스 로스 디아스
후안과 마리아는 매일 서로 포옹한다. (상호의 se)

D. Ella quiere poner(**se**) los pantalones.
에야 끼에레 뽀네르세 로스 빤딸로네스
그녀는 바지를 입기를 원한다.
(ponerse 입다; 이 경우에는 재귀대명사 se를 동사의 어미에 붙여써야 한다.)

E. Él (**X**) pone una taza de café en la mesa.
엘 뽀네 우나 따사 데 까훼 엔 라 메사
그는 커피 잔을 테이블에 놓는다. (poner 놓다)

F. La mamá le (**X**) lava la cara a su hijo.
라 마마 레 라바 라 까라 아 수 아호
엄마는 자기 아들의 얼굴을 닦아준다. (lavar 닦다)

G. (**Se**) venden libros aquí.
세 벤덴 리브로스 아끼
여기에서 책이 팔린다. (se venden: 수동의 se)

H. Juan y María (**se**) aman mucho.
후안 이 마리아 세 아만 무초
후안과 마리아는 서로 무척 사랑한다. (상호의 se)

I. (**Se**) habla español en Argentina.
세 아블라 에스빠뇰 엔 아르헨띠나
아르헨티나에서는 스페인어를 말한다. (se habla: 무인칭의 se)

J. (**Me**) parezco mucho a mi madre.
메 빠레스꼬 무초 아 미 마드레
나는 나의 엄마를 많이 닮았다. (parecerse a: ~를 닮다)

❷ A. **Nos levantamos a las siete.**
  노스 레반따모스 알 라스 시에떼

B. **Yo me baño los sábados.**
  요 메 바뇨 로스 사바도스

C. **Me afeito por (en) las mañanas.**
  메 아훼이또 뽀르 (엔) 라스 마냐나스

D. **Nos ponemos el abrigo en invierno.**
  노스 뽀네모스 엘 아브라고 엔 임비에르노

E. **¿Cómo se llama tu profesor de español?**
  꼬모 세 야마 뚜 쁘로훼소르 데 에스빠뇰

F. **El niño se lava los dientes después de comer.**
  엘 니뇨 세 라바 로스 디엔떼스 데스뿌에스 델 꼬메르

G. **Nos hablamos por teléfono todos los días.** (상호의 se)
  노스 아블라모스 뽀르 뗄레훠노 또도스 로스 디아스

H. **Mi hija siempre se mira en el espejo.**
  미 아하 시엠쁘레 세 마라 엔 엘 에스뻬호

I. **Vosotros os parecéis mucho.**
  보소뜨로스 오스 빠레쎄이스 무초

J. **Se celebra la ceremonia de graduación.** (수동의 se)
  세 쎌레브라 라 쎄레모니아 데 그라두아씨온

Unidad 02

Me gusta viajar.

1. 동사 Gustar의 용법
2. 인칭대명사의 전치격
3. 재귀대명사의 전치격
4. 현재분사와 현재 진행형
- 연습문제
- 히스패닉 문화산책_멕시코의 떼낄라
- 연습문제 정답

제 2과
나는 여행하는 것을 좋아해.
Me gusta viajar. [메 구스따 비아하르]

대화하기

1

Sonia: ¿Qué te gusta hacer durante las vacaciones?
소-니아   께 떼 구-스따 아쎄-르 두란-떼 라스 바까씨오-네스

Jesús: Me gusta viajar.
헤수-스   메 구-스따 비아하-르

Sonia: ¿En verdad?, a mí también me gusta viajar. En estas vacaciones de verano voy a ir a México. Y tú, ¿qué vas a hacer?
소-니아   엔 베르닷 아 미 땀비엔- 메 구-스따 비아하-르 엔 에-스따스 바까시오-네스 데 베라노 보이 아 이르 아 메-히꼬 이 뚜 께 바스 아 아쎄-르

Jesús: Tengo que terminar mi tesis de maestría.
헤수-스   뗑-고 께 떼르미나-르 미 떼-시스 데 마에스뜨리-아

소니아: 방학 동안에 너 뭐하는 것을 좋아하니?
헤수스: 나는 여행하는 것을 좋아해.
소니아: 정말이니? 나도 역시 여행하는 것을 좋아해. 이번 여름방학에 멕시코에 갈 거야. 너는 뭐 할 거니?
헤수스: 나는 내 석사 논문을 끝마쳐야만해.

2

Jesús: Me quedan tres meses para presentarla. Por eso no puedo viajar en estas vacaciones.

Sonia: ¡Qué lástima! ¿De qué estás escribiendo la tesis?

Jesús: Estoy escribiendo sobre Don Quijote.

Sonia: ¡Qué interesante! Me interesa tu tesis.

헤수스: 논문을 제출하려면 3개월 남았어. 그래서 이번 휴가에 여행을 할 수가 없단다.
소니아: 유감이구나! 논문을 뭐에 대해서 쓰고 있니?
헤수스: 돈키호테에 관해서 쓰고 있는 중이야.
소니아: 재미있구나! 난 너의 논문에 흥미가 있는데.

단어 확인

durante [두란—떼] ~동안에
también [땀비엔—] 역시
la tesis de maestría [떼—시스 데 마에스뜨라—아] 석사논문
presentar [쁘레센따—르] 제출하다
ir de vacaciones [이르 데 바까씨오—네스] 휴가를 떠나다
escribir [에스끄리비—르] 쓰다
interesar [인떼레사—르] 흥미를 가지게 하다
viajar [비아하—르] 여행하다
terminar [떼르미나—르] 끝마치다, 끝나다
quedar [께다—르] 남다
la [라] 그것을 (la tesis를 가리킴)
¡Qué lástima! [께 라스띠마] 유감이구나!
sobre [소—브레] ~에 관해서

문법알기

❶ 동사 Gustar의 용법

(a mí) (a ti) (a él, a ella, a Ud.)	Me Te Le Nos Os Les	gusta	el melón
(a nosotros) (a vosotros) (a ellos, a ellas, a Uds.)		gustan	las frutas

스페인어에서 **gustar** 동사는 '~을 좋아하다'로 영어의 **like**에 해당하는 중요한 동사입니다.

위의 도표에서와 같이 3인칭 단수와 복수만을 쓰는 동사로 주어는 간접목적격을 쓰는 특수한 동사입니다. 문법적으로 살펴보면 주어는 우리가 목적어로 해석하는 'el melón[멜론] 메론'과 'las frutas[프루-따스] 과일들'이 됩니다. 우리가 해석할 때는 '(나는) 멜론을 좋아 한다', '(나는) 과일을 좋아 한다'와 같이 목적어로 해석하지만 목적어인 '메론'과 '과일들'이 문법상으로 주어이므로 '멜론'은 3인칭 단수인 gusta를 쓰고, '과일들'은 3인칭 복수인 gustan을 쓰는 것입니다. 반대로 해석상의 주어인 '나'는 간접목적격인 me를 써야합니다.

¿Qué fruta te gusta?
께 프루-따 떼 구-스따

너는 무슨 과일을 좋아하니?

Me gusta el melón.
메 구-스따 엘 멜론-

나는 멜론을 좋아해.

¿Qué fruta le gusta a Ud.?
께 프루-따 레 구-스따 아 우스뗏-

당신은 무슨 과일을 좋아하십니까?

Me gustan todas las frutas.
메 구-스딴 또-다스 라스 프루-따스

저는 모든 과일을 좋아합니다.

또한 gustar 동사 다음에 동사원형이 오기도 합니다. 이때는 여러 개의 동사가 와도 무조건 단수 gusta만을 써야합니다.

¿Qué te gusta hacer? 너는 뭐 하는 것을 좋아하니?
께 떼 구-스따 아쎄-르

Me gusta tomar cerveza con mis amigos. 나는 친구들과 맥주마시는 것을 좋아해.
메 구-스따 또마-르 쎄르베-사 꼰 미스 아미-고스

¿Qué les gusta hacer a ustedes? 당신들은 뭐 하시는 것을 좋아하십니까?
께 레스 구-스따 아쎄-르 아 우스떼-데스

Nos gusta cantar y bailar. 우리는 노래하고 춤추는 것을 좋아합니다.
노스 구-스따 깐따-르 이 바일라-르

3인칭의 경우 주어를 확실히 밝혀주기 위해서는 중복형을 써주어야 합니다. 중복형은 '전치사 a + 인칭대명사의 전치격이나 명사'를 쓰시면 됩니다. 중복형의 위치는 문장 맨 앞이나 **gustar**동사 직후에 올 수 있습니다.

A él no le gusta la carne. 그는 고기를 싫어합니다.
아 엘 노 레 구-스따 라 까르네

No le gusta a ella el pescado. 그녀는 생선을 싫어합니다.
노 레 구-스따 아 에-이야 엘 뻬스까도

A ellos les gusta la carne. 그들은 고기를 좋아합니다.
아 에-요스 레스 구-스따 라 까르네

Les gusta a ellas el pescado. 그녀들은 생선을 좋아합니다.
레스 구-스따 아 에-야스 엘 뻬스까도

A mi padre le gusta la carne. 아버지는 고기를 좋아하십니다.
아 미 빠-드레 레 구-스따 라 까르네

Le gusta a mi madre el pescado. 어머니는 생선을 좋아하십니다.
레 구-스따 아 미 마-드레 엘 뻬스까도

A mis amigos les gusta esquiar. 내 친구들은 스키 타는 것을 좋아합니다.
아 미스 아미-고스 레스 구-스따 에스끼아-르

Les gusta a mis amigas ir de compras. 내 여자친구들은 쇼핑가는 것을 좋아합니다.
레스 구-스따 아 미스 아미-가스 이르 데 꼼-쁘라스

gustar와 같은 용법으로 쓰이는 다른 많은 동사들이 있습니다. 많이 쓰이는 동사들만 우선 살펴보도록 하겠습니다.

quedar 남다 께다-르	**Me queda un dólar.** 메 께-다 운 돌-라르	내게 1달러 남아있다.
	Nos quedan cien dólares. 노스 께-단 씨엔 돌-라레스	우리에게 100달러 남아있다.
doler 아프다 돌레-르	**Me duele la cabeza.** 메 두엘-레 라 까베-사	나는 머리가 아프다.
	Me duelen los pies. 메 두엘-렌 로스 삐에스	나는 발이 아프다.
	A mi jefe le duelen los dientes. 아 미 헤-훼 레 두엘-렌 로스 디엔-떼스	내 상사는 이가 아프다.
faltar 부족하다, 활따-르 필요하다 **(= hacer falta)** 아쎄-르 활-따	**Me falta hacer ejercicio.** 메 활-따 아쎄-르 에헤르씨-씨오	나는 운동하는 것이 부족하다(필요하다).
	= Me hace falta hacer ejercicio. 메 아-쎄 활-따 아쎄-르 에헤르씨-씨오	
	Nos faltan cien mil wones. 노스 활-딴 씨엔 밀 워-네스	우리는 십만 원이 부족하다(필요하다).
	= Nos hacen falta cien mil wones. 노스 아-쎈 활-따 씨엔 밀 워-네스	
molestar 괴롭 몰레스따-르 히다	**Me molesta el ruido.** 메 몰레-스따 엘 루이-도	나는 시끄러운 소리가 괴롭다.
	¿Te molesta el humo del cigarro? 떼 몰레-스따 엘 우-모 델 씨가-르로	담배 연기가 괴롭니?
parecer 생각하다 빠레쎄-르	**¿Qué te parece?** 께 떼 빠레-쎄	너는 어떻게 생각해?
	Me parece bien. 메 빠레-쎄 비엔	내 생각에는 좋은데.
dar miedo 무섭다 다르 미에-도	**Nos da miedo salir en la noche.** 노스 다 미에-도 살리-르 엔 라 노-체	우리는 밤에 외출하는 것이 무섭다.
	A las niñas les dan miedo los perros. 아 라스 니-냐스 레스 단 미에-도 로스 뻬-르로스	여자아이들은 개들이 무섭다.

② 인칭대명사의 전치격

인칭대명사 주격	인칭대명사의 전치격
yo 요	(전치사) mí 미
tú 뚜	(전치사) ti 띠
él, ella, usted 엘 에-야 우스뗏-	(전치사) él, ella, usted 엘 에-야 우스뗏-
nosotros(as) 노소-뜨로스(라스)	(전치사) nosotros(as) 노소-뜨로스(라스)
vosotros(as) 보소-뜨로스(라스)	(전치사) vosotros(as) 보소-뜨로스(라스)
ellos, ellas, ustedes 에-요스 에-야스 우스떼-데스	(전치사) ellos, ellas, ustedes 에-요스 에-야스 우스떼-데스

인칭대명사의 전치격이란 인칭대명사가 전치사 다음에 오는 경우를 말합니다. 인칭대명사의 주격과 비교하면 yo[요]와 tú[뚜]만 형태가 다르다는 것을 아실 수 있습니다.

A mí me gusta la cerveza.   나는 맥주를 좋아합니다.
아 미 메 구-스따 라 쎄르베-사

Estoy de acuerdo con usted.   저는 당신에게 동의합니다.
에스또-이 데 아꾸에-르도 꼰 우스뗏-

Mis padres siempre piensan en mí. 나의 부모님은 항상 나를 생각하신다.
미스 빠-드레스 시엠-쁘레 삐엔-산 엔 미

Esto es para ti.   이것은 너를 위한 것이야.
에-스또 에스 빠-라 띠

Él está triste por ella.   그는 그녀 때문에 슬퍼하고 있다.
엘 에스따- 뜨라-스떼 뽀르 에-야

La niña está detrás de ti.   어린아이가 네 뒤에 있다.
라 니-냐 에스따- 데뜨라-스 데 띠

전치사 con과 함께 쓰일 때는 mí와 ti는 conmigo, contigo가 됩니다. 주의하세요.

Mis padres están enojados conmigo. 나의 부모님은 나에게 화가 나 계시다.
미스   빠-드레스   에스딴-   에노하-도스   꼼미-고

Estoy de acuerdo contigo.   난 너에게 동의해.
에스또-이 데   아꾸에-르도   꼰띠-고

Mi novio quiere ir al cine conmigo. 내 애인은 나와함께 영화관에 가길 원한다.
미   노-비오   끼에-레 이르 알 씨-네   꼼미-고

❸ 재귀대명사의 전치격

재귀대명사	재귀대명사의 전치격
me 메	(전치사) **mí** 미
te 떼	(전치사) **ti** 띠
se 세	(전치사) **sí** 씨
nos 노스	(전치사) **nosotros(as)** 노소-뜨로스(라스)
os 오스	(전치사) **vosotros(as)** 보소-뜨로스(라스)
se 세	(전치사) **sí** 씨

재귀대명사도 전치사 다음에 오면 전치격으로 바뀌게 됩니다. 이때 전치격 다음에 '자신의'라는 의미를 지닌 형용사 mismo[미-스모]를 같이 쓸 수도 있습니다.

Pienso en mí mismo.   나는 나 자신을 생각한다.
삐엔-소   엔   미   마-스모

Tú trabajas para ti mismo.   너는 너 자신을 위해서 일한다.
뚜   뜨라바-하스   빠-라 띠 미-스모

Él trabaja para sí mismo.
엘 뜨라바하 빠라 씨 미-스모

그는 그 자신을 위해서 일한다.

Ella trabaja para sí misma.
에-이야 뜨라바하 빠라 씨 미-스마

그녀는 그녀 자신을 위해서 일한다.

Trabajamos para nosotros mismos.
뜨라바하-모스 빠라 노소-뜨로스 미-스모스

우리는 우리 자신을 위해서 일한다.

Ellos trabajan para sí mismos.
예-요스 뜨라바한 빠라 씨 미-스모스

그들은 그들 자신을 위해서 일한다.

Ellas trabajan para sí mismas.
예-야스 뜨라바한 빠라 씨 미-스마스

그녀들은 그녀들 자신을 위해서 일한다.

전치사 con과 함께 쓰일 때는 mí, ti, sí는 각각 **conmigo, contigo, consigo**가 됩니다. 이 경우 '손수', '자신이 직접'으로 해석이 됩니다.

Él lleva consigo su maleta.
엘 예-바 꼰시-고 수 말레-따

그는 손수 그의 가방을 가지고 간다.

Ellas llevan consigo sus maletas.
에-야스 예-반 꼰시-고 수스 말레-따스

그녀들은 손수 그녀들의 가방을 가지고 간다.

기억하세요!

인칭대명사의 전치격과 재귀대명사의 전치격을 구분하는 방법을 알려드리겠습니다.

• 주어와 동일한 인칭이면 재귀대명사의 전치격입니다.
Yo pienso en mí mismo. 나는 나 자신을 생각한다. (Yo = mí)
Ella piensa en sí misma. 그녀는 그녀 자신을 생각한다. (Ella = sí)

• 주어와 동일하지 않은 인칭이면 인칭대명사의 전치격입니다.
Él piensa en mí. 그는 나를 생각한다. (Él ≠ mí)
Yo pienso en ella. 나는 그녀를 생각한다. (Yo ≠ ella)

④ 현재분사와 현재진행형

1. 현재분사

cantar	노래하다	—	**cantando**
깐따─르			깐딴─도
comer	먹다	—	**comiendo**
꼬메─르			꼬미엔─도
vivir	살다	—	**viviendo**
비비─르			비비엔─도

현재분사는 영어의 -ing형을 말합니다. 스페인어의 현재분사는 ~ar형 동사는 -ando를, ~er, ~ir형 동사는 -iendo를 어간에 붙여주면 됩니다.

그러나 따로 외워두어야 할 불규칙형이 있습니다. ~ar형 동사에는 불규칙형이 없습니다.

어간이 변하는 동사들

decir	말하다	—	**diciendo**
데씨─르			디씨엔─도
venir	오다	—	**viniendo**
베니─르			비니엔─도
sentir	느끼다	—	**sintiendo**
센띠─르			신띠엔─도
pedir	요구(주문)하다	—	**pidiendo**
뻬디─르			삐디엔─도
repetir	반복하다	—	**repitiendo**
ㄹ레뻬띠─르			ㄹ레삐띠엔─도
dormir	자다	—	**durmiendo**
도르미─르			두르미엔─도
morir	죽다	—	**muriendo**
모리─르			무리엔─도
poder	~할 수 있다	—	**pudiendo**
뽀데─르			뿌디엔─도

어간이 모음으로 끝나는 동사들 (iendo → yendo)

ir 이르	가다	—	**yendo** 옌-도
leer 레에-르	읽다	—	**leyendo** 레옌-도
creer 끄레에-르	믿다	—	**creyendo** 끄레옌-도
oír 오아-르	듣다	—	**oyendo** 오옌-도
traer 뜨라에-르	가져오다	—	**trayendo** 뜨라옌-도
caer 까에-르	떨어뜨리다	—	**cayendo** 까옌-도
huir 우이-르	도망치다	—	**huyendo** 우옌-도
construir 꼰스뜨루이-르	건설하다	—	**construyendo** 꼰스뜨루옌-도

2. 현재진행형

동사 estar의 현재형 + 현재분사

¿Qué está haciendo tu hija? 네 딸은 뭘 하고 있니?
께 에스따 아씨엔-도 뚜 이-하

Mi hija está cantando en su cuarto. 내 딸은 자기 방에서 노래하고 있어.
미 이-하 에스따 깐딴-도 엔 수 꾸아르또

¿Qué estás leyendo? 뭘 읽고 있는 중이니?
께 에스따-스 레옌-도

Estoy leyendo una novela. 소설을 읽고 있는 중이야.
에스또-이 레옌-도 우-나 노벨-라

¿Cuándo viene Juan? 후안은 언제 오니?
꾸안-도 비에-네 후안

Está viniendo ahora. 지금 오고 있는 중이야.
에스따 비니엔-도 아오-라

두 개의 동작을 동시에 같이 하고 있을 때 하나의 동사만 진행형으로 써주면 두 개의 동작을 동시에 하고 있는 표현을 할 수 있습니다. 또한 동사 seguir + 현재분사는 '계속 ~하고 있다'가 됩니다.

¿Qué estás haciendo ahora? 지금 뭐하고 있는 중이니?
께 에스따–스 아씨엔–도 아오–라

Hago gimnasia viendo la tele. TV보면서 체조하고 있어.
아–고 힘나–시아 비엔–도 라 뗄–레

Daniel viene comiendo helado. 다니엘은 아이스크림을 먹으면서 오고 있다.
다니엘– 비에–네 꼬미엔–도 엘라–도

Teresa va corriendo a la escuela. 떼레사는 뛰어서 학교에 간다.
떼레–사 바 꼬르리엔–도 알 라 에스꾸엘–라

El bebé sigue durmiendo. 갓난아기는 계속 자고 있다.
엘 베베– 시–게 두르미엔–도

¿Sigues estudiando español? 너는 계속 스페인어를 공부하고 있니?
시–게스 에스뚜디안–도 에스빠뇰–

진행형 문장에서 목적대명사나 재귀대명사는 조동사 estar[에스따–르] 앞에 쓸 수도 있고, 현재분사의 어미에 붙여 쓸 수도 있습니다. 현재분사의 어미에 붙여 쓰는 경우에는 현재분사의 악센트가 유지되지 않는 경우, 현재분사에 악센트 부호를 찍어주어야만 합니다.

Lo estoy esperando. 나는 그를 기다리고 있습니다.
로 에스또이 에스뻬란–도

Estoy esperándolo 나는 그를 기다리고 있습니다.
에스또이 에스뻬란–돌로

El niño se está lavando las manos. 어린이는 손을 씻고 있습니다.
엘 니–뇨 세 에스따– 라반–도 라스 마–노스

El niño está lavándose las manos. 어린이는 손을 씻고 있습니다.
엘 니–뇨 에스따– 라반–도쎄 라스 마–노스

Ella me lo está explicando. 그녀는 나에게 그것을 설명하고 있는 중이다.
에–야 메 로 에스따– 엑스쁠리깐–도

Ella está explicándomelo. 그녀는 나에게 그것을 설명하고 있는 중이다.
에–야 에스따– 엑스쁠리깐–도멜로

연습문제

1 다음의 제시한 문구를 이용해서 괄호안의 인칭에 맞도록 '(나는) ~을 좋아한다'라는 문장을 만들어보세요.

예문 las flores (yo) → Me gustan las flores.

A. los perros (tú) →

B. el chocolate (ella) →

C. el café (mi mamá) →

D. el helado (yo) →

E. leer libros (él) →

F. el verano (nosotros) →

G. la ciudad (ellas) →

H. cantar y tocar el piano (mi hermana) →

I. jugar al fútbol (ellos) →

J. ir de compras (mi amiga y yo) →

2 다음의 문장을 현재진행형으로 고치시오.

A. Los alumnos duermen. →

B. Ella trabaja en la oficina. →

C. Mis padres pasean por el parque. →

D. Isabel prepara la comida. →

E. Voy a la casa de mi amigo. →

❸ 다음 문장을 스페인어로 작문하시오.

A. 우리는 스키 타는 것을 좋아합니다. (esquiar 스키타다)
→

B. 우리는 지금 스키를 타고 있습니다.
→

C. 그들은 지금 다리를 건설하고 있습니다. (el puente 다리)
→

D. 이 선물은 너를 위한 것이야.
→

E. 이사벨과 마리아는 거리에서 이야기를 하고 있다. (charlar 이야기하다)
→

F. 내 형은 항상 나를 생각한다. (mi hermano mayor 내형)
→

G. 내 형은 항상 자기 자신만 생각한다.
→

H. 나는 허리가 몹시 아프다. (la cintura 허리)
→

I. 우리에게는 10달러가 남아있다.
→

J. 어린아이가 울면서 오고 있다. (llorar 울다)
→

히스패닉 문화 산책

멕시코의 떼낄라 (Tequila)

떼낄라는 멕시코의 가장 대표적인 술이자 수출품이며 국제적으로 멕시코에서만 제조된 것을 떼낄라라고 부르도록 규정하고 있다. 떼낄라는 알콜도수가 높은 편이지만(약 40도) 마실 때 부드럽고 거부감이 적어서 한 번 마셔본 사람들은 금방 좋아하게 된다.

떼낄라는 멕시코의 두 지역에서 주로 생산된다. 과달라하라(Guadalajara)시 근교의 떼낄라(Tequila) 부근이 그곳이다. 떼낄라가 만들어지는 과정은 우리나라의 재래식 안동 소주를 만드는 과정과 비슷하다. 먼저 주재료인 푸른 용설란(Agave azul [아가베 아술])이 6년에서 9년 동안 자라야 한다. 뜨거운 태양 아래 충분히 자란 푸른 용설란의 잎은 모두 잘라버리고 파인애플 같이 생긴 밑둥으로 술을 만든다. 이것을 찌개 되면 칡즙같은 단물이 나온다.

푸른 용설란의 즙에 효소를 넣고 발효시키면 부글부글 거품을 낸다. 이때부터 벌써 씁쓸한 술맛을 낸다. 불순물을 제거하고 증류기에 넣고 높은 열로 증류시키면 맑은 술이 흘러나온다. 한 번 증류하면 25도의 보통 술이 되고 이것을 다시 한번 증류시키면 비로소 38.5도의 떼낄라가 된다. 떼낄라는 여러 가지의 변형된 종류가 있지만 멕시코의 법에 따라 마게이의 일종인 푸른 용설란(Agave Azul)에서 나온 것만 떼낄라라 부른다.

떼낄라의 종류

블랑꼬 (Blanco) 전통 떼낄라로 흰색 투명한 색상의 칵테일을 만들 때 사용하면 좋다.

레뽀사도 (Reposado) 3개월에서 12개월 사이에 숙성한 떼낄라이다.

아녜호 (Añejo) 오크통에서 1년 이상 숙성된 것으로 스트레이트로 주로 마시며 색은 황금빛이다.

레알레스 (Reales) 오크통에서 2년에서 4년 정도 숙성시킨 것으로 맛이 부드럽고 향기롭다. 골드 떼낄라라 부르기도 한다.

히스패닉 문화 산책

떼낄라와 메스깔 (Tequila y Mezcal)

떼낄라와 메스깔은 유사한 것이다. 기술적으로 떼낄라는 메스깔의 일종이지만 메스깔이 떼낄라는 아니다. 떼낄라는 푸른 아가베(Agave Azul)로만 만들지만 메스깔은 주가 되는 에스빠돈 선인장을 비롯하여 그밖에 5종의 아가베로 제조할 수 있다. 떼낄라는 보통 두 번 증류하고 고급주는 세 번까지 증류하기도 한다. 메스깔의 경우는 고급주의 경우 두 번 보통은 한 번의 증류로 끝난다. 메스깔은 대부분 오아하까에서 생산되지만 떼낄라는 주로 할리스코(Jalisco) 주에서 생산된다. 1994년에 통과된 멕시코 주류법에 따르면 승인된 아가베 선인장으로만 제조된 것만을 메스깔이란 이름을 사용하도록 하고 오아하까 시 근처의 6개 도시에서만 메스깔을 제조하도록 규정하고 있다.

떼낄라를 마시는 방법

떼낄라는 그 맛이나 향에서도 유명하지만 마시는 독특한 방법 또한 떼낄라가 유명하게 된 또 다른 이유이다. 주로 레몬과 소금을 함께 마시는데 이것들이 알콜을 중화시키는 역할을 한다고 한다.

첫 번째 방법은 '슬래머'라고 하는데 이는 양주잔에 술을 반 정도 따르고 나머지는 소다수나 사이다를 채우고 냅킨으로 잔을 덮은 뒤 테이블에 내리쳐 기포가 일 때 한 번에 들이키는 방법이다.

두 번째는 '슈터'로서 가장 많이 알려진 방법 중 하나인데 레몬즙을 손등에 바르고 소금을 뿌린 뒤 이것을 혀로 핥아 소금 맛이 입안에 퍼지는 동시에 술을 원샷으로 마시고 즉시 레몬조각을 빨아먹는 방식이다.

음료의 종류와 단위

Una botella de vino tinto / vino blanco / agua / cerveza 한 병의 레드와인(화이트와인, 물, 맥주)
우나 보떼-야 데 비-노 띤-또   비-노 블랑-꼬 아-구아 쎄르베-사

Una copa de vino / whisky / coñac (con hielo) 한 잔의 와인(위스키, 꼬냑) (얼음과 함께)
우나 꼬-빠 데 비-노   위스끼   꼬냑   꼰 이엘-로

Una lata de cerveza / Coca Cola 맥주(코카콜라) 1캔
우나 라-따 데 쎄르베-사   꼬까 꼴라

Una taza de café / té / manzanilla 커피 (차, 만사니야) 한 잔
우나 따-사 데 까풰-   떼   만사니-야

Un vaso de agua / leche 물 (우유) 한 잔
운 바-소 데 아-구아   레-체

연습문제 정답

1
A. Te gustan los perros.   너는 개들을 좋아한다.
   떼 구스딴 로스 뻬―로스

B. A ella le gusta el chocolate.   그녀는 초콜릿을 좋아한다.
   아에야 레 구스따 엘 초꼴라떼

C. A mi mamá le gusta el café.   나의 엄마는 커피를 좋아하신다.
   아 미 마마 레 구스따 엘 까풰―

D. Me gusta el helado.   나는 아이스크림을 좋아한다.
   메 구스따 엘 엘라도

E. A él le gusta leer libros.   그는 책 읽는 것을 좋아한다.
   아 엘 레 구스따 레에르 리브로스

F. Nos gusta el verano.   우리는 여름을 좋아한다.
   노스 구스따 엘 베라노

G. A ellas les gusta la ciudad.   그녀들은 도시를 좋아한다.
   아 예야스 레스 구스따 라 씨우닷―

H. A mi hermana le gusta cantar y tocar el piano.
   아 미 에르마나 레 구스따 깐따르 이 또까르 엘 삐아노
   내 여동생은 노래하고 피아노 치는 것을 좋아한다.

I. A ellos les gusta jugar al fútbol.   그들은 축구하는 것을 좋아한다.
   아 에요스 레스 구스따 후가르 알 훗볼

J. A mi amiga y a mí nos gusta ir de compras. 내 친구와 나는 쇼핑하는 것을 좋아한다.
   아 미 아미가 이 아 미 노스 구스따 이르 데 꼼쁘라스

2
A. Los alumnos están durmiendo. 학생들은 자고 있는 중이다.
   로스 알룸노스 에스딴― 두르미엔도

B. Ella está trabajando en la oficina. 그녀는 사무실에서 일하고 있는 중이다.
   에―야 에스따 뜨라바한도 엔 라 오휘씨나

C. Mis padres están paseando por el parque. 나의 부모님은 공원을 산책하고 계시는 중이다.
   미스 빠드레스 에스딴― 빠세안도 뽀르 엘 빠르께

D. Isabel está preparando la comida. 이사벨은 식사를 준비하고 있는 중이다.
   이사벨 에스따 쁘레빠란도 라 꼬미다

E. Estoy yendo a la casa de mi amigo. 나는 내 친구의 집에 가고 있는 중이다.
   에스또―이 옌도 알 라 까사 데 미 아미고

3
A. Nos gusta esquiar.
노스 구스따 에스끼아르

B. Estamos esquiando ahora.
에스따모스 에스끼안도 아오라

C. Ellos están construyendo un puente.
에요스 에스딴 꼰스뜨루옌도 운 뿌엔떼

D. Este regalo es para ti.
에스떼 레갈로 에스 빠라 띠

E. Isabel y María están charlando en la calle.
이사벨 이 마리아 에스딴 차를란도 엔 라 까예

F. Mi hermano mayor piensa en mí siempre.
미 에르마노 마요르 삐엔사 엔 미 시엠쁘레

G. Mi hermano mayor piensa en sí mismo siempre.
미 에르마노 마요르 삐엔사 엔 씨 마스모 시엠쁘레

H. Me duele mucho la cintura.
메 두엘레 무초 라 씬뚜라

I. Nos quedan diez dólares.
노스 께단 디에스 돌라레스

J. El niño viene llorando.
엘 니뇨 비에네 요란도

Unidad 03

Me gusta el abrigo más caro.

1. 형용사의 비교급
2. 형용사의 최상급
3. 불규칙 비교급과 최상급
4. 형용사의 절대최상급
5. 숫자 (2)
- 연습문제
- 히스패닉 문화산책_아르헨티나의 전통 요리
- 연습문제 정답

제 3과
나는 가장 비싼 코트가 좋아요.
Me gusta el abrigo más caro.
[메 구스따 엘 아브리-고 마스 까로]

대화하기

1

Esposo : ¿Qué abrigo te gusta más?
에스뽀-소 께- 아브리-고 떼 구-스따 마스

Esposa : Me gusta éste.
에스뽀-사 메 구-스따 에-스떼

Esposo : Oiga, ¿cuánto cuesta este abrigo?
에스뽀-소 오-이가 꾸안-또 꾸에-스따 에-스떼 아브리-고

Dependiente : Cuesta siete mil quinientos pesos.
데뻰 디엔-떼 꾸에-스따 시에-떼 밀 끼니엔-또스 뻬-소스

Esposo : Es muy caro.
에스뽀-소 에스 무이 까-로

¿No tiene otro más barato que éste?
노 띠에-네 오-뜨로 마스 바라-또 께 에-스떼

Dependiente : Sí, aquél es más barato.
데뻰 디엔-떼 씨 아껠- 에스 마스 바라-또

남편 : 어느 코트가 더 좋아?
부인 : 이것이 좋아.
남편 : 여보세요, 이 외투 얼마입니까?
점원 : 7천5백 페소입니다.
남편 : 매우 비싼데요.
    이것보다 더 싼 것은 없습니까?
점원 : 있어요, 저것이 더 싼 것입니다.

2

Esposa : ¿Cuánto cuesta aquél?
에스뽀-사 꾸안-또 꾸에-스따 아껠-

Dependiente : Vale cinco mil pesos. Tiene
데뻰디엔-떼 발-레 씽-꼬 밀 뻬-소스 띠에-네

diez por ciento de descuento.
디에쓰 뽀르 씨엔-또 데 데스꾸엔-또

Esposo : ¿No te gusta aquél?
에스뽀-소 노 떼 구-스따 아껠-

Parece que es más bonito que éste.
빠레-쎄 께 에스 마스 보니-또 께 에-스떼

Esposa : No. Me gusta más éste.
에스뽀-사 노 메 구-스따 마스 에-스떼

Me gusta el abrigo más caro.
메 구-스따 엘 아브리-고 마스 까로

부인 : 저건 얼마인데요?
점원 : 5천 페소입니다. 10% 가격인하하고 있어요.
남편 : 저거 좋지 않아?
　　　이것보다 더 멋있어 보이는데.
부인 : 싫어. 나는 이게 더 좋아.
　　　나는 가장 비싼 코트가 좋아.

단어 확인

el esposo [에스뽀-소] 남편
más [마스] 더
Oiga [오-이가] 여보세요
el dependiente [데뻰디엔-떼] 점원
quinientos [끼니엔-또스] 500
caro [까-로] 비싼
otro [오-뜨로] 다른 것(대명사)
valer [발레-르] 값이 ~이다
el descuento [데스꾸엔-또] 가격인하, 할인

el abrigo [아브리-고] 코트, 외투
la esposa [에스뽀-사] 부인
costar [꼬스따-르] 값이 ~이다, 비용이 들다
mil [밀] 천
el peso [뻬-소] 화폐단위(멕시코, 아르헨티나 등)
tener [떼네-르] 가지다
aquél [아껠-] 저것(지시대명사)
por ciento [뽀르 씨엔-또] 퍼센트(%)
Parece que ~ [빠레-쎄 께] ~라고 생각하다, 여기다

문법알기

❶ 형용사의 비교급

형용사의 비교급에는 우등비교, 열등비교, 동등비교가 있습니다.

우등 비교급(~보다 더) : más + 형용사 + que

Pedro es más alto que Juan. 페드로는 후안 보다 키가 더 크다.
뻬-드로 에스 마스 알-또 께 후안

Isabel es más bonita que María. 이사벨은 마리아보다 더 예쁘다.
이사벨- 에스 마스 보니-따 께 마리-아

Tú eres más inteligente que yo. 너는 나보다 똑똑해.
뚜 에-레스 마스 인뗄리헨-떼 께 요

Esta sopa es más rica que aquélla. 이스프는 저것보다 더 맛있다.
에-스따 소-빠 에스 마스 리-까 께 아께-야

열등 비교급(~보다 덜) : menos + 형용사 + que

Pedro es menos alto que Juan. 페드로는 후안 보다 키가 덜 크다.
뻬-드로 에스 메-노스 알-또 께 후안

Isabel es menos bonita que María. 이사벨은 마리아보다 덜 예쁘다.
이사벨- 에스 메-노스 보니-따 께 마리-아

Tú eres menos inteligente que yo. 너는 나보다 덜 똑똑해.
뚜 에-레스 메-노스 인뗄리헨-떼 께 요

제 3과 Me gusta el abrigo más caro.

동등 비교급(~만큼 ~한) : tan + 형용사 + como

Pedro es tan alto como Juan. 페드로는 후안 만큼 키가 크다.
빼드로 에스 딴 알-또 꼬-모 후안

Isabel es tan bonita como María. 이사벨은 마리아만큼 예쁘다.
이사벨- 에스 딴 보니-따 꼬-모 마리-아

Tú eres tan inteligente como yo. 너는 나만큼 똑똑해.
뚜 에-레스 딴 인뗄리헨-떼 꼬-모 요

❷ 형용사의 최상급

우등최상급 : 정관사(el, la, los, las) + más + 형용사 + 전치사(de)

Pedro es el más alto de la clase. 페드로는 교실에서 키가 가장 크다.
빼드로 에스 엘 마스 알-또 델 라 끌라-세

Isabel es la más bonita de todas. 이사벨은 모든 여자아이들 중에서 가장 예쁘다.
이사벨- 에스 라 마스 보니-따 데 또-다스

Tú eres el más inteligente de nosotros. 너는 우리 중에서 가장 똑똑해.
뚜 에-레스 엘 마스 인뗄리헨-떼 데 노소-뜨로스

열등최상급 : 정관사(el, la, los, las) + menos + 형용사 + 전치사(de)

Pedro es el menos alto de la clase. 페드로는 교실에서 키가 가장 작다.
빼드로 에스 엘 메-노스 알-또 델 라 끌라-세

Isabel es la menos bonita de todas. 이사벨은 모든 여자아이들 중에서 가장 덜 예쁘다.
이사벨- 에스 라 메-노스 보니-따 데 또-다스

Tú eres el menos inteligente de nosotros. 너는 우리중에서 가장 덜 똑똑해.
뚜 에-레스 엘 메-노스 인뗄리헨-떼 데 노소-뜨로스

❸ 불규칙 비교급과 최상급

bueno[부에-노]와 malo[말-로]는 불규칙한 형태의 비교급인 mejor[메호-르]와 peor[뻬오-르]를 갖습니다. 그러니 más bueno, más malo라는 말은 스페인어에 존재하지 않는다는 사실을 꼭 잊지 마세요.

bueno 좋은 부에-노	**mejor** 더 좋은 메호-르	**el(la) mejor** 가장 좋은 엘(라) 메호-르
malo 나쁜 말-로	**peor** 더 나쁜 뻬오-르	**el(la) peor** 가장 나쁜 엘(라) 뻬오-르

Este libro es bueno. 이 책은 좋다.
에-스떼 리-브로 에스 부에-노

Este libro es mejor que aquél. 이 책은 저것보다 더 좋다.
에-스떼 리-브로 에스 메호-르 께 아껠-

Este libro es el mejor de todos. 이 책은 모든 책 중에서 가장 좋다.
에-스떼 리-브로 에스 엘 메호-르 데 또-도스

Esta habitación es mala. 이 방은 나쁘다.
에-스따 아비따씨온- 에스 말-라

Esta habitación es peor que aquélla. 이 방은 저것보다 더 나쁘다.
에-스따 아비따씨온- 에스 뻬오-르 께 아께-야

Esta habitación es la peor de todas. 이 방은 모든 방 중에서 가장 나쁘다.
에-스따 아비따씨온- 에스 라 뻬오-르 데 또-다스

grande[그란-데]와 pequeño[뻬께-뇨]는 규칙형태의 비교급과 불규칙 형태의 비교급을 동시에 지니는 형용사입니다. 규칙형태인 más grande[마스 그란-데]와 más pequeño[마스 뻬께-뇨]는 크기나 면적을 비교할 때 쓰이고, 불규칙형태인 mayor[마요-르]와 menor[메노-르]는 나이를 비교할 때 쓰입니다.

grande 큰 그란-데	**más grande** 더 큰 마스 그란-데	**el(la) más grande** 가장 큰 엘(라) 마스 그란-데
grande 나이가 많은 그란-데	**mayor** 연상의 마요-르	**el(la) mayor** 가장 나이가 많은 엘(라) 마요-르

pequeño 작은 뻬께-뇨	**más pequeño** 더 작은 마스 뻬께-뇨	**el(la) más pequeño(a)** 가장 작은 엘(라) 마스 뻬께-뇨(냐)
pequeño 나이가 적은 뻬께-뇨	**menor** 연하의 메노-르	**el(la) menor** 가장 나이가 적은 엘(라) 메노-르

México es más grande que Corea. 멕시코는 한국보다 크다.
메-히꼬 에스 마스 그란-데 께 꼬레-아

México es menos grande que Brasil. 멕시코는 브라질보다 덜 크다.
메-히꼬 에스 메노스 그란-데 께 브라실-

María es mayor que Isabel. 마리아는 이사벨보다 연상이다.
마리-아 에스 마요-르 께 이사벨-

María es la mayor de la clase. 마리아는 학급에서 가장 나이가 많다.
마리-아 에스 라 마요-르 델 라 끌라-세

Juan es menor que yo. 후안은 나보다 연하이다.
후안 에스 메노-르 께 요

Juan es el menor de nosotros 후안은 우리 중에서 제일 나이가 적다.
후안 에스 엘 메노-르 데 노소-뜨로스

❹ 형용사의 절대최상급

형용사 + ísimo

형용사를 강조해서 쓰이는 것으로 형용사에 -ísimo[-이씨모]를 붙여서 만듭니다. bonito[보니-또]의 절대최상급은 bonitísimo[보니띠-씨모]가 됩니다. bonitísimo[보니띠-씨모]는 muy bonito[무이 보니-또](매우 예쁜)의 의미와 같다고 할 수 있습니다. 따라서 절대최상급 앞에는 muy[무이]와 같은 부사를 쓸 수 없습니다. 홀로 절대적이기 때문이라고 생각하시면 되겠죠? 물론 성수변화도 당연히 하겠지요? 어미가 -o로 끝난 형용사이기 때문입니다.

자음으로 끝나면 그대로 -ísimo를 붙입니다.

fácil 화-씰	쉬운	–	**facilísimo** 화씰리-씨모	매우 쉬운
difícil 디휘-씰	어려운	–	**dificilísimo** 디휘씰리-씨모	매우 어려운

Este problema es facilísimo. 이 문제는 매우 쉽다.
에–스떼 쁘로블레–마 에스 화씰리– 씨모

Los verbos en español son dificilísimos. 스페인어의 동사들은 매우 어렵다.
로스 베–르보스 엔 에스빠뇰 손 디휘씰리–씨모스

모음으로 끝나면 모음을 없애고 -ísimo를 붙입니다.

barato 바라–또	싼	–	**baratísimo** 바라띠–시모	매우 싼
interesante 인떼레산–떼	재미있는	–	**interesantísimo** 인떼레산띠–시모	매우 재미있는
grande 그란데	큰	–	**grandísimo** 그란디–시모	매우 큰
pequeño 뻬께–뇨	작은	–	**pequeñísimo** 뻬께니–시모	매우 작은

Este abrigo es baratísimo. 이 외투는 매우 싸다.
에–스떼 아브리–고 에스 바라띠–씨모

La película es interesantísima. 그 영화는 매우 재미있다
라 뻴리–꿀라 에스 인떼레산띠–시마

-ble로 끝나는 형용사는 -ble를 -bil로 고치고 -ísimo를 붙여야 합니다.

amable 아마–블레	친절한	–	**amabilísimo** 아마빌리–씨모	매우 친절한
agradable 아그라다–블레	상쾌한	–	**agradabilísimo** 아그라다빌리–씨모	매우 상쾌한

Aquel mesero es amabilísimo. 저 웨이터는 매우 친절하다.
아껠– 메세–로 에스 아마빌리–씨모

Esta habitación está agradabilísima. 이방은 매우 쾌적하다.
에–스따 아비따씨온– 에스따– 아그라다빌리–씨마

-co로 끝나는 형용사는 **-quísimo**, -go로 끝나는 형용사는 **-guísimo**가 됩니다.

blanco 블랑-꼬	흰	–	**blanquísimo** 블랑까-씨모	매우 흰
rico ㄹ리-꼬	부유한, 맛있는	–	**riquísimo** ㄹ리끼-씨모	매우 부유한, 매우 맛있는
largo 라-르고	긴	–	**larguísimo** 라르기-시모	매우 긴

La comida de este restaurante es riquísima. 이 레스토랑의 음식은 매우 맛있습니다.
라 꼬미-다 데 에-스떼 ㄹ레스따우란-떼 에스 ㄹ리까-시마

❺ 숫자 (2)

100	**cien(to)** 씨엔(또)	101	**ciento uno** 씨엔-또 우-노
200	**doscientos(as)** 도스씨엔-또스(따스)	201	**doscientos uno** 도스씨엔-또스 우-노
300	**trescientos(as)** 뜨레스씨엔-또스(따스)	301	**trescientos uno** 뜨레스씨엔-또스 우-노
400	**cuatrocientos(as)** 꾸아뜨로씨엔-또스(따스)	500	**quinientos(as)** 끼니엔-또스(따스)
600	**seiscientos(as)** 세이스씨엔-또스(따스)	700	**setecientos(as)** 세떼씨엔-또스(따스)
800	**ochocientos(as)** 오초씨엔-또스(따스)	900	**novecientos(as)** 노베씨엔-또스(따스)
1.000	**mil** 밀	2.000	**dos mil** 도스 밀
2.001	**dos mil uno** 도스 밀 우-노	3.000	**tres mil** 뜨레스 밀
5.000	**cinco mil** 씽-꼬 밀	10.000	**diez mil** 디에스 밀
20.000	**veinte mil** 베-인떼 밀	50.000	**cincuenta mil** 씽꾸엔-따 밀
100.000	**cien mil** 씨엔 밀	150.000	**ciento cincuenta mil** 씨엔-또 씽꾸엔-따 밀

200.000	**doscientos mil** 도스씨엔-또스 밀	1.000.000	**un millón** 운 미온-
2.000.000	**dos millones** 도스 미요-네스	10.000.000	**diez millones** 디에스 미요-네스
100.000.000	**cien millones** 씨엔 미요-네스	1.000.000.000	**mil millones** 밀 미요-네스

ciento는 명사 바로 앞이나 mil, millones 앞에 올 경우에 -to가 탈락합니다.

cien dólares 씨엔 돌-라레스	100달러
cien mil wones 씨엔 밀 워-네스	10만 원
cien millones de habitantes 씨엔 미요-네스 데 아비딴-떼스	1억 명의 주민

200부터 900까지는 성 변화를 합니다.

doscientos libros 도스씨엔-또스 리-브로스	200권의 책
doscientas casas 도스씨엔-따스 까-사스	200채의 집

millón은 수 변화를 하며 명사 바로 앞에 오는 경우에는 전치사 de를 써야 합니다. 그러나 뒤에 다른 숫자가 오면 de를 쓰지 않습니다.

un millón de dólares 운 미온- 데 돌-라레스	백만 달러
dos millones de dólares 도스 미요-네스 데 돌-라레스	2백만 달러
un millón cien mil dólares 운 미온- 씨엔 밀 돌-라레스	백십만 달러

알아두세요!

천 단위를 표시할 때 우리나라에서는 coma[꼬-마](,)를 사용하지만 스페인어권에서는 punto[뿐-또](.)를 사용합니다. 마찬가지로 소숫점도 우리와 반대로 coma(,)를 사용합니다.

1.500 euros [밀 끼니엔-또스 에-우로스] 천5백 유로

2.330.000 pesos [도스 미요-네스 뜨레스씨엔-또스 뜨레-인따 밀 뻬-소스] 2백3십3만 페소

0,5 cero coma cinco [쎄-로 꼬마 씽-꼬]

2,25% dos coma veinticinco por ciento [도스 꼬-마 베인띠씽-꼬 뽀르 씨엔-또]

제 3과 Me gusta el abrigo más caro.

연습문제

1 다음의 문장을 우등비교급, 우등최상급, 절대최상급 문장으로 만들어보세요.

A. Ella es bonita. (que yo / de la clase)
 →
 →
 →

B. Juan es inteligente. (que Pedro / de nosotros)
 →
 →
 →

C. Yo soy bajo. (que mi hermano menor / de mis hermanos)
 →
 →
 →

D. Ella es rica. (que Teresa / de sus amigas)
 →
 →
 →

E. Los japoneses son amables. (que los chinos / del mundo)
 →
 →
 →

❷ 다음의 숫자를 스페인어로 읽어보세요.

A. 222 →

B. 301 →

C. 601 →

D. 765 →

E. 169 →

F. 243 →

G. 1.555 →

H. 30.803 →

I. 15.901 →

J. 100.680 →

❸ 다음 문장을 스페인어로 작문하시오.

A. 나는 205달러를 가지고 있습니다.
   →

B. 저의 남동생은 21살입니다.
   →

C. 이 영화는 그것보다 더 좋습니다.
   →

D. 안토니오는 후안만큼 키가 크다.
   →

E. 나는 백만 원이 필요합니다.
   →

히스패닉 문화 산책

아르헨티나의 전통요리

아사도(Asado)

원주민인 가우초(gaucho)들이 먹던 요리에서 유래된 전통음식으로 숯불이나 그릴의 한가지인 빠리야(parrilla)에 쇠고기 갈비뼈 부위를 통째로 굽는다. 기타 다른 양념은 하지 않고, 굵은 소금만 뿌려서 간을 맞춘다. 주로 오레가노, 파슬리, 칠리 등으로 만든 '치미추리 소스'와 곁들여 먹는다. 좋은 아사도 요리를 위한, 각각의 구이 과정은 거의 정형화된 하나의 의식과도 같다.

엠빠나다스(Empanadas)

일종의 고기파이 혹은 군만두라고 할 수 있는 대표적인 스낵이라 할 수 있다. 속재료로는 여러가지가 들어갈 수 있는데 건포도, 옥수수, 달걀, 올리브, 치즈, 고기, 초리소 등이다. 예를 들어 치즈와 고기를 넣은 엠빠나다를 주문하려면 "Una empanada con carne y queso [우나 엠빠나-다 꼰 까-르네 이 께-소]" 라고 하면 된다.

히스패닉 문화 산책

푸체로(Puchero)

일종의 수프, 전골 요리로 스튜, 고기가 붙은 뼈와 야채를 삶은 요리이다.

마테차(mate)

마시는 샐러드라고 불리며, 원주민 가우초들의 에너지원으로 철분, 칼슘, 아연, 마그네슘 등 미네랄 성분 및 폴리페놀 등을 풍부하게 함유하고 있다. 마테차는 남미의 아르헨티나, 칠레 등의 동북부에서 자생하는 나무의 잎과 줄기를 가공한 차이다. 마테차의 효능은 철분이 많아 조혈작용을 도우며, 나트륨이 적고 혈압을 낮춰주어, 고혈압이나 심장병 환자에게 좋다.

비타민 A가 풍부해서 피부에 좋고 글리코겐을 만들어 피로회복 및 신장기능을 활성화시킨다고 한다. 마테차의 카페인 함량은 원두커피의 1/3 수준이고 아르헨티나 사람들은 마테차 잔을 거리에 들고 다니면서, 마테차 가루에 날씨가 추울 때는 온수를 부어 마시고 날씨가 더울 때는 냉수를 부어 마신다. 가루를 걸러주는 '봄비야(bombilla)'라고 불리는 철로 된 특수한 빨대로 마셔야한다.

연습문제 정답

1

A. 우등비교급: **Ella es más bonita que yo.** 그녀는 나보다 예쁘다.
　　　　　　　　에야 에스 마스 보니따 께 요

　　우등최상급: **Ella es la más bonita de la clase.** 그녀는 학급에서 가장 예쁘다.
　　　　　　　　에야 에스 라 마스 보니따 델 라 끌라세

　　절대최상급: **Ella es bonitísima.** 그녀는 매우 예쁘다.
　　　　　　　　에야 에스 보니따-씨마

B. 우등비교급: **Juan es más inteligente que Pedro.** 후안은 뻬드로보다 더 똑똑하다.
　　　　　　　　후안 에스 마스 인뗄리헨-떼 께 빠-드로

　　우등최상급: **Juan es el más inteligente de nosotros.** 후안은 우리들 중에서 가장 똑똑하다.
　　　　　　　　후안 에스엘 마스 인뗄리헨-떼 데 노소-뜨로스

　　절대최상급: **Juan es inteligentísimo.** 후안은 매우 똑똑하다.
　　　　　　　　후안 에스 인뗄리헨따-씨모

C. 우등비교급: **Yo soy más bajo que mi hermano menor.** 나는 내동생보다 키가 더 작다.
　　　　　　　　요 소이 마스 바호 께 미 에르마노 메노-르

　　우등최상급: **Yo soy el más bajo de mis hermanos.** 나는 내형제들 중에서 가장 키가 작다.
　　　　　　　　요 소이 엘 마스 바호 데 미스 에르마노스

　　절대최상급: **Yo soy bajísimo.** 나는 매우 키가 작다.
　　　　　　　　요 소이 바하시모

D. 우등비교급: **Ella es más rica que Teresa.** 그녀는 떼레사보다 더 부자이다.
　　　　　　　　에야 에스 마스 ㄹ라까 께 떼레사

　　우등최상급: **Ella es la más rica de sus amigas.** 그녀는 그녀의 친구들 중에서 가장 부자이다.
　　　　　　　　에야 에스 라 마스 ㄹ라까 데 수스 아마-가스

　　절대최상급: **Ella es riquísima.** 그녀는 매우 부자이다.
　　　　　　　　에야 에스 ㄹ리끼시마

E. 우등비교급: **Los japoneses son más amables que los chinos.**
　　　　　　　　로스 하뽀네-세스 손 마스 아마블레스 께 로스 치노스
　　　　　　　　일본인들은 중국인들보다 더 친절하다.

　　우등최상급: **Los japoneses son los más amables del mundo.**
　　　　　　　　로스 하뽀네-세스 손 로스 마스 아마블레스 델 문도
　　　　　　　　일본인들은 세계에서 가장 친절하다.

　　절대최상급: **Los japoneses son amabilísimos.** 일본인들은 매우 친절하다.
　　　　　　　　로스 하뽀네-세스 손 아마빌리-씨모스

2

A. doscientos veintidós
　　도스씨엔또스　베인띠도스

B. trescientos uno
　　뜨레스씨엔또스　우노

C. seiscientos uno
　　세이스씨엔또스　우노

D. setecientos sesenta y cinco
　　세떼씨엔또스　세센따　이　씽꼬

E. ciento sesenta y nueve
　　씨엔또　세센따　이　누에베

F. doscientos cuarenta y tres
　　도스씨엔또스　꾸아렌따　이　뜨레스

G. mil quinientos cincuenta y cinco
　　밀　끼니엔또스　씽꾸엔따　이　씽꼬

H. treinta mil ochocientos tres
　　뜨레인따　밀　오초씨엔또스　뜨레스

I. quince mil novecientos uno
　　낀쎄　밀　노베씨엔또스　우노

J. cien mil seiscientos ochenta
　　씨엔　밀　세이스씨엔또스　오첸따

3

A. Tengo doscientos cinco dólares.
　　뗑고　도스씨엔또스　씽꼬　돌 리레스

B. Mi hermano menor tiene veintiún años.
　　미　에르마노　메노르　띠에네　베인띠운　아뇨스

C. Esta película es mejor que ésa.
　　에스따　뻴라꿀라　에스　메호르　께　에사

D. Antonio es tan alto como Juan.
　　안또니오　에스　딴　알또　꼬모　후안

E. Necesito un millón de wones.
　　네쎄사또　운　미욘　데　워네스

제 3과 Me gusta el abrigo más caro. _ 275

Unidad 04

¿Todavía no ha partido el tren?

1. 과거분사
2. 현재완료
- 연습문제
- 히스패닉 문화산책_스페인 고속철도. AVE
- 연습문제 정답

제 4과
아직 기차가 떠나지 않았니?
¿Todavía no ha partido el tren?
[또다비-아 노 아 빠르띠-도 엘 뜨렌]

대화하기

1

María : ¿Todavía no ha llegado Juan?

Isabel : No. Creo que va a llegar en cinco minutos.

María : Y Antonio, ¿no ha llegado tampoco?

Isabel : Ya ha llegado. Está comprando, los boletos.

María : ¡Caramba! Siempre Juan llega tarde.

Isabel : Sí, es verdad. Siempre tenemos que esperarlo.

마리아 : 아직 후안 도착하지 않았니?
이사벨 : 응, 5분 안에 도착할 거야.
마리아 : 그런데 안또니오도 역시 도착 안 했니?
이사벨 : 이미 도착했어. 차표를 사고 있어.
마리아 : 아이! 후안은 항상 늦는구나.
이사벨 : 사실 그래. 항상 우리는 그를 기다려야만 해.

제 4과 ¿Todavía no ha partido el tren? _ 277

2

Antonio : Hola, María. ¿Cómo estás?
안또니오   올—라   마리—아   꼬—모   에스따—스

María : Bien, y ¿tú?
마리아   비엔   이   뚜

Antonio : Bien. Pero el tren ya va a partir.
안또니오   비엔   뻬—로 엘 뜨렌 야 바 아 빠르띠—르

Si no llega Juan en cinco minutos,
시 노 예—가 후안 엔 씽—꼬 미누—또스

no podemos tomar este tren.
노   뽀데—모스   또마—르 에—스떼 뜨렌

Isabel : Allí viene Juan.
이사벨   아이— 비에—네   후안

María : Juan, ¡date prisa!
마리아   후안   다—떼   쁘리—사

Juan : Sí. ¿Todavía no ha partido el tren?
후안   씨   또다비—아   노 아   빠르띠—도 엘 뜨렌

Perdón. ¡Vamos a subir al tren!
뻬르돈—   바—모스 아 수비—르 알 뜨렌

안또니오 : 안녕, 마리아. 어떻게 지내?
마리아 : 좋아, 너는?
안또니오 : 좋아, 그런데 기차가 곧 출발할거야. 만약에 후안이 5분 안에 도착하지 않으면 우리는 이 기차를 탈 수 없는데.
이사벨 : 저기 후안이 오고 있네.
마리아 : 후안, 빨리 와!
후안 : 그래. 아직 기차 출발하지 않았니? 미안해. 자 우리 기차타자.

단어 확인

todavía [또다비—아] 아직
creer [끄레에—르] 생각하다, 믿다
tampoco [땀뽀—꼬] 역시 ~않다
el boleto [볼레—또] 티켓, 차표
esperar [에스뻬라—르] 기다리다
partir [빠르띠—르] 출발하다
tomar el tren [또마—르 엘 뜨렌] 기차를 타다
venir [베니—르] 오다
¡Vamos a + inf.! 우리 ~합시다!

llegar [예가—르] 도착하다
en cinco minutos [엔 씽—꼬 미누—또스] 5분 이내에
comprar [꼼쁘라—르] 사다
siempre [시엠—쁘레] 항상
el tren [뜨렌] 기차
si [시] 만약 ~라면
allí [아이—] 저기
darse prisa [다—르세 쁘리—사] 서두르다
subir al tren [수비—르 알 뜨렌] 기차에 올라타다

문법알기

1 과거분사

과거분사는 -ar형 동사는 -ado, -er형, -ir형 동사는 -ido로 바꾸면 됩니다.

tomar 또마-르	—	**tomado** 또마-도
comer 꼬메-르	—	**comido** 꼬미-도
vivir 비비-르	—	**vivido** 비비-도

과거분사의 불규칙형이 몇 개 있는데 그중에 자주 쓰이는 것들은 -to, -cho로 끝나는 것들입니다. 이 몇 개의 불규칙형을 제외하고 모두 규칙형이라고 볼 수 있습니다. 그리고 -ar형 동사는 불규칙형이 없다는 사실도 잘 알아두세요.

escribir 에스끄리바-르	쓰다	—	**escrito** 에스끄리-또	**volver** 볼베-르	돌아오다 — **vuelto** 부엘-또
ver 베르	보다	—	**visto** 비-스또	**morir** 모리-르	죽다 — **muerto** 무에-르또
abrir 아브라-르	열다	—	**abierto** 아비에-르또	**descubrir** 데스꾸브리-르	발견하다 — **descubierto** 데스꾸비에-르또
poner 뽀네-르	놓다	—	**puesto** 뿌에-스또	**hacer** 아쎄-르	하다 — **hecho** 에-초
romper ㄹ롬뻬-르	깨뜨리다	—	**roto** ㄹ로-또	**decir** 데씨-르	말하다 — **dicho** 디-초

제 4과 ¿Todavía no ha partido el tren? _ 279

일반적으로 수동의 의미를 지닌 형용사로 볼 수 있습니다. 물론 -o로 끝난 형용사이니 성·수 변화를 해야합니다.

la casa vendida 　　　　　　　 팔린 집
라 까사 벤디-다

un vaso roto 　　　　　　　 깨진 컵
우 바소 르로-또

la ventana abierta 　　　　　　　 열린 창문
라 벤따-나 아비에-르따

las ventanas abiertas 　　　　　　　 열린 창문들
라스 벤따-나스 아비에-르따스

ser + 과거분사 = 수동태 구문이 됩니다. 이때 과거분사는 주어의 성·수에 일치해야 합니다.

El niño es cuidado por su abuela. 어린이는 그의 할머니에 의해 돌보아진다.
엘 니-뇨 에스 꾸이다-도 뽀르 수 아부엘-라

Los niños son cuidados por su maestra. 어린이들은 그들의 선생님에 의해 돌보아진다.
로스 니-뇨스 손 꾸이다-도스 뽀르 수 마에-스뜨라

La maestra es respetada por sus alumnos. 여교사는 자기 학생들에게 존경을 받는다.
라 마에-스뜨라 에스 르레스뻬따-다 뽀르 수스 알룸-노스

estar + 과거분사 = 완료된 상태를 표현합니다. 이때 과거분사는 주어의 성·수에 일치해야 합니다.

La puerta está abierta. 　　　　　　　 문은 열려져있다.
라 뿌에-르따 에스따- 아비에-르따

Las puertas están cerradas. 　　　　　　　 문들은 닫혀있다.
라스 뿌에-르따스 에스딴- 쎄르라-다스

Ella está preocupada. 　　　　　　　 그녀는 걱정하고 있다.
에-야 에스따- 쁘레오꾸빠-다

Ellas están preocupadas. 　　　　　　　 그녀들은 걱정하고 있다.
에-야스 에스딴- 쁘레오꾸빠-다스

단어 확인

vender [벤데-르] 팔다
la abuela [아부엘-라] 할머니
respetar [르레스뻬따-르] 존경하다
preocuparse [쁘레오꾸빠-르세] 걱정하다

cuidar [꾸이다-르] 돌보다
la maestra [마에-스뜨라] 여선생님
cerrar [쎄르라-르] 닫다

❷ 현재완료

현재완료는 haber의 현재형 + 과거분사로 이루어집니다. 이때 과거분사는 어떤 경우에도 성·수변화하지 않는다는 사실을 꼭 알아두시기 바랍니다.

he 에	
has 아스	
ha 아	**tomado** 또마도
hemos 에-모스	**comido** 꼬미-도
habéis 아베-이스	**vivido** 비비-도
han 안	

다음 동사들의 현재완료형을 익혀봅시다. 재귀동사의 현재완료형은 재귀대명사가 동사 앞에 놓입니다.

estar 에스따르	있다	**levantarse** 레반따-르세	일어나다
he estado 에 에스따-도		**me he levantado** 메 에 레반따-도	
has estado 아스 에스따-도		**te has levantado** 떼 아스 레반따-도	
ha estado 아 에스따-도		**se ha levantado** 세 아 레반따-도	
hemos estado 에-모스 에스따-도		**nos hemos levantado** 노스 에-모스 레반따-도	
habéis estado 아베-이스 에스따-도		**os habéis levantado** 오스 아베-이스 레반따-도	
han estado 안 에스따-도		**se han levantado** 세 안 레반따-도	

현재까지의 경험을 표현합니다.

¿Has estado en México? 멕시코에 가본 적이 있니?
아스 에스따-도 엔 메-히꼬

Sí, he estado una vez. 응, 한번 가봤어.
씨 에 에스따-도 우-나 베쓰

¿Has probado el tequila? 떼낄라를 마셔본 적이 있니?
아스 쁘로바-도 엘 떼낄-라

Sí, lo he probado. 응, 마셔본 적 있어.
씨 로 에 쁘로바-도

현재까지의 완료를 나타냅니다.

Ya ha partido el tren. 기차는 이미 출발했다.
야 아 빠르띠-도 엘 뜨렌

Todavía no hemos cenado. 우리는 아직 저녁을 먹지 않았다.
또다비-아 노 에-모스 쎄나-도

¿No has terminado la tarea? 아직 숙제 마치지 않았니?
노 아스 떼르미나-도 라 따레-아

오늘, 이번 주, 이번 달, 금년 등에 일어난 것을 표현할 때 쓰입니다.

Esta mañana me he levantado a las seis y media. 오늘아침에 나는 여섯시 반에 일어났다.
에스따 마냐-나 메 에 레반따-도 알 라스 세이스이 메-디아

Esta semana ha llovido mucho. 이번 주에 비가 많이 왔다.
에-스따 세마-나 아 요비-도 무-초

Este mes hemos trabajado mucho. 이번 달에 우리는 일을 많이 했다.
에-스떼 메스 에-모스 뜨라바하-도 무-초

Esta tarde hemos paseado por el parque. 오늘오후에 우리는 공원을 산책했다.
에-스따 따-르데 에-모스 빠세아-도 뽀르 엘 빠-르께

¿Qué has hecho este verano? 너는 이번 여름에 뭐 했니?
께 아스 에-초 에-스떼 베라-노

연습문제

1 다음 괄호 안의 동사를 문맥에 맞게 고치세요.

A. El tren ha _____ (llegar) con retraso.

B. Ellos han _____ (vivir) diez años en Panamá.

C. Esta mañana he _____ (estudiar) mucho.

D. La caja está _____ (cerrar).

E. Esta mañana nos hemos _____ (levantar) a las seis.

F. Las ventanas están _____ (abrir).

G. Hoy hemos _____ (estar) en la playa.

H. La niña es _____ (cuidar) por su abuela.

I. Hoy me he _____ (quedar) en casa.

J. ¿Has _____ (probar) el taco?

❷ 다음의 문장을 스페인어로 작문하시오.

A. 나는 오늘 아침에 6시 반에 일어났다. (levantarse 일어나다)
   →

B. 우리는 이번 주에 한 번 만났다. (encontrarse 서로 만나다)
   →

C. 그 컵들은 깨져있다.
   →

D. 내 친구들은 이미 가버렸다. (irse 가버리다)
   →

E. 우리는 파리를 가본 적이 없다. (París 파리)
   →

F. 떼낄라를 마셔본 적이 있습니까? (el tequila 떼낄라)
   →

G. 우리는 여기 두 시간 있었다.
   →

H. 나는 오늘 하루 종일 TV를 보았다. (ver la televisión TV를 보다)
   →

I. 우리는 이미 저녁식사를 했다. (cenar 저녁식사하다)
   →

J. 후안이 나에게 그 사실을 말했다. (decir 말하다, lo 그 사실을)
   →

히스패닉 문화 산책

스페인 고속철도 AVE

스페인 고속철도 AVE(Alta Velocidad Española [알따 벨로씨닷 에스빠뇰라])는 북쪽의 마드리드와 남쪽의 세비야를 연결하는 길이 471km의 선로로서 세계박람회가 열렸던 1992년에 개통되었다. 현재 마드리드-바르셀로나간의 606km를 건설 중에 있다. 프랑스 TGV사의 기술로 만들어졌으며, AVE 운행 초기에는 잦은 고장으로 스페인 사람들 사이에서 AVE = AVERIA (스페인어로 '고장'이라는 뜻)라는 불평의 소리가 들리기도 하였다. AVE는 최고 시속 335Km를 내며 기존에 5시간 이상 걸리던 마드리드-세비야 간을 단 2시간에 단축하였고 연 100만 명 이상의 관광객을 실어 나르고 있다. 스페인 철도청의 이름은 RENFE이며 웹사이트는 http://www.renfe.es/로 기차 종류, 시간, 가격, 기차표 예매 등을 할 수 있다.

알아두면 요긴한 스페인어권의 다양한 표현들

스페인어 권 국가들에서 '버스'를 표현하는 단어들이 다양합니다.
스페인: el autobús [아우또부-스] 베네수엘라: la guagua [구아-구아]
멕시코: el camión [까미온-] 아르헨티나: el colectivo [꼴렉띠-보]
페루: la góndola [곤-돌라]

지하철은 el metro [메-뜨로]인데 아르헨티나에서는 el subterráneo [숩떼르라-네오] 혹은 subte [숩-떼]라고 줄여서 말하기도 합니다.

비행기 탑승 시 알아야 할 용어들

Número de vuelo [누-메로 데 부엘-로] 탑승편
Compañía aérea [꼼빠-니아 아에-레아] 항공사
Puerta de embarque [뿌에-르따 데 엠바-르께] 탑승구(게이트)
Hora de salida [오-라 데 살리-다] 출발시각
Destino [데스띠-노] 목적지
Hora de embarque [오-라 데 엠바-르께] 탑승시각
Asiento [아시엔-또] 좌석

연습문제 정답

1
A. El tren ha llegado con retraso. 기차는 연착했다. (완료)
엘 뜨렌 아 예가도 꼰 레뜨라소

B. Ellos han vivido diez años en Panamá. 그들은 10년 동안 파나마에 산 적이 있다. (경험)
에요스 안 비비도 디에스 아뇨스 엔 빠나마

C. Esta mañana he estudiado mucho. 오늘 아침에 나는 공부를 열심히 했다. (완료)
에스따 마냐나 에 에스뚜디아도 무초

D. La caja está cerrada. 상자는 닫혀있다. (완료된 상태)
라 까하 에스따 쎄르라다

E. Esta mañana nos hemos levantado a las seis. 우리는 오늘아침에 6시에 일어났다. (완료)
에스따 마냐나 노스 에모스 레반따도 알 라스 세이스

F. Las ventanas están abiertas. 창문들은 열려져 있다. (완료된 상태)
라스 벤따나스 에스딴 아비에르따스

G. Hoy hemos estado en la playa. 오늘 우리는 해수욕장에 있었다. (완료)
오이 에모스 에스따도 엔 라 쁠라야

H. La niña es cuidada por su abuela. 어린아이는 그녀의 할머니에 의해 돌보아진다. (수동태)
라 니냐 에스 꾸이다다 뽀르 수 아부엘라

I. Hoy me he quedado en casa. 나는 오늘 집에 있었다. (완료)
오이 메 에 께다도 엔 까사

J. ¿Has probado el taco? 따꼬를 먹어본 적이 있니? (경험)
아스 쁘로바도 엘 따꼬

2
A. Esta mañana me he levantado a las seis y media.
에스따 마냐나 메 에 레반따도 알 라스세이스 이 메디아

B. Esta semana nos hemos encontrado una vez.
에스따 세마나 노스 에모스 엔꼰뜨라도 우나 베쓰

C. Los vasos están rotos.
로스 바소쓰 에스딴 로로뚜쓰

D. Mis amigos se han ido ya.
미스 아미고스 세 안 이도 야

E. No hemos estado en París.
노 에모스 에스따도 엔 빠리스

F. ¿Ha probado Ud. el tequila?
아 쁘로바도 우스뗏 엘 떼낄라

G. Hemos estado aquí por dos horas.
에모스 에스따도 아끼 뽀르 도스 오라스

H. Hoy he visto la televisión todo el día.
오이 에 바스또 라 뗄레비시온 또도 엘 디아

I. Ya hemos cenado.
야 에모스 쎄나도

J. Juan me lo ha dicho.
후안 메 로 아 디초

스페인어 관용표현

◇ **Tomar en cuenta** [또마-르 엔 꾸엔-따] = **considerar** [꼰시데라-르] 고려하다

Tenemos que tomar en cuenta las ideas de los jóvenes.
떼네-모스   께   또마-르 엔   꾸엔-따 라스 이데-아스 델 로스 호-베네스
우리는 젊은이들의 이상을 고려해야만 한다.
Voy a considerar tu consejo. 나는 너의 충고를 고려할 것이다.
보이 아   꼰시데라-르   뚜   꼰세-호

◇ **Tomar una decisión** [또마-르 우나 데씨시온-] 결정을 내리다

Es la hora de tomar una decisión. 결정을 내려야 할 시간이다.
에슬 라 오-라 데 또마-르   우나   데씨시온-

◇ **Tarde o temprano** [따-르데 오 뗌쁘라-노] 조만간

Si estudia español duro, tarde o temprano va a hablar fluentemente.
시 에스뚜-디아 에스빠뇰- 두-로   따-르데 오   뗌쁘라-노   바 아 아블라-르   플루엔떼멘-떼
당신이 스페인어를 열심히 공부하신다면, 조만간 유창하게 말할 것이다.

◇ **La mayor parte de ~** [라 마요-르 빠-르떼 데] = **La mayoría de ~** [라 마요리-아 데]
대부분의 ~

La mayor parte de los estudiantes se fue a casa. 대부분의 학생들이 집에 가버렸다.
라   마요-르   빠-르떼   델 로스   에스뚜디안-떼스 세 후에 아 까-사
A la mayoría de los coreanos le interesa la economía.
알 라   마요리-아   델 로스   꼬레아-노스 레 인떼레-사 라   에꼬노미-아
대부분의 한국인들은 경제에 관심을 갖는다.

New Start
스페인어 첫걸음

01 la mañana
라 마냐나

¡Debes levantarte mañana
데베스 레반따르떼 마냐나
por la madrugada!
뽀르 라 마드루가다
넌 내일 새벽에 일어나야해!

la madrugada 새벽
라 마드루가다

El sol brilla.
엘 솔 브리야
태양이 빛난다.

el sol 태양
엘 솔

Suena el despertador.
수에나 엘 데스뻬르따도르
자명종이 울리고 있어요.

el despertador 자명종
엘 데스뻬르따도르

¡Ya es la hora
야 에스 라 오라
de levantarte!
데 레반따르떼
일어날 시간이야!

levantarse 일어나다
레반따르세

¡Lávate la cara, por favor!
라바떼 라 까라 뽀르 화보르
제발 세수 좀 해!

lavarse 씻다
라바르세

Hace frío.
아쎄 후리오
Ponte el abrigo.
뽄떼 엘 아브리고
추워요. 외투를 입어요.

ponerse 입다
뽀네르세

el frío 춥다
엘 후리오

Buenos días.
부에노스 디아쓰
→ 좋은 아침 입니다.

Gracias por
그라씨아스 뽀르
el desayuno.
엘 데사유노
→ 아침식사 감사합니다.

Me voy a la
메 보이 알 라
escuela.
에스꾸엘라
→ 학교 다녀오겠습니다.

el desayuno 아침식사
엘 데사유노

아침

el menú del desayuno 아침식사 메뉴
엘 메누 델 데사유노

 **el arroz** 쌀, 밥
엘 아르쓰

 **la sopa** 국
라 소빠

 **el Kimchi** 김치
엘 김치

 **el pescado** 생선
엘 뻬스까도

 **el alga** 김
엘 알가

 **el bocadillo** 샌드위치
엘 보까디요

 **la ensalada** 샐러드
라 엔살라다

 **el huevo** 계란
엘 우에보

 **las frutas** 과일
라스 후르따스

 **el zumo de naranja** 오렌지 쥬스
엘 수모 데 나랑하

 **la leche** 우유
라 레체

더 알아두기!!!

el bagel 베이글
엘 바헬

el pan tostado 토스트
엘 빤 또스따도

el huevo frito 달걀 후라이
엘 우에보 후리또

el tocino 베이컨
엘 또씨노

la tortilla francesa 오믈렛
라 또르띠야 후란쎄사

los cereales 씨리얼
로스 쎄레알레스

el waple 와플
엘 와쁠레

el panqueque 팬케이크
엘 빵께께

el jamón 햄
엘 하몬

02 el día
엘　디아

el lunes 월요일
엘　루네스

el martes 화요일
엘　마르떼스

el miércoles 수요일
엘　미에르꼴레스

el jueves 목요일
엘　후에베스

el viernes 금요일
엘　비에르네스

el sábado 토요일
엘　사바도

el domingo 일요일
엘　도밍고

요일

03 Estación y Tiempo
에스따씨온 이 띠엠뽀

la primavera 봄
라 쁘리마베라

el verano 여름
엘 베라노

el otoño 가을
엘 오또뇨

el invierno 겨울
엘 인비에르노

la temporada de lluvias 장마
라 뗌뽀라다 데 유비아스

enero 1월 에네로	febrero 2월 훼브레로	marzo 3월 마르쏘	abril 4월 아브릴
mayo 5월 마요	junio 6월 후니오	julio 7월 훌리오	agosto 8월 아고스또
septiembre 셉띠엠브레 9월	octubre 옥뚜브레 10월	noviembre 노비엠브레 11월	diciembre 디씨엠브레 12월

더 알아두기!!!

la brisa de primavera 봄 바람
라 브리사 데 쁘리마베라

a principios (fines) de verano 초(늦)여름
아 쁘린씨삐오스 휘네스 데 베라노

el sueño de invierno 겨울잠
엘 수에뇨 데 인비에르노

el paisaje de otoño 가을경치
엘 빠이사헤 데 오또뇨

계절과 날씨

Está lloviendo.
에스따 요비엔도
비가 옵니다.

la lluvia 비
라 유비아
llover 비가 오다
요베르

Hay relámpagos.
아이 ㄹ렐람빠고스
¡Tenga cuidado!
뗑가 꾸이다도
번개가 칩니다. 조심하세요!

el relámpago 번개
엘 ㄹ렐람빠고

Está nevando durante 10 horas.
에스따 네반도 두란떼 디에스 오라스
열 시간 동안 눈이 내리고 있습니다.

la nieve 눈
라 니에베

Hace viento.
아쎄 비엔또
바람이 불고 있어요.

el viento 바람
엘 비엔또

Estoy mojado.
에스또이 모하도
몸이 젖었어!

el aguacero 소나기
엘 아구아쎄로
mojado 젖은
모하도

No se ve nada por la niebla.
노 세 베 나다 뽀르 라 니에블라
안개 때문에 아무것도 볼 수가 없습니다.

la niebla 안개
라 니에블라
por ~때문에
뽀르

Cayó granizo ayer.
까요 그라니소 아예르
어제 우박이 쏟아졌습니다.

el granizo 우박
엘 그라니소

soplar 산들산들 분다
소쁠라르

Hubo truenos toda la noche.
우보 뜨루에노스 또다 라 노체
밤새 천둥이 쳤습니다.

el trueno 천둥
엘 뜨루에노

Mi paraguas está roto.
미 빠라구아스 에스따 ㄹ로또
내 우산이 고장났어요.

el viento fuerte 강풍
엘 비엔또 후에르떼
roto 부서진
ㄹ로또

Hoy hace mucho sol.
오이 아쎄 무초 솔
오늘은 햇빛이 밝은 날이군요!

mucho sol 햇빛 밝은
무초 솔

Sopla la brisa.
소쁠라 라 브리사
산들바람이 붑니다.

la brisa 산들바람
라 브리사

04 el bebé, el niño, el adulto
엘 베베 엘 니뇨 엘 아둘또

el biberón 젖병
엘 비베론

el régimen del niño destetado 이유식
엘 ㄹ레히멘 델 니뇨
데스떼따도

No llores. ¿Quieres que te cante
노 요레스 끼에레스 께 떼 깐떼
una canción de cuna?
우나 깐씨온 데 꾸나
울지마경~ 자장가 불러줄까?

Quiero que venga mi mamá.
끼에로 께 벵가 미 마마
엄마를 원해요!

la canción de cuna 자장가
라 깐씨온 데 꾸나

Parecen iguales porque son gemelos.
빠레쎈 이구알레스 뽀르께 손 헤멜로스
그들은 쌍둥이기 때문에 똑같이 생겼어요.

los gemelos 쌍둥이
로스 헤멜로스

igual 같은
이구알
porque 때문에
뽀르께

Mira, son sus primeros pasos.
미라 손 수스 쁘리메로스 빠소스
봐봐! 첫 걸음마야!

los pasos 걸음마
로스 빠소스

Es la hora de cambiarle el pañal al niño.
에슬 라 오라 데 깜비아를레 엘 빠냘 알 니뇨
기저귀 갈아줄 시간이에요.

el pañal 기저귀
엘 빠냘

¡Qué mona es la ropa de bebé!
께 모나 에스 라 ㄹ로빠 데 베베
이 아기옷들은 너무 귀엽네요!

la ropa de bebé 아기옷
라 ㄹ로빠 데 베베

mono 귀여운
모노

아기, 어린이, 어른

Somos amigos.
소모스 아미고스
우리 친구입니다.

el muchacho 소년 **la muchacha** 소녀
엘 무차초   라 무차차

Somos novios.
소모스 노비오스
우리 연인입니다.

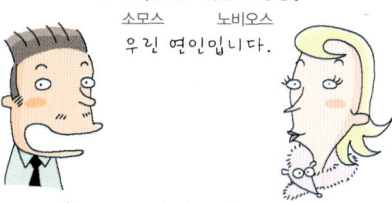

el hombre 남자 **la mujer** 여자
엘 옴브레   라 무헤르

Puedo ir solo a la escuela.
뿌에도 이르 솔로 알 라 에스꾸엘라
저 혼자 스스로 학교에 갈 수 있어요.

el estudiante de la primaria 초등학생
엘 에스뚜디안떼 델 라 쁘리마리아
solo 혼자, 홀로
솔로

¡Ya no más soy estudiante de la primaria!
야 노 마스 소이 에스뚜디안떼 델 라 쁘리마리아
전 더 이상 초등학생이 아니라고요!

el estudiante de la secundaria 중학생
엘 에스뚜디안떼 델 라 쎄꾼다리아
ya no más 더 이상
야 노 마스

Ya he hecho la tarea.
야 에 에초 라 따레아
숙제 다 했어요.

el estudiante de la preparatoria
엘 에스뚜디안떼 델 라 쁘레빠라또리아
고등학생

No tengo tiempo para divertirme.
노 뗑고 띠엠뽀 빠라 디베르띠르메
전 놀 시간이 없어요.

el estudiante de la universidad
엘 에스뚜디안떼 델 라 우니베르시닷
대학생

Todavía soy joven.
또다비아 소이 호벤
난 아직도 청년이라고.

el joven 청년
엘 호벤
todavía 여전히
또다비아

Yo trabajo mucho.
요 뜨라바호 무초
열심히 일 합니다.

la edad madura 중년
라 에닷 마두라
trabajar 일하다
뜨라바하르

Necesito descansar un poco.
네쎄시또 데스깐사르 운 뽀꼬
좀 쉬어야겠어!

el anciano 노인
엘 안씨아노
descansar 휴식하다
데스깐사르

05 la familia y los parientes
라 화밀리아 이 로스 빠리엔떼스

¡Obedece a tus padres!
오베데쎄 아 뚜스 빠드레스
부모님 말씀을 잘 들으렴.

el padre 아버지
엘 빠드레

la madre 어머니
라 마드레

obedecer 복종하다　mis padres 부모님
오베데쎄르　　　　미스 빠드레스

Quiero a mis abuelos.
끼에로 아 미스 아부엘로스
조부모님을 사랑합니다.

el abuelo 할아버지
엘 아부엘로

la abuela 할머니
라 아부엘라

mis abuelos 나의 조부모님
미스 아부엘로스

Hermano, ¿puedes ayudarme a hacer la tarea?
에르마노 뿌에데스 아유다르메 아 아쎄르 라 따레아
오빠, 숙제 하는데 도와줄 수 있어?

el hermano mayor 오빠, 형
엘 에르마노 마요르

Yo soy su hermana menor.
요 소이 수 에르마나 메노르
난 당신의 여동생입니다.

la hermana menor 여동생
라 에르마나 메노르

¡Hermanita,
에르마니따
quiero tomar helado!
끼에로 또마르 엘라도

누나, 아이스크림 먹고 싶어!

la hermana mayor 누나, 언니
라 에르마나 마요르

Soy su
소이 수
hermano menor.
에르마노 메노르

난 당신의 남동생입니다.

el hermano menor 남동생
엘 에르마노 메노르

Llámame 'tío', por favor.
야마메 띠오 뽀르 화보르
삼촌이라 불러다오.

el tío 삼촌
엘 띠오

Hola, soy tu tía.
올라 소이 뚜 띠아
안녕, 난 고모야.

la tía 이모(고모)
라 띠아

Nos amamos uno a otro.
노스 아마모스 우노 아 오뜨로
우리 서로 사랑해요.

el esposo 남편　**la esposa** 아내
엘 에스뽀소　　　　라 에스뽀사

uno a otro 서로
우노 아 오뜨로

el extranjero
엘   에스뜨랑헤로

가족 그리고 친척 / 외국인

Yo practico bien el Taekwondo.
요 쁘락띠꼬 비엔 엘 태권도
전 태권도를 잘합니다.

el coreano 한국인
엘   꼬레아노

Yo soy samurai.
요 소이 사무라이
전 사무라이입니다.

el japonés 일본인
엘   하뽀네스

¿Le gusta la película de vaqueros?
레 구스따 라 뻴리꿀라 데 바께로스
당신은 카우보이 영화를 좋아합니까?

el estadounidense 미국인
엘   에스따도우니덴세

Le voy a mostrar Kung-Fu.
레 보이 아 모스뜨라르 쿵 후
당신에게 쿵푸를 보여줄게요.

el chino 중국인
엘   치노

La música es mi vida.
라 무시까 에스 미 비다
음악은 제 인생이죠.

el alemán 독일인
엘   알레만

la vida 인생
라 비다

Todos dicen que soy caballero.
또도스 디쎈 께 소이 까바예로
사람들이 저보고 신사라고 하죠.

el inglés 영국인
엘   잉글레스

el caballero 신사
엘   까바예로

Ud. es muy guapa.
우스뗏 에스 무이 구아빠
당신은 아름답군요.

el español 스페인인
엘   에스빠뇰

¿No quiere ir a cazar conmigo?
노 끼에레 이르 아 까싸르 꼼미고
저와 함께 사냥하러 가실래요?

el africano 아프리카인
엘   아프리까노

cazar 사냥하다
까싸르

06 la profesión

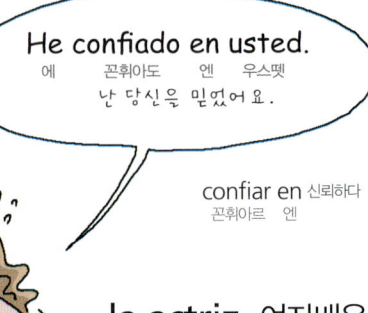

직업

el religioso 종교인
엘 ㄹ렐리히오소

¿Cree en Dios?
끄레에 엔 디오스
하나님을 믿으십니까?

el pastor 목사
엘 빠스또르

creer 믿다
끄레에르

¡Tengan fe, por favor!
뗑간 훼 뽀르 화보르
여러분! 믿음을 가지세요!

el Papa 교황
엘 빠빠

la fe 믿음
라 훼

Va a ocurrir eso.
바 아 오꾸ㄹ리르 에소
그 일은 일어날 것입니다!

el profeta 예언자
엘 쁘로훼따

ocurrir 일어나다
오꾸ㄹ리르

el sacerdote 수도사
엘 사쎄르도떼

Leo la Biblia todos los días.
레오 라 비블리아 또도스 로스 디아스
저는 항상 성경을 읽습니다.

la hermana 수녀
라 에르마나

Tengan paciencia siempre.
뗑간 빠씨엔시아 시엠쁘레
항상 인내하세요.

el obispo 주교
엘 오비스뽀

Dios está con Ud.
디오스 에스따 꼰 우스뗏
하나님은 당신과 함께합니다.

Es un largo camino.
에스 운 라르고 까미노
이 길은 먼 길이군

el peregrino 순례자
엘 뻬레그리노

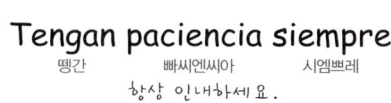

종교 토론

el teólogo 신학자
엘 떼올로고

el monje budista 스님
엘 몽헤 부디스따

el padre 신부
엘 빠드레

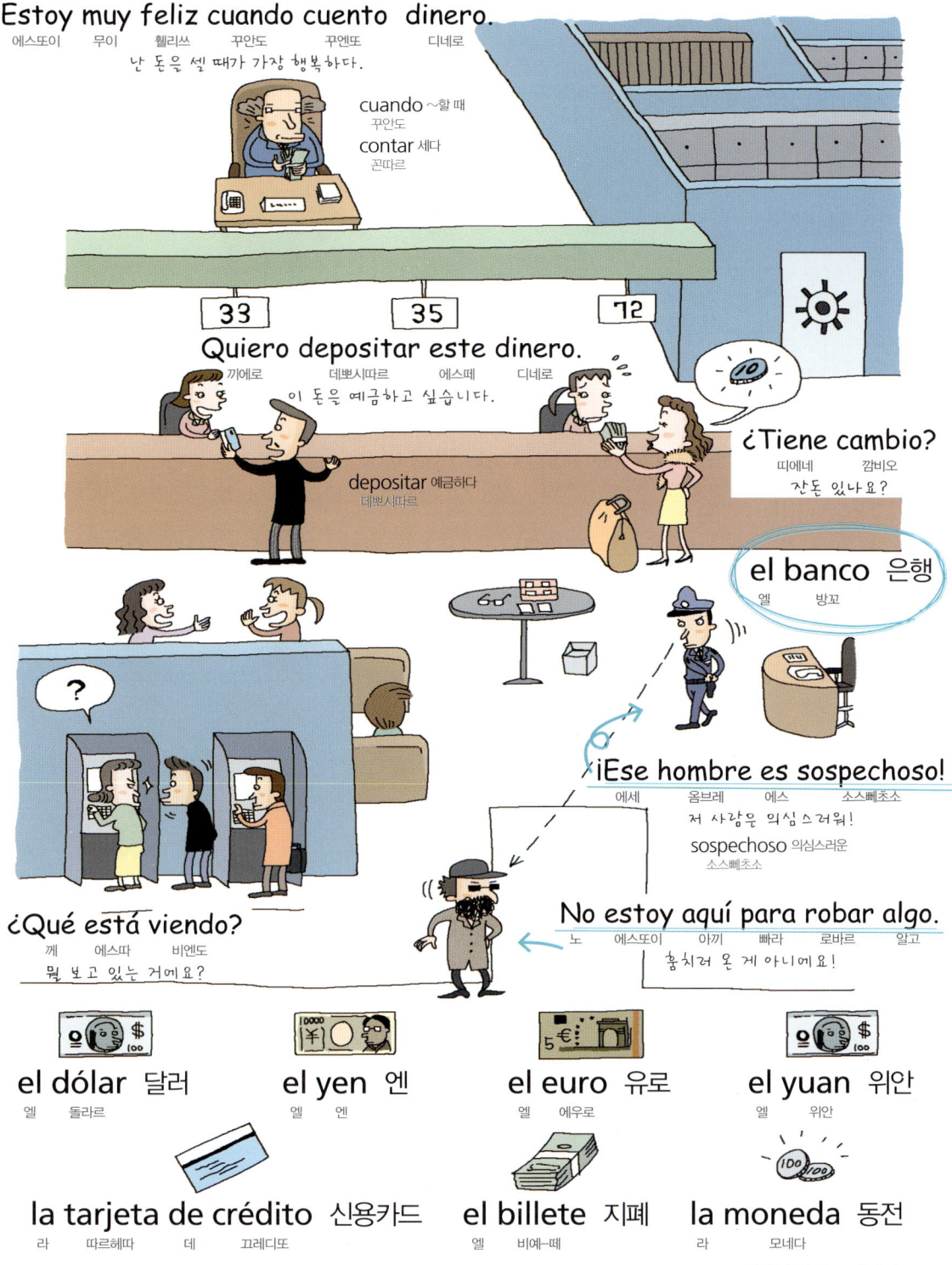

08 Teatro y Auditorio

09 Tráfico
뜨라-휘꼬

el avión 비행기
엘 아비온

el tren 기차
엘 뜨렌

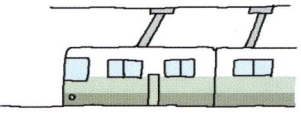
el metro 지하철
엘 메뜨로

el autobús 버스
엘 아우또부스

la motocicleta 오토바이
라 모또씨끌레따

la bicicleta 자전거
라 비씨끌레따

¡Taxi~! 딱씨
Esto no es un taxi.
에스또 노 에스 운 딱시
Tome autobús o metro.
또-메 아우또부스 오 메뜨로
이건 택시가 아니에요.
버스나 지하철을 타세요~

Vamos a Incheon.
바모스 아 인천
인천으로 갑시다.

¿A dónde va a ir?
아 돈데 바 아이르
목적지가 어디죠?

Póngale 30,000(treinta mil)
뽕갈레 뜨레인따 밀
wones de gasolina.
워네스 데 가솔리나
3만원어치 넣어주세요.

Claro que sí.
끌라로 께 씨
알겠습니다.

la gasolinera 주유소
라 가솔리네라

교통

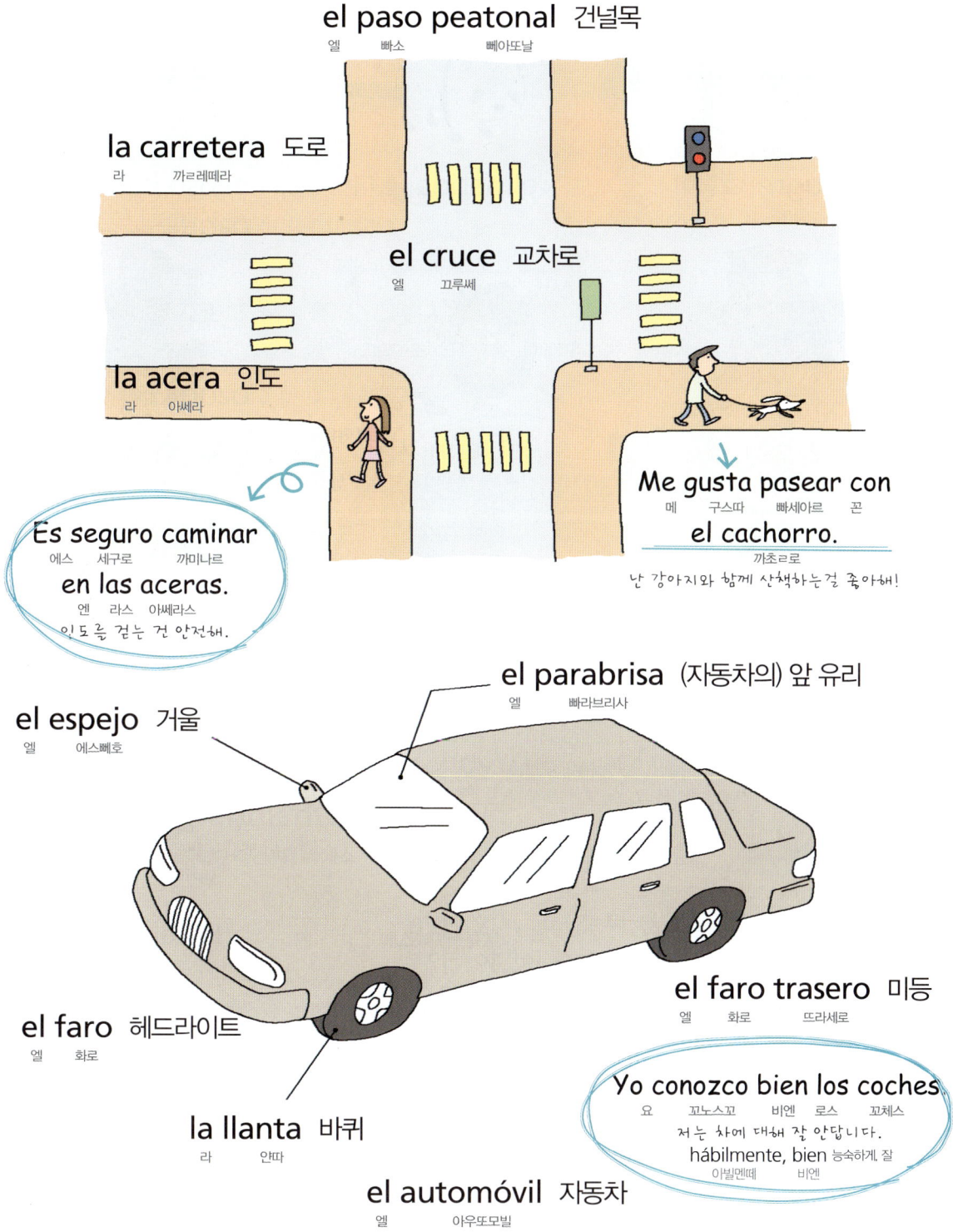

10 Animal
아니말

el tigre 호랑이
엘 띠그레

el panda 팬더
엘 빤다

el oso blanco 백곰
엘 오소 블랑꼬

el oso 곰
엘 오소

el león 사자
엘 레온

el gorila 고릴라
엘 고릴라

el mono 원숭이
엘 모노

el koala 코알라
엘 꼬알라

el canguro 캥거루
엘 깡구로

el conejo 토끼
엘 꼬네호

la jirafa 기린
라 히라화

la cebra 얼룩말
라 쎄브라

el camello 낙타
엘 까메요

el cerdo 돼지
엘 쎄르도

동물

11 Cuerpo Humano
꾸에르뽀 우마노

 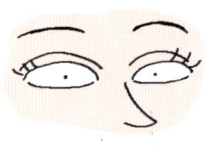 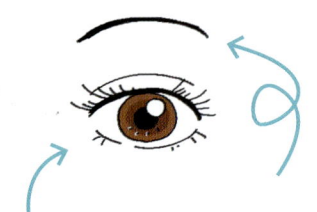

la mandíbula 턱
라　만디불라

el párpado doble 쌍꺼풀
엘　빠르빠도　도블레

el ojo 눈
엘　오호

la ceja 눈썹
라　쎄하

 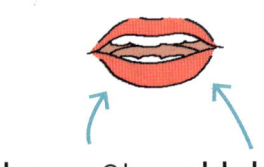 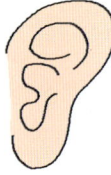

la nariz 코
라　나리쓰

la boca 입
라　보까

el labio 입술
엘　라비오

la oreja 귀
라　오레하

el diente 치아
엘　디엔떼

la lengua 혀
라　렝구아

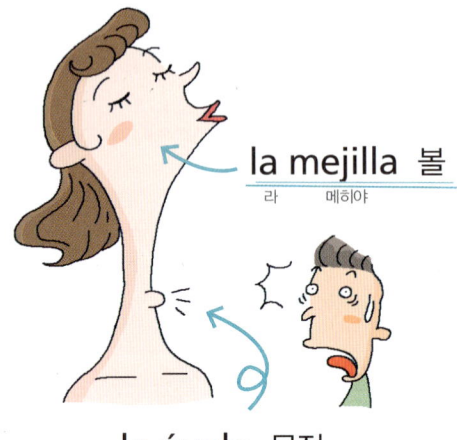 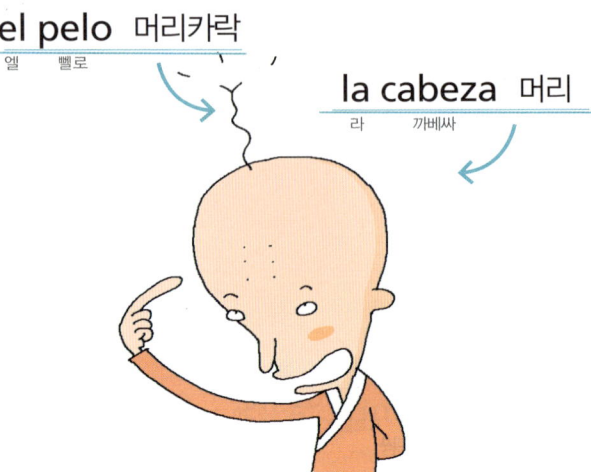

la mejilla 볼
라　메히야

el pelo 머리카락
엘　뻴로

la cabeza 머리
라　까베싸

la úvula 목젖
라　우불라

인체

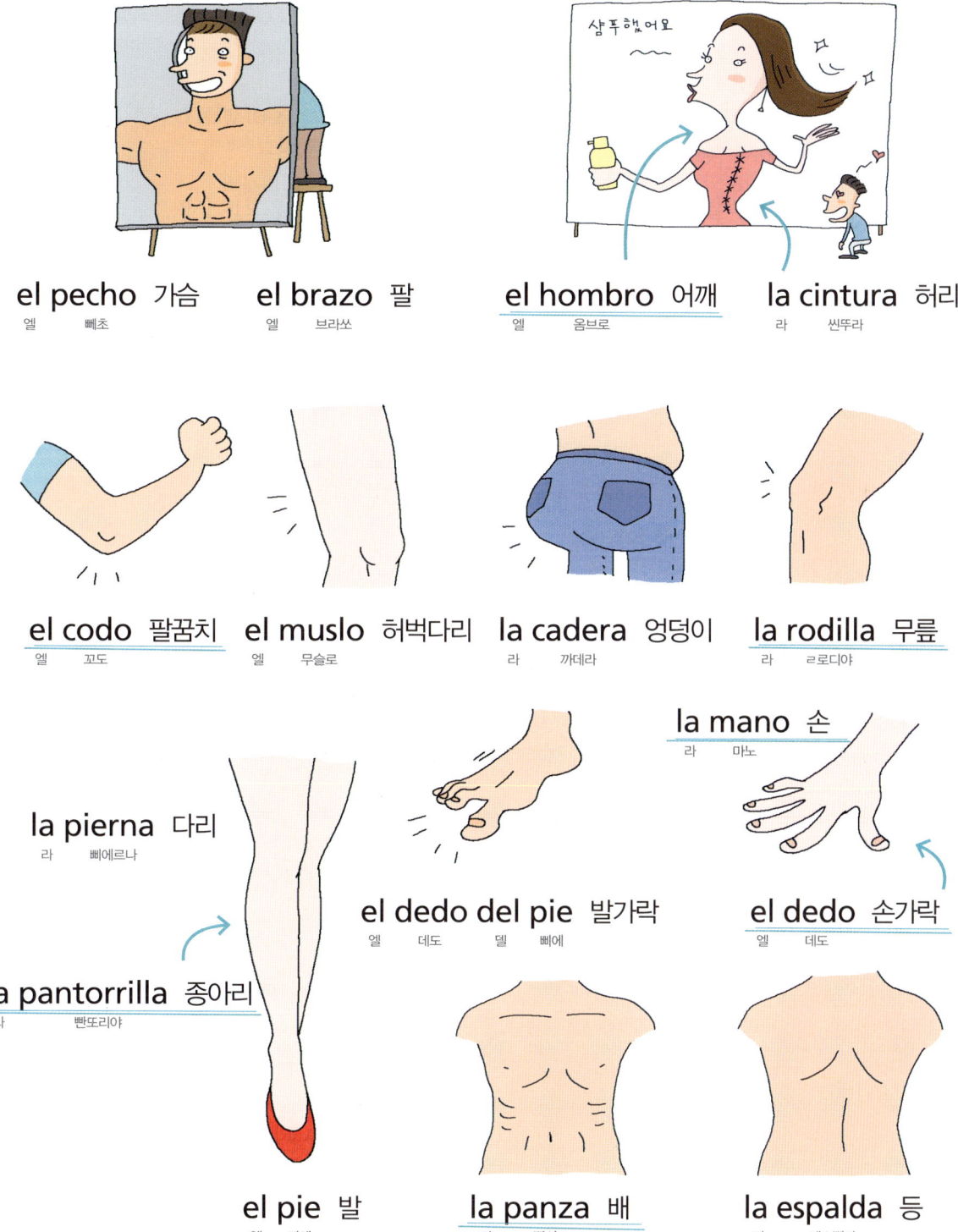

12 los Órganos 기관

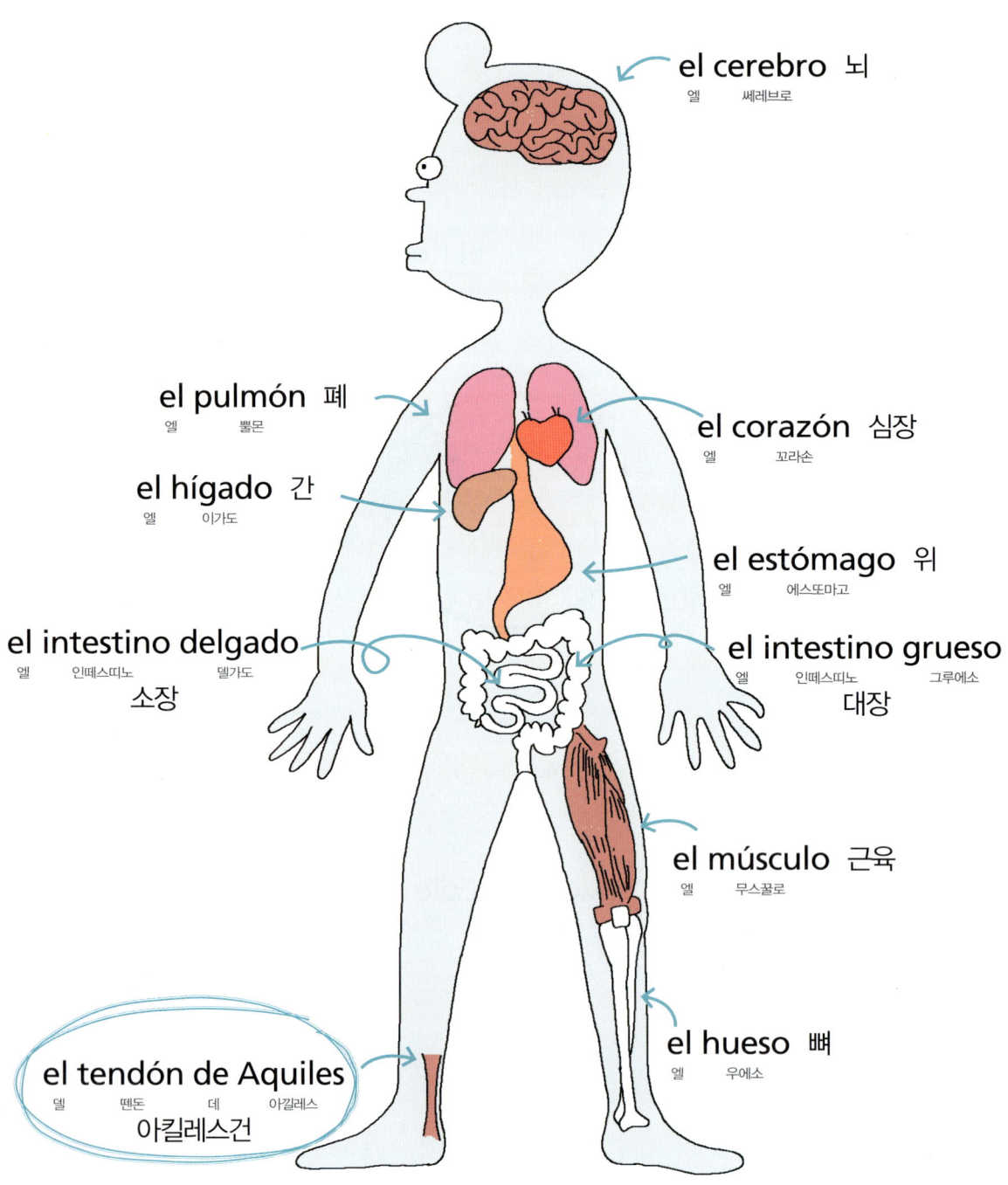